計算の基本から学ぶ

# 建築構造力学

上田耕作 著

（改訂2版）

Ohmsha

本書を発行するにあたって，内容に誤りのないようできる限りの注意を払いましたが，本書の内容を適用した結果生じたこと，また，適用できなかった結果について，著者，出版社とも一切の責任を負いませんのでご了承ください．

# はじめに

　本書は，学生として，構造設計者として，教員として歩んできたこれまでの経験をふまえて執筆したものです．学生時代は，構造力学に興味が湧いて勉強したものの集中力が続かず，何のための計算かを見失ってしまいました．社会に出て鋼構造の設計に携わるようになり，学生時代に習ったことの一つひとつが手に取るように理解できるようになりました．そして，教員として 10 年ほど試行錯誤を続けながら「構造力学」を教えてきたところで執筆の機会をいただき，本書初版に至りました．

　その後は，建築士学科試験を受験するための講義も担当することになり，一級建築士レベルの難問であっても，複雑に考えることなく，シンプルに解く方法について考え続けてきました．

　初版から 10 年経過し，改訂版のお話をいただくと同時に，新型コロナウイルス感染症が発生したとのニュースが飛び込んできました．そのうちに収まるだろうという予想に反して瞬く間に全世界に広がり，この原稿を書いている今も収まっていません．

　緊急事態宣言が発令された期間は，学生が登校できなくなる中で，私の担当する「構造力学」の授業もオンライン及びオンデマンドで行いました．ほぼ，一方通行となってしまった授業では，いかにわかりやすい資料をつくるかに専念しました．やる気さえあれば，説明や解説を読むだけで理解ができて，演習問題もすらすら解けるようになることを理想にしました．

　これまで，"画鋲""ゴムひも""補強ワイヤー"などのアイテムを駆使して説明することにより，視覚的に理解しやすく，また微分・積分などの数学をなるべく使用しないなどの工夫は，改訂 2 版でさらに強化しました．また，項目立てを一部変更して純粋に構造力学の分野だけにしたほか，「演習問題」を各章で 1 ページずつ増やしています．特に，一級建築士の過去問題を多く取り入れました．

　初めて構造力学を学ぶ方，構造力学が苦手な方，建築士試験につまずいている方が本書をきっかけに構造力学が得意になり，問題がすらすら解ける喜びを味わっていただけたら望外の喜びです．

　最後に，本書を出版することができたのはオーム社の皆さんのおかげです．ありがとうございました．

2020 年 10 月

上田　耕作

# 計算力チェックテスト

構造力学に必要な計算問題(2点×50問＝100点満点, 合格の目安：70点以上)

点の取れなかった項目（0点, 1点）については，第1章をできるまで復習すること．（解答はp203）

## 【問題1】 整数（計算しなさい）

① $80 - 30 \div 5$　② $13 - (-5)$　③ $-4 + (-2)$　④ $-3 \times (-4)$　⑤ $15 \div (-5)$

| ① | | ② | | ③ | | ④ | | ⑤ | |
|---|---|---|---|---|---|---|---|---|---|

## 【問題2】 小数（計算しなさい）

① $1.2 + 0.32$　② $12 - 0.03$　③ $2.5 \times 3$　④ $0.081 \times 100$　⑤ $0.465 \times 8$

| ① | | ② | | ③ | | ④ | | ⑤ | |
|---|---|---|---|---|---|---|---|---|---|

## 【問題3】 分数（計算しなさい）

① $\dfrac{4}{5} - 2$　② $\dfrac{2}{3} - \dfrac{1}{2}$　③ $\dfrac{2}{3} \div \dfrac{1}{2}$　④ $\dfrac{2}{3} \times \left(-\dfrac{1}{2}\right)$　⑤ $\dfrac{\frac{2}{3}}{\frac{3}{5}}$

| ① | | ② | | ③ | | ④ | | ⑤ | |
|---|---|---|---|---|---|---|---|---|---|

## 【問題4】 百分率（すべて%で表しなさい）

① $0.1$　② $0.01$　③ $1.05$　④ $\dfrac{28}{100}$　⑤ $\dfrac{35}{1\,000}$

| ① | % | ② | % | ③ | % | ④ | % | ⑤ | % |
|---|---|---|---|---|---|---|---|---|---|

## 【問題5】 累乗・指数（計算しなさい）

① $5^2$　② $(-2)^3$　③ $(0.1)^2$　④ $10^3$　⑤ $2.05 \times 10^5$

| ① | | ② | | ③ | | ④ | | ⑤ | |
|---|---|---|---|---|---|---|---|---|---|

## 【問題6】 平方根（計算しなさい）

① $\sqrt{(-4)^2}$　② $\sqrt{32} - \sqrt{2}$　③ $\sqrt{3} + \dfrac{6}{\sqrt{3}}$　④ $\sqrt{2} \times \sqrt{3}$　⑤ $\dfrac{6\sqrt{3}}{\sqrt{2}}$

| ① | | ② | | ③ | | ④ | | ⑤ | |
|---|---|---|---|---|---|---|---|---|---|

【問題7】 三角比（辺の長さ $x$ を求めなさい）

| ① | | ② | | ③ | | ④ | | ⑤ | |
|---|---|---|---|---|---|---|---|---|---|

【問題8】 方程式（$x$ を求めなさい）

① $2x = 6$　② $3 - x = 0$　③ $2x - 2 = 3x - 4$　④ $8 - 2x = -4$

⑤ $6(x - 5) = 2x - (x - 20)$

| ① | | ② | | ③ | | ④ | | ⑤ | |
|---|---|---|---|---|---|---|---|---|---|

【問題9】 分数（大きい順に並べなさい）

$$\frac{1}{3}, \quad \frac{5}{8}, \quad \frac{5}{12}$$

| 大 | | 中 | | 小 | |
|---|---|---|---|---|---|

構造力学に必要な
計算問題です.

【問題10】 比（$A : B$ を求めなさい）

① $A = 2B$　② $A = \dfrac{5}{3} B$

| ① | ： | ② | ： |
|---|---|---|---|

【問題11】 文字式（計算しなさい）

① $\dfrac{Pl}{4} - \dfrac{Pl}{8}$　② $\pi \times \dfrac{(2d)^2}{4}$　③ $3l \times (2l)^3$　④ $\dfrac{bh^3}{12} \div \dfrac{h}{2}$　⑤ $\dfrac{\dfrac{Pl}{4}}{\dfrac{bh^2}{6}}$

| ① | | ② | | ③ | | ④ | | ⑤ | |
|---|---|---|---|---|---|---|---|---|---|

氏　名

/100

# 目　次

## ▶9章　不静定構造

# 1章

徹底的に学ぶ
## [計算の基礎]

構造力学で必要とされる計算について学び
ます．まずは，巻頭の計算力チェックで自
分の実力を試して下さい．微分・積分，数
列などの難しい数学は，特に必要とされま
せん．方程式，関数，三角比の基本的な計
算力があれば，構造力学のかなり高度なと
ころまで勉強するのに問題ありません．

# 正・負の**数**と計算の**法則**

point!

$80-30÷5$

これは，全国学力調査で小学校 6 年生を対象に出題された計算問題の一つである．正解は「74」．この問題に「10」と答えて間違えた方はいないだろうか？

## ❶ 計算の順序

計算には順序があり，次のように ①→②→③ の順で行う．

① （かっこ）の中→② 乗除（×，÷）→③ 加減（＋，－）

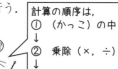

計算の順序は，
① （かっこ）の中
↓
② 乗除（×，÷）
↓
③ 加減（＋，－）

〈例〉 $5-\underset{①}{(11-5)}÷3=5-\underset{②}{6÷3}=\underset{③}{5-2}=3$

〈例〉 $80-\underset{②}{30÷5}=\underset{③}{80-6}=74$

## ❷ 正の数，負の数，絶対値

▶ **正の数** 0 より大きい数，＋（プラス）で表す．

▶ **負の数** 0 より小さい数，－（マイナス）で表す．

▶ **絶対値** 数値を数直線で表示したとき，0（原点）からの距離のことをいう．

簡単には，その数の＋，－の符号を取り去った数値のこと．

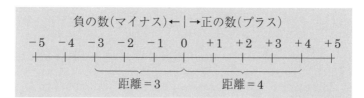

負の数(マイナス)←｜→正の数(プラス)

$-5\ \ -4\ \ -3\ \ -2\ \ -1\ \ \ 0\ \ \ +1\ \ +2\ \ +3\ \ +4\ \ +5$

距離＝3　　　距離＝4

〈例〉 －3 の絶対値は 3 （0 から－3 までの距離）

〈例〉 ＋4 の絶対値は 4 （0 から＋4 までの距離）

絶対値は，原点 0 から
の距離を表す．

## ❸ 正負の数の計算

▶ **同符号の和** 絶対値の和に 2 数と同じ符号をつける．

〈例〉 $(+2)+(+3)=+(2+3)=+5$

〈例〉 $(-2)+(-3)=-(2+3)=-5$

マイナスどうしの足し算
$(-○)+(-△)$
$=-(○+△)$

▶ **異符号の和** 絶対値の差に，絶対値の大きいほうの符号をつける．

〈例〉 $(-2)+(+3)=+(3-2)=+1$

〈例〉 $(+2)+(-3)=-(3-2)=-1$

プラスとマイナスの和は，
数の大きいほうの符号．

**1**

▶**差（減法）**　加法に直して考える.

$-(+\bigcirc)=+(-\bigcirc)$,　$-(-\triangle)=+(+\triangle)$ とする.

〈例〉　$(+2)-(+3)=(+2)+(-3)=-(3-2)=-1$

〈例〉　$(+2)-(-3)=(+2)+(+3)=+(3+2)=+5$

> マイナスの数を引くことは，プラスの数を足すことと同じ.
> $-(-\triangle)=+(+\triangle)$

▶**同符号の積（商）**　絶対値の積（商）に，＋（プラス）の符号をつける.

〈例〉　$(+2)\times(+3)=+(2\times3)=+6$

〈例〉　$(-2)\times(-3)=+(2\times3)=+6$

> マイナス掛けるマイナスはプラス

▶**異符号の積（商）**　絶対値の積（商）に，－（マイナス）の符号をつける.

〈例〉　$(-2)\times(+3)=-(2\times3)=-6$

〈例〉　$(+2)\times(-3)=-(2\times3)=-6$

> マイナス掛けるプラスはマイナス
> プラス掛けるマイナスもマイナス

❹　**累乗の計算**

▶**正の数の累乗**　指数は掛ける回数を表し，指数がいくつでも符号は＋（プラス）.

> $a^{\triangle}$ の $\triangle$ を指数という.

〈例〉　$(+2)^3=(+2)\times(+2)\times(+2)=+8$

　＋（プラス）は計算の中で省略することが多く，単純に，$2^3=2\times2\times2=8$ と表すこともできる.

▶**負の数の累乗**　指数が偶数のときは＋（プラス），奇数のときは－（マイナス）.

〈例〉　$(-2)^3=(-2)\times(-2)\times(-2)=-8$

〈例〉　$(-2)^4=(-2)\times(-2)\times(-2)\times(-2)=+16$

> 負の数の累乗
> 偶数回はプラス
> 奇数回はマイナス

❺　**指数表記**

　桁の多い数は指数を用いて表記すると便利である.

▶**指数が正の（＋）の場合**

〈例〉　$10^1=10$, $10^2=100$, $10^3=1\,000$, $10^4=10\,000$, $10^5=100\,000$, $\cdots$

▶**指数が負の（－）の場合**

〈例〉　$10^{-1}=\dfrac{1}{10}=0.1$, $10^{-2}=\dfrac{1}{100}=0.01$, $10^{-3}=\dfrac{1}{1\,000}=0.001$,

$10^{-4}=\dfrac{1}{10\,000}=0.0001$, $\cdots$

▶**一般的な表記の例**

〈例〉　$2.05\times10^5=2.05\times100\,000$

　　　　　　　　　$=205\,000$

> $10^{\triangle}$ の $\triangle$ は，ゼロの個数を表します.
> 例：$10^4=10\,000$

# 分数の計算

point!
分数の計算が嫌いで数学が苦手になる人が多いと
聞く．逆に考えると計算の苦手の人は分数を徹底
的に復習すればよい．まず，通分から理解しましょう．

> 分数の意味　$\dfrac{\triangle}{\bigcirc} = \triangle \div \bigcirc$

## ❶ 通分

　二つの分数の分母を同じにすることを通分といい，分数の大小関係がわかるようになる．通分は，分数の分母・分子に同じ数を掛けて行う．

【例題】 $\dfrac{2}{3}$ と $\dfrac{1}{2}$ を通分して，大小を比較する．

［解］ 通分するには，分母を 6 にするとよい．

> 通分は，分母を同じ数にすること．それから分子を比べるとどちらが大きいかわかる．

$\dfrac{2}{3}$ の分母・分子には 2 を掛け，$\dfrac{2}{3} = \dfrac{2 \times 2}{3 \times 2} = \dfrac{4}{6}$

$\dfrac{1}{2}$ の分母・分子には 3 を掛け，$\dfrac{1}{2} = \dfrac{1 \times 3}{2 \times 3} = \dfrac{3}{6}$

> 不等号
> $\bigcirc < \triangle$（$\bigcirc$より$\triangle$のほうが大きい）．
> $\bullet \leqq \blacktriangle$（$\bullet$より$\blacktriangle$のほうが大きいか，または，等しい）．

したがって，大小関係は，$\dfrac{4}{6} > \dfrac{3}{6}$ より，$\dfrac{2}{3} > \dfrac{1}{2}$

ここで，$<$，$>$ は不等号といい，開いている側にある数値のほうが大きいことを示す．

▶ **整数の分数表記**　整数は，分母が 1 の分数と考えて通分する．〈例〉 $3 = \dfrac{3}{1}$

## ❷ 分数の計算

▶ **分数の加減**　通分をして，同じ分母にしてから分子について計算を行う．

〈例〉 $\dfrac{1}{3} + \dfrac{2}{5} = \dfrac{1 \times 5}{3 \times 5} + \dfrac{2 \times 3}{5 \times 3} = \dfrac{5}{15} + \dfrac{6}{15} = \dfrac{5+6}{15} = \dfrac{11}{15}$

> 分数どうしの足し算，引き算では通分をして分子を計算する．

〈例〉 $3 - \dfrac{1}{3} = \dfrac{3}{1} - \dfrac{1}{3} = \dfrac{3 \times 3}{1 \times 3} - \dfrac{1}{3} = \dfrac{9}{3} - \dfrac{1}{3} = \dfrac{9-1}{3} = \dfrac{8}{3}$

▶ **分数の積**　分母と分子を互いに掛け合わせる．このとき，分母・分子を同じ数で割り，数値を簡単にする．これを**約分**という．

〈例〉 $\dfrac{1}{5} \times \dfrac{2}{3} = \dfrac{1 \times 2}{5 \times 3} = \dfrac{2}{15}$

> 同じ数で分母と分子を割ってスッキリさせよう．

〈例〉 $\dfrac{1}{4} \times \dfrac{2}{5} = \dfrac{1 \times 2}{4 \times 5} = \dfrac{2}{20} = \dfrac{1}{10}$

▶**分数の商** 割るほうの分母と分子をひっくり返して掛ける.

〈例〉 $\dfrac{1}{5} \div \dfrac{2}{3} = \dfrac{1}{5} \times \dfrac{3}{2} = \dfrac{3}{10}$

> 割るほうの分数をひっくり返して掛け算にする.

**❸ 分数の分母・分子が分数の計算**

　分数の $\dfrac{2}{5}$ は $2 \div 5$ を表す. したがって, 分母・分子が分数の場合でも, 分子÷分母の計算を行う.

> 分数は割り算の意味
> 分数の中に分数があっても同じこと.

〈例〉 $\dfrac{\frac{1}{5}}{\frac{2}{3}} = \dfrac{1}{5} \div \dfrac{2}{3} = \dfrac{1}{5} \times \dfrac{3}{2} = \dfrac{1 \times 3}{5 \times 2} = \dfrac{3}{10}$

〈例〉 $\dfrac{\frac{2}{1}}{\frac{1}{3}} = \dfrac{2}{1} \div \dfrac{1}{3} = \dfrac{2}{1} \times \dfrac{3}{1} = 6$

〈例〉 $\dfrac{\frac{2}{3}}{\frac{4}{1}} = \dfrac{\frac{2}{3}}{4} = \dfrac{2}{3} \div \dfrac{1}{4} = \dfrac{2}{3} \times \dfrac{4}{1} = \dfrac{8}{3}$

**❹ 平方根 ($\sqrt{\ }$)**

　$\sqrt{2}$ は, 2 の平方根を表し, 2 度掛けると 2 になる数値である.
$\sqrt{2} \times \sqrt{2} = 2$, $\sqrt{3} \times \sqrt{3} = 3$, $\sqrt{5} \times \sqrt{5} = 5$, …
ここで, 平方根の値はゴロ合わせで覚える.
$\sqrt{2} = 1.41421356\cdots$（ひとよひとよにひとみごろ）
$\sqrt{3} = 1.7320508\cdots$（ひとなみにおごれや）
$\sqrt{4} = 2$
$\sqrt{5} = 2.2360679$（ふじさんろくオウムなく）

> 平方根の意味
> $\sqrt{\triangle} \times \sqrt{\triangle} = \triangle$
> 2 度掛けると $\sqrt{\ }$ の中の数字になる.

**❺ 有理化**

　分母に平方根が出てきた場合は, その平方根を分母・分子に掛けて, 分母を整数にする. これを有理化という.

> 有理化とは, 分母の $\sqrt{\ }$ をなくすこと. 分母, 分子に分母の $\sqrt{\ }$ の値を掛ける.

〈例〉 $\dfrac{1}{\sqrt{2}} = \dfrac{1 \times \sqrt{2}}{\sqrt{2} \times \sqrt{2}} = \dfrac{\sqrt{2}}{2}$

〈例〉 $1 + \dfrac{1}{\sqrt{3}} = 1 + \dfrac{1 \times \sqrt{3}}{\sqrt{3} \times \sqrt{3}} = 1 + \dfrac{\sqrt{3}}{3} = \dfrac{3}{3} + \dfrac{\sqrt{3}}{3} = \dfrac{3 + \sqrt{3}}{3}$

# 文字の計算

**point!**
構造力学の計算において，力や長さなどの数量を文字で代表して取り扱うことが多い．文字に具体的な数値を入れて計算する式を公式という．ここでは，文字を数字と同じように計算できるようにしたい．

## ❶ 文字を使った式の表し方

▶掛け算の記号×は省略する．文字はアルファベット順に並べるのがわかりやすい．

〈例〉 $a \times b = ab$

▶数と文字の積では，数を前に書く．

| 決まった文字を使う例 |
|---|
| 断面積 $A$, 荷重 $P$, スパン $l$, はり成 $h$ など |

〈例〉 $a \times 3 = 3a$

▶文字の前の 1 は省略する．

〈例〉 $1 \times a = a, \quad -1 \times a = -a$

▶同じ文字どうしの掛け算（累乗）は，指数を使って表す．

〈例〉 $a \times a \times a = a^3, \quad (a+b) \times (a+b) = (a+b)^2$

▶割り算は分数で表す．

〈例〉 $a \div b = \dfrac{a}{b}, \quad a \div (-3) = -\dfrac{a}{3}$

$$-4ab \div y = -\frac{4ab}{y}, \quad (a+2) \div y = \frac{a+2}{y}$$

| どれも同じ |
|---|
| $\dfrac{a}{-3} = \dfrac{-a}{3} = -\dfrac{a}{3}$ |

## ❷ 文字式の計算

▶分配法則で（　）をはずす．

〈例〉 $2(a+2) = 2 \times a + 2 \times 2 = 2a + 4$

▶同類項（文字の部分が同じ項）を計算する．

| 分配法則 |
|---|
| （　）のはずし方 |
| $2(a+2) = 2a + 4$ |

〈例〉 $5(x-1) - 3(x+y-1)$
$\quad = 5x - 5 - 3x - 3y + 3$
$\quad = 5x - 3x - 3y - 5 + 3$
$\quad = 2x - 3y - 2$

〈例〉 $4(3x+y) - 2(5x+3y)$
$\quad = 12x + 4y - 10x - 6y$
$\quad = 12x - 10x + 4y - 6y$
$\quad = 2x - 2y$

6

## ❸ 展開（因数分解）の基本

▶分配法則で（ ）をはずし，同類項を計算する.

> 展開は順序良く掛けていく
> だけ. 同類項はまとめる.

〈例〉 $(x+1)(y+2) = x \times y + x \times 2 + 1 \times y + 1 \times 2 = xy + 2x + y + 2$

〈例〉 $(x+2)(x+3) = x^2 + 3x + 2x + 6 = x^2 + 5x + 6$

〈例〉 $(x+5)^2$
$= (x+5)(x+5) = x^2 + 5x + 5x + 25 = x^2 + 10x + 25$

## ❹ 和と差の積

〈例〉 $(x+1)(x-1) = x^2 - x + x - 1 = x^2 - 1$

　$-x+x$ の同類項をまとめると 0 になるので以後要領良く計算する.

〈例〉 $(a+5)(a-5) = a^2 - 25$

〈例〉 $(x+y)(x-y) = x^2 - y^2$

　このように，（ ）をはずすことを展開という. 逆に（ ）でくくることを因数分解という.

## ❺ 指数法則

▶ $a^m \times a^n = a^{m+n}$

〈例〉 $x^2 \times x^3 = x^{2+3} = x^5$

▶ $(a^m)^n = a^{mn}$

〈例〉 $(x^2)^3 = x^6$

▶ $(ab)^n = a^n b^n$

〈例〉 $(xy)^2 = x^2 y^2, \quad (x^2 y^3)^3 = x^6 y^9$

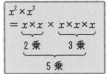

> 文字はすべての数値の代表選手.
> 具体的な数値を代入して計算する. 構造力学で用いられる公式も文字で表される.

## ❻ 断面積の計算例

　構造力学では，いろいろな部材について学ぶが，部材の断面積の計算例を示す. 図1のような長方形断面の場合，幅を $b$，高さを $h$ として断面積 $A$ は，次式で表す.

　$A = bh$

例えば，$b = 100\ \text{mm}$，$h = 120\ \text{mm}$ のとき，

断面積 $A = bh = 100 \times 120 = 12\,000\ \text{mm}^2$

図1　長方形断面

7

# 方程式

**point!**

建築の計算で，求めたい数値を未知数 $x$ として，方程式を立てることがある．
既にわかっている条件の下で，左辺＝右辺という方程式を立て，未知数 $x$ について求める．これを方程式を解くという．

## ❶ 一次方程式

未知数 $x$ についての一次式では，方程式の両辺のそれぞれに，同じ数を加・減・乗・除してもその性質は変わらない．ただし，0 を掛けたり，0 で割ってはならない．

〈例〉 $x-3=5$ （両辺にそれぞれ 3 を加える）
$x-3+3=5+3$　　　∴ $x=8$

〈例〉 $2x=6$ （両辺をそれぞれ 2 で割る）
$2x÷2=6÷2$　　　∴ $x=3$

〈例〉 $2x+3=7$ （両辺からそれぞれ 3 を引く）
$2x=4$ （両辺をそれぞれ 2 で割る）
∴ $x=2$

方程式の両辺に，同じ数を足したり引いたり，掛けたり割ったりして，最終的に $x=○$ の形にします．これを方程式を解くといいます．

## ❷ 二次方程式

未知数 $x$ についての二次式では，$x^2=a$ を解くと $x=±\sqrt{a}$ となることを利用する．

▶ **$x^2=a$ の形**
∴ $x=±\sqrt{a}$

▶ **$(x+b)^2=a$ の形**
式を変形して $(x+b)^2=a$ の形にすると，次のように解ける．
$(x+b)^2=a$
$x+b=±\sqrt{a}$
∴ $x=-b±\sqrt{a}$

〈例〉 $x^2-4x-1=0$
$x^2-4x=1$
$x^2-4x+4=1+4$ （左辺を 2 乗の形にするために，両辺に 4 を加える．）
$(x-2)^2=5$
$x-2=±\sqrt{5}$　　　∴ $x=2±\sqrt{5}$

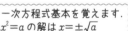

一次方程式基本を覚えます．
$x^2=a$ の解は $x=±\sqrt{a}$

展開の反対が因数分解
$(x+b)^2=x^2+2bx+b^2$
$x^2+2bx+b^2=(x+b)^2$

【例題】 土地の面積

1辺が $x$〔m〕の正方形の土地の縦の長さを 3 m 長くし，横の長さを 1 m 短くしたとき，もとの正方形の面積の 2 倍より 27 m² 小さかった．もとの正方形の土地の 1 辺の長さを求める．

[解] $(x+3)(x-1) = 2x^2 - 27$

$x^2 - x + 3x - 3 = 2x^2 - 27$

$x^2 - 2x = 24$

$x^2 - 2x + 1^2 = 24 + 1^2$

$(x-1)^2 = 5^2$

$x - 1 = \pm 5$

$x = 1 \pm 5$  $\therefore$ $x = 6, -4$ （負の長さはあり得ない）

ゆえに，もとの正方形の土地の 1 辺は 6 m である．

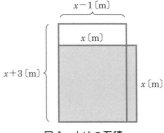

図1 土地の面積

❸ 連立方程式

$x$ と $y$ と二つの未知数が与えられた場合，二つの式があると解くことができる．これを連立方程式といい，解法には代入法と加減法がある．

▶**代入法** 一方の式から $x$ または $y$ を求め，もう一方の式に代入する．

$$\begin{cases} y = x + 1 & \cdots① \\ x + 2y = 8 & \cdots② \end{cases}$$

[解] 式①を式②に代入して，

$x + 2(x+1) = 8$

$3x + 2 = 8$

$3x = 6$  $\therefore$ $x = 2$  式①より，$y = 3$

> 代入法では，一方の式を $x$ または $y$ の式にして，他方の式に代入する．

▶**加減法** 2 式を引くか足すかすることにより，$x$ または $y$ のいずれかを消去する．

$$\begin{cases} 2x + 3y = 1 & \cdots① \\ x - y = 3 & \cdots② \end{cases}$$

[解]  ①      $2x + 3y = 1$
　　　②×3    $+)\ 3x - 3y = 9$
　　　　　　　　$5x\ \ \ \ \ = 10$
　　　　　　　　$x = 2$

式②に代入して，$2 - y = 3$  $\therefore$ $y = -1$

> 加減法では，$x$ または $y$ のいずれかの係数をそろえて引くか足す．

# 関数

**point!**
二つの変数 $x$, $y$ があって，
$x$ の値を定めると，それに応じて $y$ の値がただ一つ定まるとき，$y$ は $x$ の関数であるという。

> $x$ の値に応じて，$y$ の値が定まる関係式を関数という。

## ❶ 一次関数

1個 100 円のりんご $x$〔個〕の値段を $y$〔円〕とすると，$y = 100x$ という関数になる。これを，表とグラフに表す。

| りんご<br>$x$〔個〕 | 値段<br>$y$〔円〕 |
|---|---|
| 1 | 100 |
| 2 | 200 |
| 3 | 300 |
| 4 | 400 |
| 5 | 500 |
| … | … |

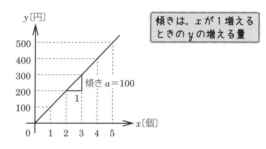

> 傾きは，$x$ が 1 増える
> ときの $y$ の増える量

ここで，このりんごに包装料がかかる場合について考える。包装料は，数に関係なく一律 100 円かかるとすると，$y = 100x + 100$ という関数で表される。

| りんご<br>$x$〔個〕 | 値段 $y$〔円〕<br>（包装あり） |
|---|---|
| 1 | 200 |
| 2 | 300 |
| 3 | 400 |
| 4 | 500 |
| 5 | 600 |
| … | … |

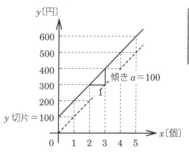

> $y$ 切片とは $y$ 軸との交点の値をいう。
> $x = 0$ を代入して求められる。

一般に，一次関数は直線の式となり，$y = ax + b$ で表される。$a$ を傾き，$b$ を $y$ 切片という。傾きは $x$ が 1 だけ増加したときの $y$ の増加量を示す。このりんごの式では，傾き $a$ は 100 であり，$y$ 切片 $b$ も 100 である。

> 一次関数，二次関数の特徴
> をとらえましょう。

**10**

## ❷ 二次関数

図のような 1 辺が $x$〔m〕の土地の面積を $y$〔m²〕とすると，$y=x^2$ という関数になる．これを，表とグラフに表す．

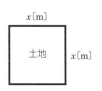

| 長さ $x$ (m) | 面積 $y$ (m²) |
|---|---|
| 1 | 1 |
| 2 | 4 |
| 3 | 9 |
| 4 | 16 |
| 5 | 25 |
| … | … |

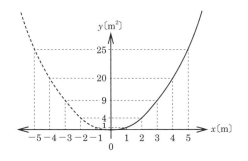

> 二次関数では，一つの $y$ の値に対して二つの $x$ の値が対応する．例えば，$y=25$ のとき，$x=\pm5$ である．土地の 1 辺を表す場合では，$x=-5$ は実際にはあり得ない．

$y=x^2$ のように，$x$ の二次式で表される関数 $y$ を $x$ の二次関数という．
$y=2x^2+1$，$y=3x^2-x+2$ のような関数も二次関数である．
一般に，$a \neq 0$ として，$y=ax^2+bx+c$ の形に表される．

二次関数のグラフは，放物線ともいい，空中にものを放り投げたときの軌跡のグラフである．構造力学では，曲げモーメント図（4 章）やたわみやたわみ角の計算（5 章，8 章）などに出てくるので，しっかり理解しておく必要がある．

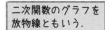

> 二次関数のグラフを放物線ともいう．

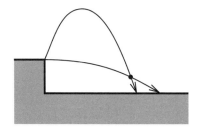

# 1-6 ·············· [サイン，コサイン，タンジェント]

# 三角比

point!
直角三角形において，ある辺の長さや角度は，三角比 sin（サイン），cos（コサイン），tan（タンジェント）を利用することで，求めることができる．なお，ほとんどの問題では，簡単のため代表的な三角形の比を用いて計算する．

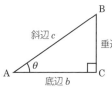

直角三角形の $\theta$ の値によって，それぞれの辺の比がわかる．

$$\sin\theta = \frac{\text{垂辺}}{\text{斜辺}} = \frac{a}{c} \qquad \cos\theta = \frac{\text{底辺}}{\text{斜辺}} = \frac{b}{c} \qquad \tan\theta = \frac{\text{垂辺}}{\text{底辺}} = \frac{a}{b}$$

図1　三角比

【例題1】　図2の三角形において，$\theta = 37°$，$c = 3.124$ m のとき，辺 $a$ と辺 $b$ の長さを求める．

STEP-① 　辺 $a$ の長さを求める．

$a$ と $c$ と $\theta$ の関係を示す $\sin\theta = \dfrac{a}{c}$ の式を用いる．

関数電卓または関数表により，$\sin 37° = 0.6018$

$0.6018 = \dfrac{a}{3.124}$ 　　∴ $a = 3.124 \times 0.6018 = 1.880$ m

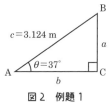

図2　例題1

STEP-② 　辺 $b$ の長さを求める．

$b$ と $c$ と $\theta$ の関係を示す $\cos\theta = \dfrac{b}{c}$ の式を用いる．

関数電卓または関数表により，$\cos 37° = 0.7986$

$0.7986 = \dfrac{b}{3.124}$ 　　∴ $b = 3.124 \times 0.7986 = 2.495$ m

【例題2】　図3の木の高さ $h$ を求める．

$a$ と $b$ と $\theta$ の関係を示す $\tan\theta = \dfrac{a}{b}$ の式を用いる．

関数電卓または関数表により，$\tan 61° = 1.8040$

$1.8040 = \dfrac{h}{5.234}$ 　　∴ $h = 5.234 \times 1.8040 = 9.442$ m

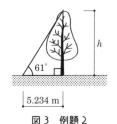

5.234 m

図3　例題2

## ▶代表的な三角形（基本三角形）

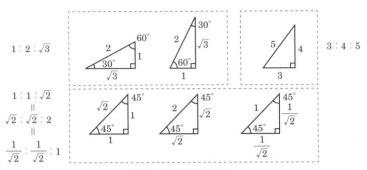

図4　代表的な三角形

## ▶見比べて辺の長さを知る

【例題3】　図5の三角形において，
$\theta=60°$，$c=8$ m のとき，辺 $a$ と辺 $b$ の長さを求める．
ただし，平方根の値はそのままでよい．

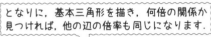
となりに，基本三角形を描き，何倍の関係か
見つければ，他の辺の倍率も同じになります．

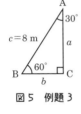

図5　例題3

斜辺の8mは，斜辺どうしの比率から2
の4倍となっている．他の辺も同じ．

## STEP-①　辺$a$の長さを求める．
辺 $a$ の長さは，垂辺 $\sqrt{3}$ の4倍となる．
∴　$a=\sqrt{3}×4=4\sqrt{3}$ m

## STEP-②　辺$b$の長さを求める．
辺 $b$ の長さは，底辺1の4倍となる．
∴　$b=1×4=4$ m

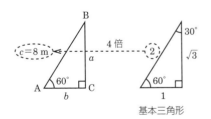

基本三角形

13

# 力の合成と分解

**point!**
本節より構造力学の内容を含んだ計算について学
ぶ．まずは，力について取り扱う．力は目には見えないが，ものが移動したり
変形したりすることで確かめられる．この力を矢印で表現して計算する．また，
力の単位には，N（ニュートン）を使用する．

> 力の単位は N，1 kg≒10 N

## ❶ 力の単位

　力の単位には，重さの単位である国際単位系（SI）の N（ニュートン）を使用する．慣れ親しんでいる kg（キログラム）を N に換算するには，10 倍（より正確には，9.8 倍）するとよい．体重 60 kg の人は概算で 600 N となる．

　これは，「1 kg の質量に 1 m/s$^2$ の加速度を与える力を 1 N」としていることに基づく．地球上では，重力加速度が 9.8 m/s（おおまかにいうと 10 m/s$^2$）であるので，60 kg の質量に 10 m/s$^2$ の加速度を与える重力 600 N が導き出される．

## ❷ 力の表示と三要素

　力は矢印の長さと向きで表示し，力の働いている点を作用点という．また，力は作用線上であれば移動してもその働きは変わらない．

作用線 ------ 力の向き
作用点
力の大きさ

**図1　力の三要素**

> 力の向き，大きさ，作用点を力の三要素という．

## ❸ 力の合成

　物体に二つの力が作用している場合に，二つの力と同じ効果をもつ一つの力にまとめることができる．これを合力という．二つの力の合成は，二つの力をそれぞれ平行四辺形の辺としたときの，対角線の大きさと向きとなる．

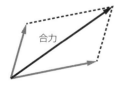
合力

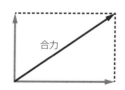
合力

> 二つの力の合力は，平行四辺形の対角線となる．

**図2　力の合成**

## ❹ 力の分解

力 $P$ を直行する $X$ 軸-$Y$ 軸方向に分解する．それぞれ分解された力を分力 $P_X$，$P_Y$ とし，三角関数または三角比を用いて大きさを計算する．

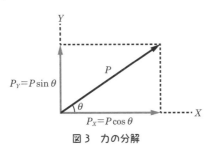

図3 力の分解

> 構造力学では，斜めの力は，水平方向の力と鉛直方向の力に分解して，計算を行います．

【例題1】 図4のような力 $P$ を水平方向の力 $P_X$ と鉛直方向の力 $P_Y$ に分解したときの大きさを求める．

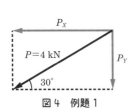

図4 例題1

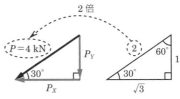

図5 基本三角形との比較

力の三角形をつくり，基本三角形と比べると斜辺が2倍になっているので，他の辺も2倍して，$P_X = \sqrt{3} \times 2 = 2\sqrt{3}$ kN　　　$P_Y = 1 \times 2 = 2$ kN

【例題2】 図6のような力 $P$ を水平方向の力 $P_X$ と鉛直方向の力 $P_Y$ に分解したときの大きさを求める．

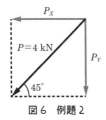

図6 例題2

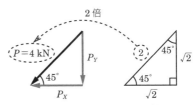

図7 基本三角形との比較

力の三角形をつくり，基本三角形と比べると斜辺が2倍になっているので，他の辺も2倍して，$P_X = \sqrt{2} \times 2 = 2\sqrt{2}$ kN　　　$P_Y = \sqrt{2} \times 2 = 2\sqrt{2}$ kN

# モーメントの計算

point!

力のモーメントは，力×距離で計算する．

モーメント＝力×距離

モーメントを理解するには，シーソーを考えるとわかりやすい．シーソーは，乗る位置によって，自分より体重のある大人を持ち上げることができたり，逆に持ち上げられたりもする．これについてモーメントのつりあいで説明することができる．

## ❶ シーソーのつりあい

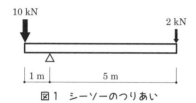

図1　シーソーのつりあい

支点を中心にして右回りのモーメントと左回りのモーメントがつりあっている．

図1のシーソーは，10 kN と 2 kN とがバランスがとれた状態にある．このときのモーメントを計算すると，

2 kN によるモーメント（支点を中心に右回り）＝2 kN×5 m＝10 kN·m

10 kN によるモーメント（支点を中心に左回り）＝10 kN×1 m＝10 kN·m

したがって，支点を中心にして，右回りのモーメントと左回りのモーメントがつりあっていることがわかる．

【例題1】　図2のシーソーがつりあっているとき，左側の重さ $x$ を求める．

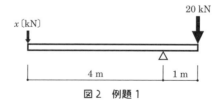

図2　例題1

支点を中心にモーメントがつりあうことから，求める重さを $x$〔kN〕とすると，

$x$×4 m＝20 kN×1 m　　$4x=20$　　$\therefore$　$x=5$ kN

## ❷ モーメントの単位

モーメントの単位は，N·m や kN·m のように，力×距離の単位で表される．·は×の省略記号である．

モーメントの単位も力×距離
〈例〉　N·m, kN·m

【例題2】 【例題1】のシーソーにおいて，左端を A，支点を B，右端を C とする．
左端 A には，下向きに 10 kN，右端 C には 2 kN が作用しており，支点 B には，
上向きに 10 kN＋2 kN＝12 kN の支える力が生じている．このとき，A，B，C
のいずれの点においてもモーメントがつりあっていることを確かめる．

STEP-① 支点 B を中心として，モーメントのつりあいを確かめる．

　例えば，シーソーの図が紙に描いてあるとして，モーメントの中心である支点
B を画鋲でとめる．この画鋲を中心に，2 kN は右回り，10 kN は左回りに回転
する．

右回りのモーメント
　2 kN×5 m＝10 kN·m
左回りのモーメント
　10 kN×1 m＝10 kN·m

∴　右回りのモーメント＝左回り
　　のモーメント

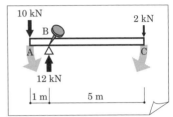

図3　モーメント（点 B を中心）

STEP-② 左端 A を中心として，モーメントのつりあいを確かめる．
　同じく，左端 A に画鋲を打って，

右回りのモーメント
　2 kN×6 m＝12 kN·m
左回りのモーメント
　12 kN×1 m＝12 kN·m

∴　右回りのモーメント＝左回り
　　のモーメント

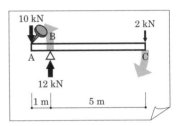

図4　モーメント（点 A を中心）

STEP-③ 右端 C を中心として，モーメントのつりあいを確かめる．
　同じく，右端 C に画鋲を打って，

右回りのモーメント
　12 kN×5 m＝60 kN·m
左回りのモーメント
　10 kN×6 m＝60 kN·m

∴　右回りのモーメント＝左回り
　　のモーメント

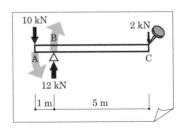

図5　モーメント（点 C を中心）

# モーメントにおける**距離**の考え方

Point!

力のモーメントは力×距離で求められるが，本節ではモーメントの距離のとり方について学ぶ．また，偶力のモーメントについても学ぶ．

## ❶ モーメントにおける距離

　モーメントにおける距離は，モーメントの中心と考えている点から力の作用線までの垂線の長さをいう．すなわち，中心から力の作用線までの最短距離である．

モーメントにおける距離は，中心から力までの最短距離＝垂線の長さ

図1　モーメントにおける距離

## ❷ モーメントが発生しない場合

　中心と考えている点が，力の作用線上にある場合は，距離が0となるため，モーメントが発生しない．

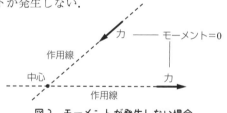

力の作用線が中心を通る場合は，モーメントは発生しない．

図2　モーメントが発生しない場合

【例題1】　図のような四つの力 $P_1$〜$P_4$ がつりあっているとき，$P_2$ の値を求める．

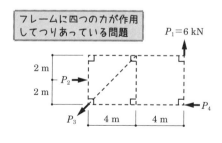

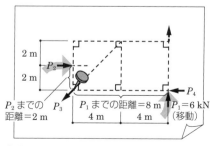

図3　例題1

この例題では，$P_2$，$P_3$，$P_4$ の三つの力が作用しているが，求めるのは $P_2$ だけなので，$P_3$ と $P_4$ の交点をモーメントの中心とする（画鋲）．これで，$P_3$ と $P_4$ は，中心からの距離が 0 となって，計算の中に出てこなくなる．

（右回りのモーメント）＝（左回りのモーメント）より，

$$P_2 \times 2 = 6 \times 8$$
$$2P_2 = 48 \qquad \therefore \quad P_2 = 24 \text{ kN}$$

### ❸ 偶力のモーメント

向きが反対で大きさが同じ一対の力を偶力という．このとき，力の大きさは同じであるが，モーメントのつりあいはとれておらず回転する．これを偶力のモーメントといい，右回り（時計回り）を（＋），左回り（反時計回り）を（−）とする．

偶力は向きが反対で大きさが同じ一対の力です．

偶力のモーメント＝＋$P \times l$（右回り）　　偶力のモーメント＝−$P \times l$（左回り）

**図4　偶力のモーメント**

【例題2】 図5のような平行な二つの力 $P_1$，$P_2$ による A，B，C の各点における偶力のモーメントの値 $M_A$，$M_B$，$M_C$ を求める．ただし，モーメントの符号は，時計回りを正とする．

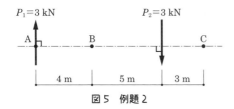

$P_1 = 3 \text{ kN}$　　$P_2 = 3 \text{ kN}$

A　　B　　C

4 m　　5 m　　3 m

偶力のモーメントは，どの点でも同じ値＝力×二力相互の垂直距離

**図5　例題2**

偶力のモーメントは，どの位置においても，$M = P \times l$ で求めることができる．$l$ は二つ力の間の垂直距離を表す．この場合は，右回り（時計回り）なので符号は（＋）とする．

$$M_A = M_B = M_C = +3 \text{ kN} \times 9 \text{ m} = +27 \text{ kN·m}$$

# 断面一次モーメント（図心を求める）

**point!**

断面一次モーメント＝面積×図心までの距離

本節では，構造力学で扱う図心を
求める計算について解説する．図心（重心）とは，平面図形の中心のことをいい，
図心を求めるには断面一次モーメントの性質を利用する．
全体の断面一次モーメント＝∑（各部分の断面一次モーメント）

## ❶ 断面一次モーメント

断面一次モーメントは，面積に図心までの距離を乗じて計算する．
断面一次モーメント $S =$（面積 $A$）×（図心までの距離 $y$）〔mm³ または cm³〕

## ❷ T形断面の図心を求める

【**例題 1**】 図 1 のような T 形断面の図心 G を求
める．

図心 G は，T 形断面が左右対称なので，中心
線上にあり，底辺から $y$〔mm〕離れた位置にあ
るものと仮定する

図 2 のように T 形断面を断面①，断面②に分
割すると，それぞれの図心 $G_1$，$G_2$ は，対角線の
交点となる．底辺からの距離もそれぞれ $y_1 =$
30 mm，$y_2 = 10$ mm と求められる．

ここで，断面一次モーメントの性質から，
全体の断面一次モーメント
　＝∑（各部分の断面一次モーメント）
つまり，
（全体の面積）×（全体の図心 G までの距離）
　＝（①の面積）×（①の図心までの距離）
　　＋（②の面積）×（②の図心までの距離）

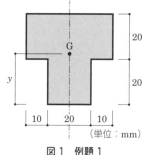

図 1　例題 1

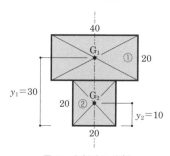

図 2　各部分に分割

となり，数値を入れて，

$(20 \times 40 + 20 \times 20) \times y = (20 \times 40) \times 30 + (20 \times 20) \times 10$

$(800 + 400)y = 800 \times 30 + 400 \times 10$

$1\,200y = 24\,000 + 4\,000$

$1\,200y = 28\,000$　　　∴　$y = 23.3$ mm

複雑な形の図心は長方形に分
割して求める．長方形の図心
は簡単にわかるからである．

底辺から図心 G までの距離は 23.3 mm であることが求められた．

### ❸ L形断面の図心を求める

【例題2】 図3のようなL形断面の図心Gを求める．
図心Gは，$y$軸から$x$〔mm〕，
$x$軸から$y$〔mm〕の位置にあるものとする．
ここで，図4のように，L形断面を断面①，
断面②に分割し，

　全体の断面一次モーメント
　　$= \sum$（各部分の断面一次モーメント）
を利用する．

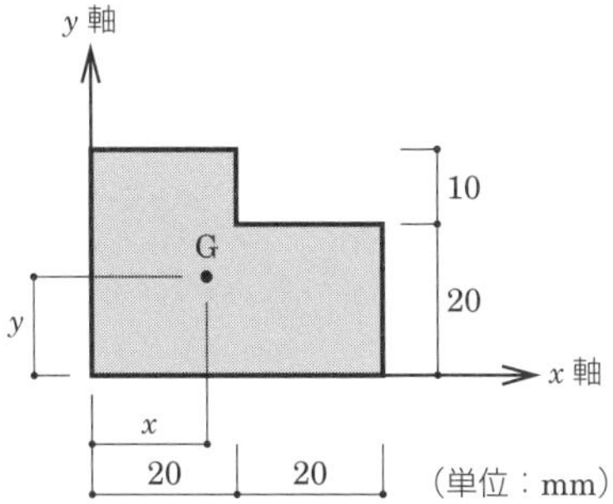

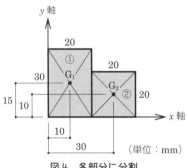

図3 例題2

### STEP-① $x$ を求める計算

$(30 \times 20 + 20 \times 20) \times x$

　$= (30 \times 20) \times 10 + (20 \times 20) \times 30$

$(600 + 400)x = 600 \times 10 + 400 \times 30$

$1\,000x = 6\,000 + 12\,000$

$1\,000x = 18\,000$ 　∴　$x = 18$ mm

### STEP-② $y$ を求める計算

$(30 \times 20 + 20 \times 20) \times y$

　$= (30 \times 20) \times 15 + (20 \times 20) \times 10$

$(600 + 400)y = 600 \times 15 + 400 \times 10$

$1\,000y = 9\,000 + 4\,000$

$1\,000y = 13\,000$

∴　$y = 13$ mm

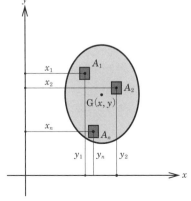

図4 各部分に分割

### ❹ 図心の求め方のまとめ

　例題では，二つの分割例をとりあげたが，
どんな複雑な図形でも複数の長方形に分割
することで，断面一次モーメントを利用し
て図心の位置を求めることができる．

### $x$ の値を求める式（$n$ 分割のとき）

$(A_1 + A_2 + \cdots\cdots A_n)x$

　$= A_1 x_1 + A_2 x_2 + \cdots\cdots A_n x_n$

### $y$ の値を求める式

$(A_1 + A_2 + \cdots\cdots A_n)y$

　$= A_1 y_1 + A_2 y_2 + \cdots\cdots A_n y_n$

図5 図心の求め方

# 演習問題

**【問題1】　正・負の数，小数，分数，平方根，累乗，指数**

次の計算をしなさい．

① $-5-(-3)$　　② $5-0.01$　　③ $30-10\div2$　　④ $(-5)^3$

⑤ $0.686\times10^5$　　⑥ $-3\div(-2)+\left(-\dfrac{1}{2}\right)$　　⑦ $\dfrac{6}{\sqrt{2}}-\sqrt{2}$

⑧ $\dfrac{120\times200^2}{6}$　　⑨ $\dfrac{2}{5}\div\dfrac{1}{3}$　　⑩ $\dfrac{\dfrac{2}{5}}{\dfrac{3}{4}}$

**【問題2】　式の計算**

次の式を簡単にしなさい．

① $\dfrac{Pl}{2}+Pl$　　② $\dfrac{l\times(2l)^3}{12}$　　③ $\dfrac{\dfrac{bh^3}{12}}{\dfrac{h}{2}}$

**【問題3】　方程式**

次の方程式を解きなさい．

① $x\times5-10\times3=0$　　② $2x+4=2$　　③ $3(-x+5)=2x-(-x+15)$

**【問題4】　比**

$A:B$ を求めなさい．

① $3B=2A$　　② $\dfrac{5}{3}A=B$

**【問題5】　単位**

次の構造力学の用語の単位を答えよ．複数解答可．

① 力　　② 力のモーメント　　③ 断面一次モーメント

**【問題6】　力の分解**

斜めの力 $P$ を水平方向の力 $P_X$ と鉛直方向の力 $P_Y$ に分解せよ．

①

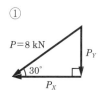

②

## 【問題7】 力の分解

図のような力 $P$ を $X$, $Y$ 方向に分解した分力 $P_X$, $P_Y$ の大きさを求めよ.

①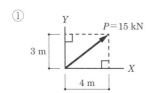

②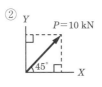

③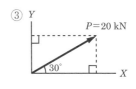

## 【問題8】 力のつりあい（参考：2003 二級建築士試験）

図のような四つの力 $P_1 \sim P_4$ がつり合っているとき，$P_4$ の値を求めよ.

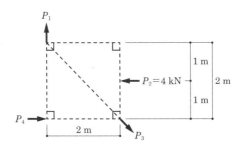

## 【問題9】 モーメントの計算

図のような複数の力が作用するとき，O 点に生じるモーメント $M_O$ を求めよ. ただし，モーメントの符号は，時計回りを正とする.

①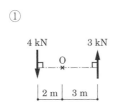

②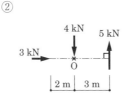

③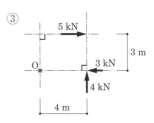

## 【問題10】 偶力のモーメント（参考：2006 二級建築士試験）

図のような平行な二つの力 $P_1$, $P_2$ による A，B，C の各点におけるモーメント $M_A$, $M_B$, $M_C$ の値を求めよ. ただし，モーメントの符号は，時計回りを正とする.

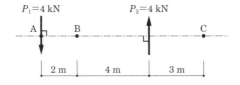

【問題11】　断面一次モーメント（参考：2006　二級建築士試験）
　図のような断面において，図心の座標 $(x_0, y_0)$ の値を求めよ．

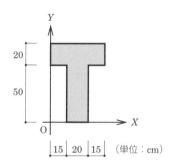

15 20 15 （単位：cm）

【問題12】　断面一次モーメント（参考：2019　二級建築士試験）
　図のような断面において，図心の座標 $(x_0, y_0)$ の値を求めよ．

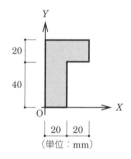

20 20
（単位：mm）

【問題13】　合力の作用線までの距離（参考：2010，2011　二級建築士試験）
　図のような分布荷重の合力の大きさ及び点 A から合力の作用線までの距離を求めよ．
　分布荷重については 3 章で学ぶが，合力の大きさは図形の面積を計算して求める．

（1）　　　　　　　　　　　　　　　　　　　　（2）

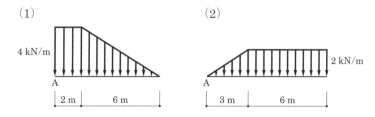

# 2章

## 計算なしでとらえよう
### ［構造力学の基礎］

本章では，計算を抜きに建築の安全を検討する過程について学びます．建築の骨組や建築に作用する力の種類から始まり，力の伝達経路，骨組のモデル化などを通して，構造力学の基本的なセンスを身につけます．また，建築士試験の制度についても確認します．

# 構造力学は安全を計算する

**point!** ‥‥‥‥‥‥‥‥‥‥‥‥‥‥‥‥‥　|構造力学の基本は，「力のつりあい」|
構造力学は，計算により建築の安全性を検討する過程で必要とされる．建築に，荷重（人・家具などのさまざまな重量，地震力・風圧力など）が作用したとき，はりや柱などの各部材に生じる力や変形を計算して，適切な材質や形状・寸法を決定していく．

## ❶ 力のつりあいが基本

　構造力学では，主に「力」について取り扱う．最も重要な原則は，「**力のつりあい**」であり，建築が静止し，安全に建っているのは，建築に作用している全ての力がつりあっているからである．力がつりあわなければ，建築は動き出し，あるいは破壊してしまう．「力のつりあい」は，建築に作用している各方向のすべての力の合計が 0 になることで確かめられる．また，力の合計が 0 であっても，回転してしまう場合が考えられるので，各方向についてのモーメント（＝力×距離）の合計も 0 であることを確認する．

## ❷ 用・強・美

　「用・強・美」とは，古代ローマの建築家ウィトルウィウスが，建築に必要な概念として提唱したものである．「用」は機能や用途，「強」は強度や耐久性，「美」は表現や美しさを表している．このいずれか一つが欠けただけでも，優れた建築とはいえない．また，単独ではなく，それぞれが総合的に力を発揮するための基礎として，構造力学の基本を学んで欲しい．

## ❸ 構造力学の学び方

　数学が苦手だから，あるいは，物理が苦手だからといって，構造力学が苦手になるとは限らない．構造力学に出てくる計算はそんなには難しくなく，加減乗除などの計算がしっかりできればよい．計算が苦手な読者は，1 章を復習して，計算力を身につけていただきたい．構造力学では，荷重や骨組をモデル化するなど，なるべく計算を単純化している．その計算過程において，最も気をつけたいのが，桁数を間違えないことである．1 桁間違って計算してしまうと事故や損害につながりかねない．大きな間違いをしたとき，「これは明らかにおかしい」と気がつく力学的センスを身につけてもらいたい．

|構造力学では，数値の桁を間違えないこと．|

### ❹ 構造力学の学びの順序

本書では，建築の代表的な骨組として，はり（3章〜5章），ラーメン（6章），トラス（7章）について学ぶ．

はり　　　　　　ラーメン　　　　　　トラス

3章〜5章では，はりを題材に計算の手順を学んでいく．その主な項目を順に示す．

#### STEP-① はりにかかる荷重

建築（はり）にはさまざまな荷重（固定荷重，積載荷重，地震力，風圧力など）が加わる．

その種別・表示方法について学ぶ．

#### STEP-② 支点と節点のしくみ

部材の支点及び節点（ピン，ローラーなど）について学ぶ．

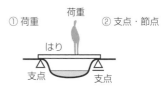

#### STEP-③ 反力の計算

支点に生じて部材を支える反力（鉛直反力，水平反力など）を計算する．

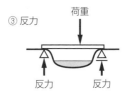

#### STEP-④ 応力の計算

部材内部に生じる応力（軸力，せん断力，曲げモーメント）について計算する．

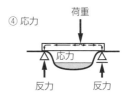

#### STEP-⑤ 応力度の計算

部材断面の単位面積当たりに生じている応力度について計算する．

#### STEP-⑥ 安全の検討（断面算定）

部材断面が，応力，変形に対して安全かどうか判断する．

この後，はりに引き続き，6章ではトラスについて，7章ではラーメンについても同様な計算を行う．8章では柱について，9章では不静定構造について学ぶ．

# 建築士**制度**と構造**力学**

## ❶ 建築設計と建築士

　　1950 年に建築士法が制定され，建築設計者に対して一定の技術的な水準が設けられた．現在では，建築士は，設計する建築の用途と規模により，一級建築士，二級建築士，木造建築士に分類される．なお，2006 年公布の新建築士法により，構造設計一級建築士が創設され，一定規模以上の建築物の構造設計については，構造設計一級建築士の構造関係規定への適合性の確認が義務付けられた．同時に，設備設計一級建築士も創設されている．

## ❷ 建築士試験

　建築士試験は，一次試験（学科の試験）と二次試験（製図の試験）で構成されている．一次試験の合格者は二次試験を受験できる．

## ❸ 学科の試験

一級建築士（四肢択一式）
　　学科 I（計画）20 問，学科 II（環境・設備）20 問，学科 III（法規）30 問，
　　学科 IV（構造）30 問，学科 V（施工）25 問
二級建築士 / 木造建築士（五肢択一式）
　　学科 I（計画）25 問，学科 II（法規）25 問，
　　学科 III（構造）25 問，学科 IV（施工）25 問

建築士試験の中で，構造力学は，合否の鍵を握る．

## ❹ 製図の試験

公表された設計課題について制限時間内で設計する．

## ❺ 受験資格

　建築士試験の受験資格については 2019 年に建築士法の改正があり，一級，二級建築士ともに指定学科を卒業すれば，実務経験なしで受験可能となった．これまで，専門技術の学習歴と卒業後の建築の実務経験年数により定められた受験要件が登録要件に改められた．

## ❻ 構造力学の試験問題

　一次試験の「学科の試験」は，一級建築士 125 問（うち構造分野 30 問），二級建築士・木造建築士 100 問（うち構造分野 25 問）で構成されている．

構造力学は，「構造」の分野で出題されており，例えば，二級建築士の学科試験では，力のつりあいの問題，はり，トラス，ラーメンの反力や応力を求める問題，長柱の座屈に関する問題などを中心に，例年6問程度出題されている．

▶ **出題分類の概要**

　「構造」の分野での出題は，その年度によって異なるが，比較的出題傾向が固定されている．一例を表1に示す．

> 構造力学の問題は，暗記するのではなく，計算のやり方を覚えることです．

**2**

計算なしでとらえよう

表1　出題分類表

| 資　格 | 構造力学の出題例 |
|---|---|
| 一級建築士 | 降伏開始モーメントと全塑性モーメント，断面が異なる単純ばりのたわみの比，不静定ラーメンの曲げモーメント図，2層構造物の層間変位の比，平行弦トラスの斜材に生じる軸方向力，静定次数の計算 |
| 二級建築士 | L形断面の図心の座標，単純ばりの最大曲げ応力度，曲げモーメント図から荷重の大きさを求める，単純ばりラーメンの反力とせん断力，軸方向力が生じないトラス部材，長柱における座屈長さの大小関係 |
| 木造建築士 | 柱の座屈のしにくさの大小関係，角孔または切欠きのあるはりの曲げモーメントに対する強さの大小関係，バランスの良い耐力壁の配置，水平の作用するトラスの軸方向力，水平力を受ける耐力壁の脚部に生じる引抜き力の大小関係，小屋組の各部材に作用する力，各部における鉛直荷重の力の流れ |

▶ **過去の出題例**

　構造力学の計算問題は，単に暗記するというだけでは解けない．これから構造力学の基本的な考え方を身につけることによって解くことができるようになるので，今後の学習目標としてほしい．

---

図のような水平力が作用する2層構造物（1層の水平剛性 $2K$，2層の水平剛性 $K$）において，1層の層間変位 $\delta_1$ と2層の層間変位 $\delta_2$ との比として，正しいものは，次のうちどれか．　　（2019　一級建築士試験）

$\delta_1 : \delta_2$

1.　1：2
2.　1：4
3.　2：3
4.　3：4

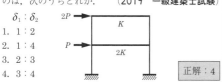

正解：4

---

図のような両端から荷重 $P$，$2P$ または $3P$ を受ける木造の柱 A，B 及び C の座屈のしにくさの大小関係として，正しいものは，次のうちどれか．

（2019　木造建築士試験）

1.　A＝B＞C
2.　A＞B＞C
3.　B＞A＞C
4.　B＝C＞A
5.　C＞B＞A

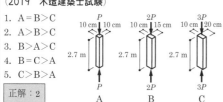

正解：2

---

図のような外力を受ける静定ラーメンにおいて，支点 A，B に生じる鉛直反力 $R_A$，$R_B$ の値と，C 点に生じるせん断力 $Q_C$ の絶対値との組合せとして，正しいものは，次のうちどれか．

（2019　二級建築士試験）

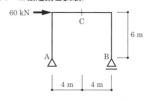

| | $R_A$ | $R_B$ | $Q_C$ の絶対値 |
|---|---|---|---|
| 1. | − 45 kN | + 45 kN | 0 |
| 2. | − 45 kN | + 45 kN | 45 kN |
| 3. | + 45 kN | − 45 kN | 0 |
| 4. | + 45 kN | − 45 kN | 45 kN |
| 5. | + 45 kN | + 45 kN | 45 kN |

正解：2

## 2-3 …… [鉛直荷重, 水平荷重, 集中荷重, 等分布荷重, モーメント荷重]

# 建築に作用する荷重

**point!**
建築に加わる力を荷重という. 荷重には固定荷重, 積載荷重, 積雪荷重, 風圧力, 地震力などさまざまな種類があるが, 構造力学ではすべて矢印で表示する.

### ❶ 建築に作用する荷重の種類

① **固定荷重**（柱・壁・床など建築そのものの重量＝自重ともいう）
② **積載荷重**（人間・家具・設備・機器などの建築内の床にかかる重量）
③ **積雪荷重**（屋根に降り積もった雪の重量）
④ **風圧力**（風による圧力）
⑤ **地震力**（地震による揺れの力）

**図1　建築に作用する荷重**

### ❷ 荷重の分類

▶**作用する方向による分類**

　建築に作用する荷重は, 主に鉛直方向と水平方向の荷重に分類できる. 鉛直方向の荷重は, 主に地球による重力としての荷重であり, 固定荷重, 積載荷重, 積雪荷重がこれにあたる. また, 風圧力や地震力は, 建築外部から水平方向にかかる荷重として考える.

① **鉛直荷重**…固定荷重, 積載荷重, 積雪荷重
② **水平荷重**…風圧力, 地震力

> 長期荷重は常時の荷重, 短期荷重は非常時の荷重（台風, 地震, 積雪）

▶**作用する頻度による分類**

　建築では, 通常の状態（常時）と非常の状態（非常時）のどちらの状態でも安全を確保する必要がある. 常時の荷重を長期荷重といい, 固定荷重と積載荷重がこれにあたる. また, 非常時の荷重を短期荷重といい, 風圧力, 地震力, 積雪荷

重がこれにあたる．ただし，多雪区域での積雪荷重は長期荷重として扱われる．

① **長期荷重**…固定荷重，積載荷重，（積雪荷重）
② **短期荷重**…風圧力，地震力，積雪荷重

### ❸ 構造力学での表示

構造力学では，力の計算について学ぶので，荷重の発生の原因は問題としない．部材への作用の状態によって，集中荷重，等分布荷重，等変分布荷重，モーメント荷重に分類して取り扱う．

▶ **集中荷重（記号：$P$，単位：N，kN）**
部材のある1点に集中して作用する荷重．
作用する位置と方向を矢印で表す（図2）．

▶ **等分布荷重（記号：$w$，単位：N/mm，kN/m など）**
部材の長さ方向にそって一様に分布して作用する荷重．矢印を連続して示すかフリーハンドで半円を連続させたように書いてもよい（図3）．なお，一定の割合で増加または減少して分布するものを**等変分布荷重**（図4）という．

▶ **モーメント荷重（記号：$M$，単位：kN・m，N・mm など）**
部材のある1点にモーメントとして作用する荷重．回転作用だけで，鉛直方向にも水平方向にも力の成分を持たない．作用する位置と回転方向を矢印のついた円弧で示す（図5）．

> ▶**建築に作用する荷重の力学的扱い**
> ① 固定荷重，積載荷重，積雪荷重，風圧力
> 　⇒主として等分布荷重
> ② 地震力⇒集中荷重
> ③ 土圧，水圧⇒等変分布荷重

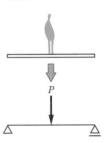

図2 集中荷重

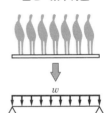

または

フリーハンド
図3 等分布荷重

図4 等変分布荷重

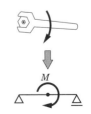

図5 モーメント荷重

構造力学では，主に集中荷重と等分布荷重について扱います．

**2-4** ·············· ［固定支点，回転支点，移動支点，ピン，剛節点］

# 支点と節点

point!
はりなどの部材を支えている点を支点
という．支点は，移動（回転を含む）できる方向の組合せによって三種類がある．
移動する方向については，① 鉛直方向，② 水平方向，③ 回転方向の三方向で
考え，斜めの方向は，①鉛直方向と②水平方向が合成されたものとする．

> 支点は，固定，ピン，ローラーの三種類

## ❶ 支点の種類

支点には，**固定支点**（フィックス），**回転支点**（ピン），**移動支点**（ローラー）
の三種類がある．（図1，表1）また，何の支えもない部材の先端を自由端という．

　　a.　固定支点　　　　b.　回転支点　　　　c.　移動支点

**図1　支点の種類**

▶**固定支点**（フィックス，固定端ともいう）
　鉛直方向の移動，水平方向の移動，回転のすべてを拘束した支点．

▶**回転支点**（ピン，または回転端ともいう）
　鉛直方向の移動，水平方向の移動を拘束して，回転だけを許した支点．

▶**移動支点**（ローラー，移動端ともいう）
　鉛直方向の移動だけを拘束，水平方向の移動，回転を許した支点．

**表1　支点の種類**

| 種　類 | 構　造 | 表　示 | 移動可能 | | |
|---|---|---|---|---|---|
| | | | 鉛直 | 水平 | 回転 |
| 固定支点<br>（フィックス） | | | × | × | × |
| 回転支点<br>（ピン） | | | × | × | ○ |
| 移動支点<br>（ローラー） | | | × | ○ | ○ |

## ❷ 単純ばりと片持ばりの支点

▶ **単純ばり**
一端が**回転支点**, 他端が**移動支点**のはり

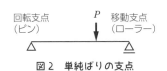

図2 単純ばりの支点

▶ **片持ばり**
一端が**自由端**, 他端が**固定支点**のはり

図3 片持ばりの支点

## ❸ 節点

骨組を構成している部材と部材をつなぐ接合点を節点という. 節点には, 剛節点と滑節点 (ピン) の二種類がある.

▶ **剛節点** 回転も移動もできない節点で, 部材どうしの角度が保たれる節点.
▶ **滑節点** ピンまたはヒンジともいう. 回転は自由だが, 移動はできない節点.

> ピンは回転可能な節点

> 剛節点は強固に接合された節点

(a) 剛節点　　　　　　(b) 滑節点 (ピン)

図4 節点の種類

表2 節点の種類

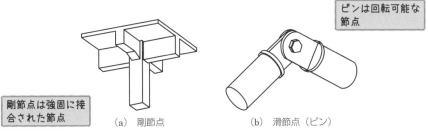

| 種　類 | 構造のイメージ | 表　示 | 移動可能 | | 主な部位 |
| --- | --- | --- | --- | --- | --- |
| | | | 移動 | 回転 | |
| 剛節点 | 剛 / さしがね | ┬ | × | × | ラーメンの節点<br>全溶接の鉄骨の仕口<br>RC造の柱とはりの接合部 |
| 滑節点<br>(ピン) | ピン / 折り尺 | ∧ | × | ○ | トラスの節点<br>3ピンラーメンの節点 |

## 2-5 ……………… [構造部材, モデル化, はり, トラス, ラーメン]

# 建築の骨組とモデル化

**Point!**

建築の構造部材は, 床, はり, 柱, 壁, 基礎などである. 荷重の伝達経路としては, 図1に示すように, ① 床（屋根）→② はり→③ 柱→（土台）→④ 基礎→⑤ 地盤の順となる.

**床**……人や家具などの重量を支える. 地震力などの水平力も伝達する.

**はり**…床（屋根）を支持するための水平方向の部材.

**柱**……鉛直方向に建てられた部材. 床やはりからの荷重を基礎に伝える.

**壁**……空間を仕切り, 区画を形成する. 地震力・風圧力などの水平力に抵抗する.

**基礎**…建築のすべての荷重が基礎から地盤に伝達される.

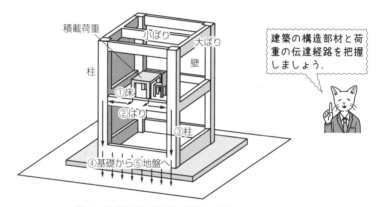

建築の構造部材と荷重の伝達経路を把握しましょう.

**図1　構造部材の構成と荷重の伝達**

### ❶ 骨組のモデル化

構造力学では, 現実の骨組を単純なモデルに置き換えて考える. 例えば, 柱やはりなどの部材は1本の線で表示する. 荷重や応力についても単純化して矢印で考える.

骨組は平面で扱い, 部材は1本の線で表す.

### ❷ はり（3章）

はりは, 支点の形式によって, 単純ばり, 片持ばり, 連続ばりなどがある.

| 単純ばり | 片持ばり | 固定ばり | 連続ばり |

**図2　はりの種類**

34

## ❸ ラーメン（6章）

ラーメンは，一般に，柱とはりで構成される門型の骨組のことをいい，柱とはりは剛節点で接合される．

単純ばりラーメン　　片持ばりラーメン　　3ピンラーメン

**図3　静定ラーメンの種類**

> 柱とはりが剛節点で
> 一体化した骨組を
> ラーメンという．

## ❹ トラス（7章）

トラスは，部材の節点をピンとして三角形に組み合わせた骨組である．節点は○で表すが，通常は省略することが多い．

 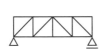  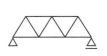

（a）キングポストトラス　　（b）ハウトラス　　（c）片持トラス　　（d）ワーレントラス

**図4　静定トラスの種類**

## ❺ 荷重のモデル化

例えば，図5のような建物の床に，$1\,m^2$ 当たり，$1\,800\,N$ の荷重がかかっているとする．$1\,800\,N/m^2$ と表示され，$1\,m^2$ の面積に，体重 $600\,N$（約 60 kg）の大人が3人いる程度の荷重である．

床ばり1本については，図のように幅 2 m の範囲を分担している．構造力学の計算では，図6のように床ばりを1本の線で表示して，これにかかる等分布荷重 $w$ は，次のように計算される．

$$w = 1\,800\,N/m^2 \times 2.0\,m$$
$$= 3\,600\,N/m$$

> この建物では，1本の床ばりの分担範囲は2m.
> これを計算して，等分布荷重を平面的に表示する．

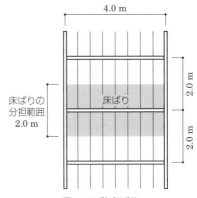

4.0 m

2.0 m

床ばり

2.0 m

床ばりの
分担範囲
2.0 m

**図5　2階床ばり**

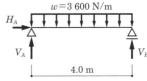

$w = 3\,600\,N/m$

$H_A$

$V_A$　　　　$V_B$

4.0 m

**図6　等分布荷重を受ける単純ばり**

35

# 2-6 ……………… ［引張，圧縮，せん断，曲げを受ける部材］

## 部材に発生する力（反力，応力）

**point!**
> 応力は部材内部に生じる力.

部材に引張，圧縮，曲げ，せん断の荷重が作用したとき，部材内部に発生する力のメカニズムについて説明する．部材内部に生じる力を応力という．

### ❶ 引張を受ける部材

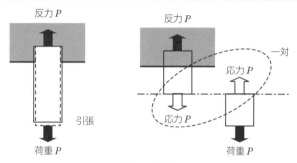

図1　引張力

図1のような部材に，下向きの荷重 $P$（引張力）が作用している．支点には反力 $P$ が生じる．このとき，部材内部に生じている力について，点線の位置で二つに切断して上半分を考えると，反力とつりあうためには，応力 $P$ が生じていることがわかる．下半分を考えると，荷重とつりあうために，やはり応力 $P$ が生じていることがわかる．このように，応力とは，向きが反対で大きさが同じ一対の力をいい，この場合，**引張力**（**引張応力**）という．

### ❷ 圧縮を受ける部材

引張と同様に，荷重 $P$，反力 $P$，**圧縮力**（**圧縮応力**）$P$ が求められる．また，引張力と圧縮力を併せて軸方向力という．

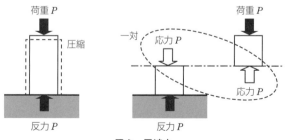

図2　圧縮力

36

### ❸ せん断を受ける部材

　図3のように，部材に横向きの荷重 $P$ が作用している．これまでと同様，点線の位置で切断してみれば，応力が $P$ であることがわかる．このように，部材軸に対して直角に生じる一対の応力を**せん断力**（**せん断応力**）という．

**せん断力は，ハサミで切るような一対の力．**

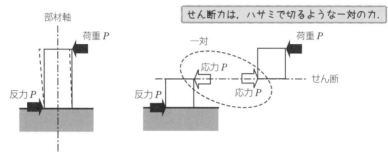

**図3　せん断力**

2
計算なしでとらえよう

### ❹ 曲げを受ける部材

　図4のような荷重 $P$ を受ける部材は，せん断と同時に，曲げ変形を起こしている．支点には，鉛直反力 $P$ とモーメント反力が発生しており，はりのスパンを $l$ とすると，モーメント反力の大きさは $P \times l$ となる．また，切断面には，部材を曲げようとするように，大きさが等しく，向きが反対の一対の曲げ応力が生じる．これを，**曲げモーメント**（**曲げ応力**）という．この位置を先端から $x$ とすると，曲げモーメントの大きさは，$P \times x$ となり，場所によって大きさが変化することがわかる．先端では $x = 0$ なので，曲げモーメントの値は $0$ となり，支点では $x = l$ から，曲げモーメントの値は，$P \times l$ となり，モーメント反力の値と一致する．

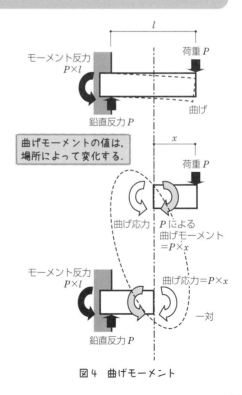

**曲げモーメントの値は，場所によって変化する．**

**図4　曲げモーメント**

# 単純ばりの**断面**を算定する

**point!**

図1の単純ばりは，小屋束からの荷重を受け，支点に反力が生じている．この
はり部材の各部分には，せん断と曲げモーメントが生じていて，図2のように
その分布を応力図として図示することができる．

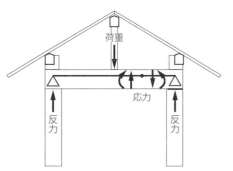

**図1　小屋束の荷重を受ける単純ばり**

> 応力図は，軸方向力，せん断力，
> 曲げモーメントの各地点の値を
> それぞれグラフにしたもの．

## ❶ 応力図

　図1のはりには，せん断力と
曲げモーメントが発生しており，
それぞれの値は，各地点により異
なる．これをグラフに表示したも
のが図2のような**応力図**である．
鉛直方向の荷重だけなので，軸方
向力は発生していない．

　特に，曲げモーメント図は，荷
重が作用しているはり中央で最大
となっており，支点では0となっ
ている．曲げモーメントが，反力
×距離で計算されるからである．

　なお，曲げモーメントのグラフ
は，下側を＋（プラス）として描
くのが一般的である．詳しくは，
4章で学ぶ．

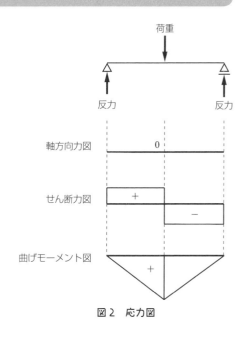

**図2　応力図**

## ❷ 断面の形状と材質

はり部材の断面の材質には，木材のほか，鉄筋コンクリート，鉄骨などが考えられる．断面の形状も長方形のほか，中空断面，H形，T形などが考えられる．

長方形断面　　　長方形断面　　　中空断面　　　H形断面　　　T形断面
（木材）　　（鉄筋コンクリート）　　（鉄骨）　　　（鉄骨）　　　（鉄骨）

図3　断面の形状と材質

## ❸ 安全の検討

部材に生じている応力に対して，安全かどうかは，部材断面の単位面積（$1\,\text{mm}^2$）当たりに生じている**応力度**で判断する．求めた応力度が法令で定められた材料ごとの応力の制限値（**許容応力度**）以下であれば安全といえる．

## ❹ 曲げ応力度の同一断面内での分布

はりが鉛直方向の荷重を受けると，図4のように，部材断面の上側は圧縮されて縮み，下側は引張を受けて伸びる．このとき，部材断面の単位面積当たりに生じている曲げモーメントを曲げ応力度という．

したがって，曲げ応力度は，引張応力度と圧縮応力度の組合せであることがわかる．

図5に示すように，曲げ応力度は，同じ断面内では，断面上端で圧縮応力度が最大となり，断面下端で引張応力度が最大となる．中立面ではいずれも0となる．

図4　曲げを受けるはり

曲げ＝圧縮＋引張

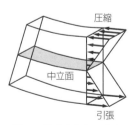

図5　曲げ応力度の分布

## ❺ たわみの検討

はりは，応力とともに変形を伴い下側にたわむ．たわみが大きいと振動や不具合の原因となるので，たわみについても法令によって制限値が定められている．

2
計算なしでとらえよう

# 構造力学マップ

point!
ここでは，構造力学に関係する
用語を，これから学ぶはりの設計を中心に整理した．まだ学んでいないことが
多いが，折りに触れて参照するとよい．

一つひとつの用語を全体の流れの中で確認する．

## ① はりの設計と構造力学マップ

「はりを設計する」ということは，はりの断面の形状（形と材質）を計算で求めることである．一般に，はりの設計は，図1のような順序で行われる．

まず，はりの支持条件などから，① **はりの形状**を理解する．次に，このはりにかかる ② **荷重を算出**し，荷重によって生じる ③ **反力を計算**する．それから，荷重と反力によってはり部材の内部に生じる ④ **応力を計算**し，最後に，この応力に負けないように ⑤ **断面を算定**する．以上の手順とこれに関係する構造力学の用語を図1にまとめた．

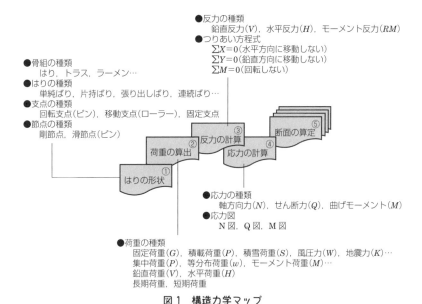

図1 構造力学マップ

次に，⑤ 断面の算定についての詳細を図2に示す．まず，断面形状を想定することから始まる．例えば，断面の形状を幅 12 cm×成 25 cm（松材）というよ

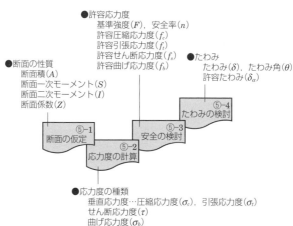

●許容応力度
　基準強度($F$)，安全率($n$)
　許容圧縮応力度($f_c$)
　許容引張応力度($f_t$)
　許容せん断応力度($f_s$)
　許容曲げ応力度($f_b$)

●断面の性質
　断面積($A$)
　断面一次モーメント($S$)
　断面二次モーメント($I$)
　断面係数($Z$)

●たわみ
　たわみ($\delta$)，たわみ角($\theta$)
　許容たわみ($\delta_a$)

⑤-4
たわみの検討

⑤-1
断面の仮定

⑤-3
安全の検討

⑤-2
応力度の計算

●応力度の種類
　垂直応力度…圧縮応力度($\sigma_c$)，引張応力度($\sigma_t$)
　せん断応力度($\tau$)
　曲げ応力度($\sigma_b$)

**図2　構造力学マップ（断面の算定の詳細）**

うに仮に設定する．これを⑤-1 断面の仮定という．そして，この仮定した断面の単位面積当たりに生ずる応力，すなわち，⑤-2 応力度の計算を行う．この応力度が許容応力度以下であることを確認（⑤-3 安全の検討）すればよい．ここで，許容応力度というのは法令で定められた材料に対する安全の制限値である．さらに，⑤-4 たわみについても安全かどうか確かめる．

## ❷ はりと他の骨組

　はり以外の骨組には，ラーメン，トラス，柱などがある．その設計要領は，はりと基本的には同じである．ただし，柱については座屈という現象を考慮しなければならない．

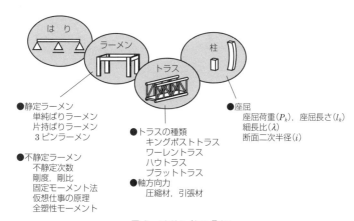

はり　　ラーメン　　トラス　　柱

●静定ラーメン
　単純ばりラーメン
　片持ちばりラーメン
　3ピンラーメン

●不静定ラーメン
　不静定次数
　剛度，剛比
　固定モーメント法
　仮想仕事の原理
　全塑性モーメント

●トラスの種類
　キングポストトラス
　ワーレントラス
　ハウトラス
　プラットトラス

●軸方向力
　圧縮材，引張材

●座屈
　座屈荷重($P_k$)，座屈長さ($l_k$)
　細長比($\lambda$)
　断面二次半径($i$)

**図3　はりと他の骨組**

# 演習問題

## 【問題1】 代表的な骨組

次の代表的な骨組の名称として，適当なものを語群から選べ．

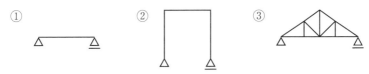

〈語群〉柱，ラーメン，はり，トラス

## 【問題2】 代表的なはり

次の代表的なはりの名称として，適当なものを語群から選べ．

〈語群〉張り出しばり，ゲルバーばり，連続ばり，片持ばり，固定ばり，単純ばり

## 【問題3】 建築に作用する荷重

建築に作用する荷重に関する説明として，適当なものを語群から選べ．

① 柱・壁・床など建築そのものの重量＝自重ともいう．

② 人間・家具・設備・機器などの建築内の床にかかる重量．

③ 屋根に降り積もった雪の重量．

④ 風による圧力．

⑤ 地震による揺れの力．

〈語群〉風圧力，固定荷重，地震力，積載荷重，積雪荷重

## 【問題4】 荷重（力学的分類）

荷重に関する説明として，適当なものを語群から選べ．

① ある1点に集中して作用する荷重．矢印で作用する位置と方向を表す．

② 部材の方向にそって一様に分布して作用する荷重．矢印を連続して示す．

③ ある1点にモーメントとして作用する荷重．

〈語群〉モーメント荷重，集中荷重，等分布荷重

## 【問題5】 支点と節点

支点と節点に関する説明として，適当なものを語群から選べ．

① 鉛直方向の移動，水平方向の移動，回転のすべてを拘束した支点．

② 鉛直方向の移動，水平方向の移動を拘束して，回転だけを許した支点．

③ 鉛直方向の移動だけを拘束，水平方向の移動，回転を許した支点．

④　回転も移動もできない節点で，部材どうしの角度が保たれる節点．

⑤　回転は自由だが，移動はできない節点．

〈語群〉剛節点，回転支点，移動支点，滑節点（ピン），固定支点

【問題6】　支点と節点

支点①〜③の名称として適当なものを語群から選べ．

| 種　類 | 構　造 | 表　示 | 移動可能 | | |
|---|---|---|---|---|---|
| | | | 鉛直 | 水平 | 回転 |
| ① | | | × | × | × |
| ② | | | × | × | ○ |
| ③ | | | × | ○ | ○ |

〈語群〉移動支点，滑節点（ピン），自由端，回転支点，剛節点，固定支点

【問題7】　構造部材

構造部材に関する説明として，適当なものを語群から選べ．

①　人や家具などの重量を支える．地震力などの水平力も伝達する．

②　床（屋根）を支持するための水平方向の部材．

③　鉛直方向に建てられた部材．床やはりからの荷重を基礎に伝える．

④　空間を仕切り，区画を形成する．地震力・風圧力などの水平力に抵抗する．

⑤　建築のすべての荷重がここから地盤に伝達される．

〈語群〉柱，床，壁，はり，基礎

【問題8】　応力

応力の名称①〜③および記号④，⑤として，適当なものを語群から選べ．

| 応　力 | ① | ② | ③ |
|---|---|---|---|
| | $N$ | ④ | ⑤ |
| 変　形 | 引張 | 右下がり | 下に凸 |
| | 圧縮 | 左下がり | 上に凸 |

〈語群〉せん断力，反力，軸方向力，曲げモーメント，$V$，$H$，$M$，$Q$

【問題 9】 応力

応力に関する説明として，適当なものを語群から選べ．

①　材軸方向に圧縮の変形を伴う一対の応力．

②　材軸方向に引張の変形を伴う一対の応力．

③　材軸の直角方向にはさみで切るような一対の応力．

④　部材を曲げるような一対の応力．

〈語群〉曲げモーメント，引張応力，せん断力，圧縮応力

【問題 10】 応力度

次の語句の説明として，適当なものを語群から選べ．

①　部材の断面の $1\,\text{mm}^2$ 当たりに生じている応力の値．

②　法令で定められた材料に対する安全の制限値．

③　部材に発生している応力をグラフにしたもの．

④　曲げによって生じる応力度であり，一般に，同じ断面内では，断面上端または下端で応力度が最大となる．

〈語群〉曲げ応力度，垂直応力度，許容応力度，応力度，応力図

【問題 11】 はりの設計

次の文章の（　）にあてはまる語句として，適当なものを語群から選べ．

一般に，はりの設計は，次のような順序で行われる．

（1）　まず，はりの支持条件などから，はりの形状を理解する．

（2）　次に，このはりにかかる荷重を算出し，荷重によって支点に生じる（　①　）を計算する．

（3）　それから，荷重と（　①　）によってはり部材の内部に生じる（　②　）を計算する．

（4）　最後に，この（　②　）に負けないように，はりの（　③　）を算定する．

〈語群〉 面積，断面，変形，外力，応力，反力，材質

# 3章

## はりから学ぶ
### ［構造力学の基礎］

建築では，はり，トラス，ラーメンが骨組の代表ですが，まずは，はりを通して断面算定の一通りを学ぶこととします．はりでの計算が理解できるとトラス，ラーメンについても同じように理解できることでしょう．いずれも「力のつりあい」が基本的な考え方となります．着実に身につけましょう．

# はりの**反力**を求める

point!
単純ばりや片持ばりは，反力数が 3 であり，力のつりあい方程式だけで，反力や応力を求められる．これを静定ばりという．

## ❶ はりの種類と表示方法

はりは材質や形状にかかわらず 1 本の線で表示する．鉄筋コンクリートの大きなはりも木材の小さなはりも表示上は同じである．この線で表示されたものを部材という．また，はりは少なくとも 1 か所以上で支えられていて，これを支点という．はりは，このはり部材と支点で表示され，その組合せにより分類される．その例を図 1 に示す．

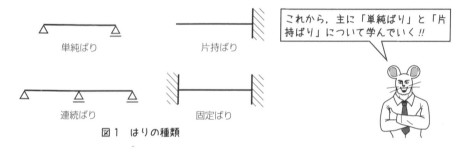

これから，主に「単純ばり」と「片持ばり」について学んでいく!!

図1　はりの種類

## ❷ はりの反力

① **単純ばりの反力**　図 2 の単純ばりでは，支点 A は回転支点（ピン）で，鉛直反力 $V_A$ と水平反力 $H_A$ が生じる．また，支点 B は移動支点（ローラー）で鉛直反力 $V_B$ のみ生じる．

② **片持ばりの反力**　図 3 の片持ばりでは，支点 B は固定支点（フィックス）で，鉛直反力 $V_B$ と水平反力 $H_B$ とモーメント反力 $RM_B$ が生じる．

支点では拘束されている方向に反力が生じます．

図2　単純ばりの反力

図3　片持ばりの反力

### ❸ 力のつりあい

　建築が静止して安定な状態にあることは，建築に作用している力が部分的にも全体的にもつりあっていることをいう．はりなどの反力や応力を求める場合は，力のつりあいを考えて計算する．

　図4のように，一直線上にある力がつりあっているとき，一方の向きの力を（＋）とし反対向きの力を（－）とすると，力の合計は＋5＋5－10＝0になる．構造力学では力のつりあいを力の合計が0になることで説明する．

図4　一直線上の力のつりあい

力のつりあいは力の合計が0ということ．

### ❹ 力のつりあい方程式

　建築が静止して安定な状態にあることを構造力学では次の三つの式で確かめる．これを力のつりあい方程式という．なお，力のつりあい方程式だけで，反力や応力を求められるはりを**静定ばり**という．

　**［力のつりあい方程式］**

STEP-①　**水平方向**の力のつりあい
　　右向きの力の合計－左向きの力の合計＝0
STEP-②　**鉛直方向**の力のつりあい
　　上向きの力の合計－下向きの力の合計＝0
STEP-③　**モーメント**のつりあい
　　右回りのモーメントの合計－左回りのモーメントの合計＝0

構造力学の基本は，つりあい方程式！これが力学のすべてといってもいいぐらい重要だ!!

　力には水平方向と鉛直方向の力だけでなく**斜めの力**も考えられるが，斜めの力は水平方向と鉛直方向に分解することで力のつりあいを確かめる．したがって，水平方向と鉛直方向の二方向で，すべての方向についてのつりあいを確かめられる．

　水平方向のつりあいと鉛直方向のつりあいだけでは，例えば，図5の偶力（向きが反対で大きさが同じ一対の力）のように，物体を回転させてしまう場合がある．したがって，ある点（任意の点）のモーメントのつりあいについても確かめる．

＋5N－5N＝0となり，水平方向の力はつりあっていますが，偶力のモーメントが発生しています．

ビンのふた
$-P$
$+P$

図5　偶力

# つりあい方程式をうまく使う

point!
本節では, つりあい方程式の意味を理解したうえで, 式を変形して考える.
例えば, 水平方向の力のつりあいでは, 右向きの力の合計と左向きの力の合計
を等号で結んで方程式を立てる.

## ▶つりあい方程式の変形

STEP-① 水平方向のつりあい

　右向きの力の合計 − 左向きの力の合計 = 0
合計を $\sum$ の記号で表して移項すると,

　$\sum$ 右向きの力 = $\sum$ 左向きの力

STEP-② 鉛直方向のつりあい

　上向きの力の合計 − 下向きの力の合計 = 0

　$\sum$ 上向きの力 = $\sum$ 下向きの力

STEP-③ モーメントのつりあい

　右回りのモーメントの合計 − 左回りのモーメントの合計 = 0

　$\sum$ 右回りのモーメント = $\sum$ 左回りのモーメント

> 力のつりあいは,
> $\sum$ 右向きの力 = $\sum$ 左向きの力
> $\sum$ 上向きの力 = $\sum$ 下向きの力
> $\sum$ 右回りのモーメント
> 　= $\sum$ 左回りのモーメント
> で確かめる. $\sum$ は合計の意味.

〈例1〉 図1のはりは, 荷重 $P_1$, $P_2$ が作用したとき, 反力 $V_A$, $V_B$, $H_A$ が生じた図である. つりあい方程式が成り立っていることを確認する.

STEP-① 水平方向のつりあい

　$\sum$(右向きの力) = $\sum$(左向きの力)
　$2\,\text{kN}(H_A) = 2\,\text{kN}(P_2)$

STEP-② 鉛直方向のつりあい

　$\sum$(上向きの力) = $\sum$(下向きの力)
　$2\,\text{kN}(V_A) + 3\,\text{kN}(V_B) = 5\,\text{kN}(P_1)$

STEP-③ モーメントのつりあい

　どこか1点を中心に選ぶ. ここでは支点Bを中心に考える.

　$\sum$(右回りのモーメント)
　　$= \sum$(左回りのモーメント)
　$2\,\text{kN}(V_A) \times 5\,\text{m} = 5\,\text{kN}(P_1) \times 2\,\text{m}$

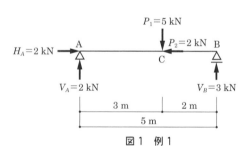

図1 例1

上向きの力（鉛直反力 $V_A + V_B = 2 + 3$ $= 5$ kN）と下向きの力（荷重 $P_1 = 5$ kN）が, つりあっています.

### ▶モーメントの向きについて

例えば，問題が紙に書いてあるとして，モーメントの中心と考えている点を画鋲で留める．一つひとつの力が紙をどちら回りに回転させるかで，モーメントの向きを判断する．

**〈例2〉**　図2(a) のように支点Bをピンで留める．

$V_A$ については，同図 (b) のように指で押すと右に回る．したがって，右回りのモーメントが発生することがわかる．

次に，$H_A$ については，同図 (c) のように指で押しても，しわがよるだけで回転しない．したがって，モーメントは発生しないことがわかる．

これは，$H_A$ の作用線が，モーメントの中心B点を通っているからである．

最後に，$P_1$ については，左回りのモーメントが発生することが図3からわかる．

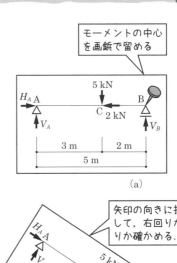

モーメントの中心を画鋲で留める

(a)

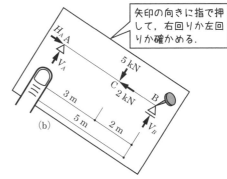

矢印の向きに指で押して，右回りか左回りか確かめる．

(b)

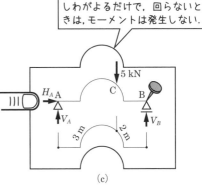

しわがよるだけで，回らないときは，モーメントは発生しない．

(c)

**図2　モーメントの向きの考え方**

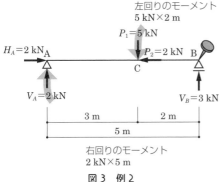

左回りのモーメント
$5 \text{ kN} \times 2 \text{ m}$

$P_1 = 5 \text{ kN}$

$P_2 = 2 \text{ kN}$

$H_A = 2 \text{ kN}$

$V_A = 2 \text{ kN}$

$V_B = 3 \text{ kN}$

3 m

2 m

5 m

右回りのモーメント
$2 \text{ kN} \times 5 \text{ m}$

**図3　例2**

右回りのモーメントと左回りのモーメントが，つりあっている．

3

はりから学ぶ

# 単純ばりの反力を求める

**point!**

単純ばりの反力は，回転支点に二つ，移動支点に一つ生じる．この三つの反力をつりあい方程式により求める．

**【例題1】** 図1の単純ばりの反力をつりあい方程式により求める．

まず，図2のように反力を書き込む．支点Aはピンなので鉛直反力 $V_A$ と水平反力 $H_A$ が，支点Bはローラーなので鉛直反力 $V_B$ だけが発生する．

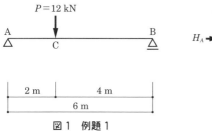

図1 例題1　　　　　　　　図2 反力の仮定

ここで，鉛直反力 $V_A$ と $V_B$ は上向き，水平反力 $H_A$ は右向きに記入する．これを仮定といい，仮定の向きが正しければ（＋），向きが反対の場合は（－）の計算結果が出る．

▶ 反力の計算

STEP-①　水平方向のつりあい

$\sum$（右向きの力）＝$\sum$（左向きの力）

∴ $H_A = 0$

STEP-②　鉛直方向のつりあい

$\sum$（上向きの力）＝$\sum$（下向きの力）

∴ $V_A + V_B = 12$　…①

STEP-③　モーメントのつりあい

$\sum$（右回りのモーメント）

　＝$\sum$（左回りのモーメント）

支点Bをモーメントの中心に考える（画鋲）．　$V_A \times 6 = 12 \times 4$

$6 V_A = 48$

∴ $V_A = 8$ kN

式①より，　∴ $V_B = 4$ kN

（答）$H_A = 0$，$V_A = 8$ kN，$V_B = 4$ kN

反力の向きを決めて記入することを仮定といいます．

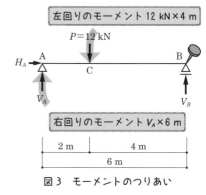

左回りのモーメント 12 kN×4 m

右回りのモーメント $V_A$×6 m

図3 モーメントのつりあい

【例題2】 図4の単純ばりの反力をつり
あい方程式により求める.

▶反力の計算

<u>STEP-①</u> **水平方向のつりあい**

$\sum$(右向きの力) = $\sum$(左向きの力)

$\therefore\ H_A = 0$

<u>STEP-②</u> **鉛直方向のつりあい**

$\sum$(上向きの力) = $\sum$(下向きの力)

$V_A + V_B = 5 + 5$

$\therefore\ V_A + V_B = 10$ …①

<u>STEP-③</u> **モーメントのつりあい**

$\sum$(右回りのモーメント)

$= \sum$(左回りのモーメント)

支点 B をモーメントの中心に考える
（画鋲）. $V_A \times 5 = 5 \times 4 + 5 \times 2$

$5 V_A = 30$ $\quad \therefore\ V_A = 6\,\mathrm{kN}$

式①より, $\quad \therefore\ V_B = 4\,\mathrm{kN}$

（答） $H_A = 0,\ V_A = 6\,\mathrm{kN},\ V_B = 4\,\mathrm{kN}$

【例題3】 図6の単純ばりの反力をつり
あい方程式により求める.

▶つりあい方程式

<u>STEP-①</u> **水平方向のつりあい**

$\sum$(右向きの力) = $\sum$(左向きの力)

$\therefore\ H_A = 0$

<u>STEP-②</u> **鉛直方向のつりあい**

$\sum$(上向きの力) = $\sum$(下向きの力)

$V_A + 3 + V_B = 6$ $\quad \therefore\ V_A + V_B = 3$ …①

<u>STEP-③</u> **モーメントのつりあい**

$\sum$(右回りのモーメント)

$= \sum$(左回りのモーメント)

支点 B を中心に考える（画鋲）.

$V_A \times 6 + 3 \times 2 = 6 \times 4$

$6 V_A + 6 = 24$ $\qquad 6 V_A = 18$

$\therefore\ V_A = 3\,\mathrm{kN}$

式①より, $\quad \therefore\ V_B = 0$

（答） $H_A = 0,\ V_A = 3\,\mathrm{kN},\ V_B = 0$

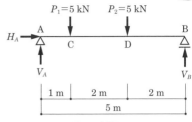

図4 例題2

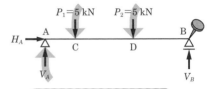

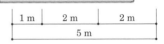

図5 モーメントのつりあい

図6 例題3

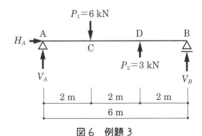

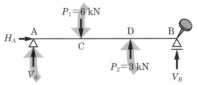

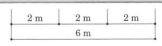

図7 モーメントのつりあい

3

はりから学ぶ

## 3-4 ……………… [片持ばり，つりあい方程式，モーメント反力]

# 片持ばりの反力を求める

Point!
片持ばりの反力は固定支点に三つ生じる．この三つの反力をつりあい方程式に
より求める．

【例題1】 図1の片持ばりの反力をつりあい方程式により求める．

図2のように，支点Bに，水平反力 $H_B$，鉛直反力 $V_B$，モーメント反力 $RM_B$
を仮定する．

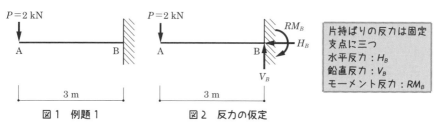

| 図1 例題1 | 図2 反力の仮定 |

片持ばりの反力は固定
支点に三つ
水平反力：$H_B$
鉛直反力：$V_B$
モーメント反力：$RM_B$

▶反力の計算

STEP-① 水平方向のつりあい ∑(右向きの力)=∑(左向きの力)

∴ $H_B = 0$

STEP-② 鉛直方向のつりあい

∑(上向きの力)=∑(下向きの力)

∴ $V_B = 2\,kN$

STEP-③ モーメントのつりあい

∑(右回りのモーメント)

=∑(左回りのモーメント)

支点Bをモーメントの中心に考える
（画鋲）．

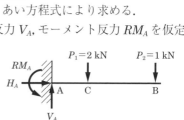

左回りのモーメント 2 kN×3 m

右回りのモー
メント $RM_B$

図3 モーメントのつりあい

$RM_B = 2 \times 3$ ∴ $RM_B = 6\,kN \cdot m$

（答）$H_B = 0$，$V_B = 2\,kN$，$RM_B = 6\,kN \cdot m$

【例題2】 図4の片持ばりの反力をつりあい方程式により求める．

図5にて支点Aに水平反力 $H_A$，鉛直反力 $V_A$，モーメント反力 $RM_A$ を仮定する．

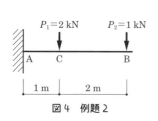

| 図4 例題2 | 図5 反力の仮定 |

52

▶つりあい方程式

STEP-① 水平方向のつりあい

$\sum$(右向きの力) = $\sum$(左向きの力)

$\therefore$ $H_A = 0$

STEP-② 鉛直方向のつりあい

$\sum$(上向きの力) = $\sum$(下向きの力)

$V_A = 2 + 1$ $\therefore$ $V_A = 3\ \mathrm{kN}$

STEP-③ モーメントのつりあい

$\sum$(右回りのモーメント)

$= \sum$(左回りのモーメント)

支点 A をモーメントの中心に考える
（画鋲）．

$2 \times 1 + 1 \times 3 = RM_A$ $\therefore$ $RM_A = 5\ \mathrm{kN \cdot m}$

（答）$H_B = 0$, $V_A = 3\ \mathrm{kN}$, $RM_A = 5\ \mathrm{kN \cdot m}$

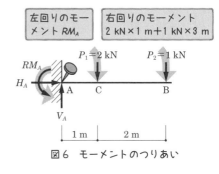

図6 モーメントのつりあい

【例題3】 図7の片持ばりの反力をつりあい方程式により求める．

図8のように，支点 B に，水平反力 $H_B$，鉛直反力 $V_B$，モーメント反力 $RM_B$ を仮定する．

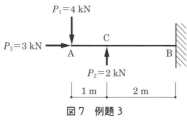

図7 例題3

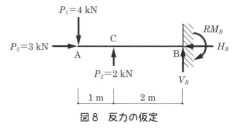

図8 反力の仮定

▶つりあい方程式

STEP-① 水平方向のつりあい

$\therefore$ $H_B = 3\ \mathrm{kN}$

STEP-② 鉛直方向のつりあい

$V_B + 2 = 4$ $\therefore$ $V_B = 2\ \mathrm{kN}$

STEP-③ モーメントのつりあい

支点 B をモーメントの中心に考える
（画鋲）．

$RM_B + 2 \times 2 = 4 \times 3$

$\therefore$ $RM_B = 8\ \mathrm{kN \cdot m}$

（答）$H_B = 3\ \mathrm{kN}$, $V_B = 2\ \mathrm{kN}$, $RM_B = 8\ \mathrm{kN \cdot m}$

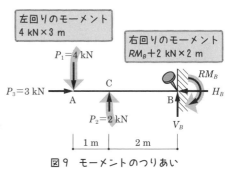

図9 モーメントのつりあい

3

はりから学ぶ

# 斜めの力を受けるはりの反力

**point!**
斜めの力は，水平方向の力と鉛直方向の力に分解してから反力を求める.

**【例題1】** 図1の単純ばりに斜めの力が作用したときの反力を求める.

3倍になっている！
→他の辺も同じ

図1　例題1

図2　斜めの力の分解

▶**斜めの力の分解**

斜めの荷重 $P=6\ \text{kN}$ を水平荷重 $P_X$ と鉛直荷重 $P_Y$ に分解する．基本三角形との比較より，それぞれ対応する辺を3倍して，

$P_X = 1 \times 3 = 3\ \text{kN}$

$P_Y = \sqrt{3} \times 3 = 3\sqrt{3}\ \text{kN}$

▶**反力の計算**

図3のように鉛直反力 $V_A$ と水平反力 $H_A$，鉛直反力 $V_B$ を仮定する．

また，斜めの力も分解したものにする．

**STEP-①　水平方向のつりあい**

$\sum(右向きの力)=\sum(左向きの力)$

∴　$H_A = 3\ \text{kN}$

**STEP-②　鉛直方向のつりあい**

$\sum(上向きの力)=\sum(下向きの力)$

$V_A + V_B = 3\sqrt{3}$　…①

**STEP-③　モーメントのつりあい**

$\sum(右回りのモーメント)$

$\quad = \sum(左回りのモーメント)$

支点Bを中心に考える（画鋲）.

$V_A \times 3 = 3\sqrt{3} \times 2$

$3V_A = 6\sqrt{3}$　∴　$V_A = 2\sqrt{3}\ \text{kN}$

式①より，　∴　$V_B = \sqrt{3}\ \text{kN}$

（答）$H_A = 3\ \text{kN},\ V_A = 2\sqrt{3}\ \text{kN},\ V_B = \sqrt{3}\ \text{kN}$

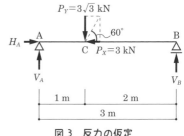

図3　反力の仮定

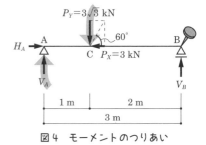

図4　モーメントのつりあい

**【例題2】** 図5の片持ばりの反力を求める.

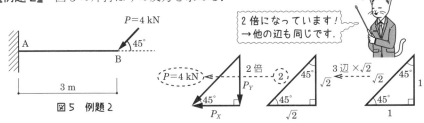

図5 例題2

▶**斜めの荷重の分解**

基本三角形との比較より, それぞれ対応する辺を2倍して,

$$P_X = \sqrt{2} \times 2 = 2\sqrt{2} \text{ kN}, \quad P_Y = \sqrt{2} \times 2 = 2\sqrt{2} \text{ kN}$$

1:1:$\sqrt{2}$ の各辺を $\sqrt{2}$ 倍した $\sqrt{2}:\sqrt{2}:2$ も覚える.

図6 斜めの力の分解

▶**反力の計算**

**STEP-①　水平方向のつりあい**

∴ $H_A = 2\sqrt{2}$ kN

**STEP-②　鉛直方向のつりあい**

∴ $V_A = 2\sqrt{2}$ kN

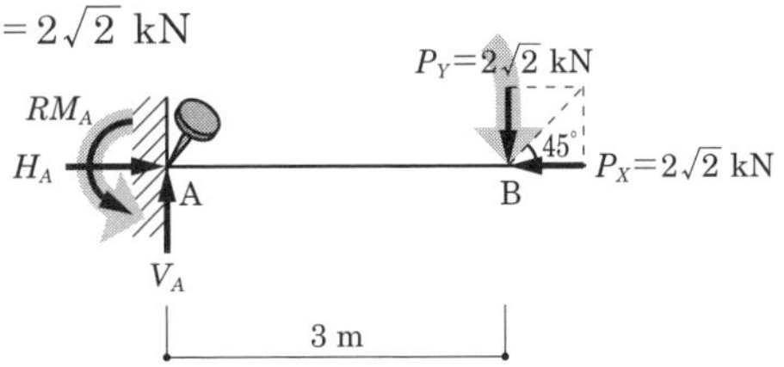

図7 モーメントのつりあい

**STEP-③　モーメントのつりあい**

支点Aを中心に考える(画鋲). $2\sqrt{2} \times 3 = RM_A$　∴ $RM_A = 6\sqrt{2}$ kN·m

**【例題3】** 図8の片持ばりの反力を求める.

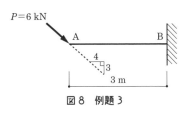

図8 例題3

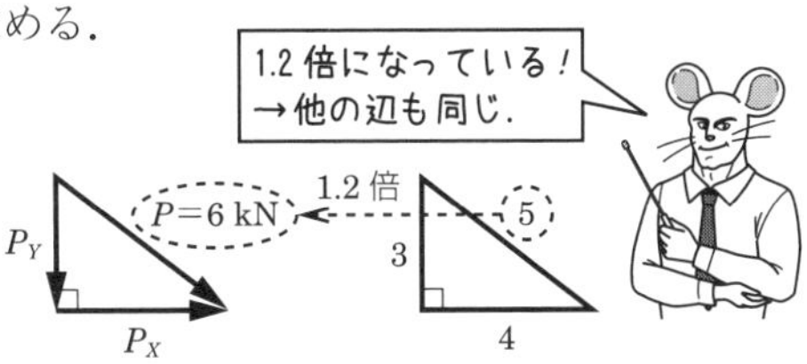

1.2倍になっている! →他の辺も同じ.

三辺の比が 3:4:5 の直角三角形

図9 斜めの力の分解

▶**斜めの力の分解**

基本三角形との比較より, それぞれ対応する辺を1.2倍して,

$$P_X = 4 \times 1.2 = 4.8 \text{ kN}, \quad P_Y = 3 \times 1.2 = 3.6 \text{ kN}$$

▶**反力の計算**

**STEP-①　水平方向のつりあい**

$4.8 = H_B$　∴ $H_B = 4.8$ kN

**STEP-②　鉛直方向のつりあい**

∴ $V_B = 3.6$ kN

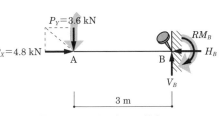

**STEP-③　3 モーメントのつりあい**

支点Bを中心に考える(画鋲).

$RM_B = 3.6 \times 3$　∴ $RM_B = 10.8$ kN·m

図10 モーメントのつりあい

3

はりから学ぶ

# 等分布荷重を受けるはりの反力

**point!**
等分布荷重は集中荷重に置き換えて反力を求める．等分布荷重の合計を集中荷重とし，分布範囲の中央に作用させる．

【例題1】 図1のような単純ばりに等分布荷重 $w$ が作用したときの反力を求める．

▶**集中荷重に置換**

等分布荷重がはりに作用する場合，等分布荷重 $w$ の合計を集中荷重 $P$ とし，分布範囲の中央に作用させる．

$w = 2$ kN/m は，1 m 当たり 2 kN の分布荷重であり，これが 4 m の区間に分布している．

**等分布荷重の合計**

$P = 2$ kN/m $\times 4$ m $= 8$ kN

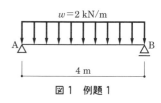

図1 例題1

図2 荷重の合計

▶**反力の計算**

STEP-① **水平方向のつりあい**

$\sum$（右向きの力）$= \sum$（左向きの力）

$\therefore \ H_A = 0$

STEP-② **鉛直方向のつりあい**

$\sum$（上向きの力）$= \sum$（下向きの力）

$V_A + V_B = 8$ …①

STEP-③ **モーメントのつりあい**（図3）

$\sum$（右回りのモーメント）

$= \sum$（左回りのモーメント）

支点 B を中心に考える（画鋲）．

$V_A \times 4 = 8 \times 2 \qquad \therefore \ V_A = 4$ kN

式①より， $\therefore \ V_B = 4$ kN

（答）$H_A = 0$, $V_A = 4$ kN, $V_B = 4$ kN

等分布荷重の場合，合計したものを集中荷重として，分布範囲の中央に作用させる．

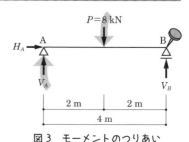

図3 モーメントのつりあい

【例題2】 図4の単純ばりの反力を求める．

等分布荷重 $w$ は，集中荷重 $P$ とし，分布範囲の中央に作用させる．

**等分布荷重の合計**

$P = 3$ kN/m $\times 2$ m $= 6$ kN

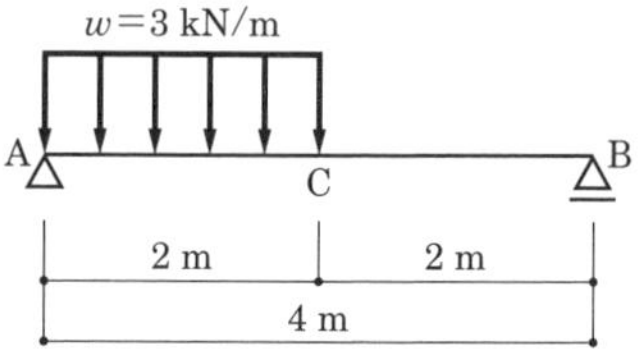

$w = 3$ kN/m

図4 例題2

▶反力の計算

STEP-① 水平方向のつりあい

$\sum$(右向きの力) = $\sum$(左向きの力)

$\therefore\ H_A = 0$

STEP-② 鉛直方向のつりあい

$\sum$(上向きの力) = $\sum$(下向きの力)

$V_A + V_B = 6$ …①

STEP-③ モーメントのつりあい（図5）

$\sum$(右回りのモーメント)

$= \sum$(左回りのモーメント)

支点 B を中心に考える（画鋲）.

$V_A \times 4 = 6 \times 3,\ 4\ V_A = 18$

$\therefore\ V_A = 4.5\ \text{kN}$

式①より，$\therefore\ V_B = 1.5\ \text{kN}$

（答）$H_A = 0$, $V_A = 4.5\ \text{kN}$, $V_B = 1.5\ \text{kN}$

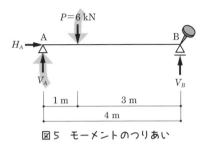

図5 モーメントのつりあい

【例題3】 図6の片持ばりの反力を求める.

等分布荷重 $w$ は，集中荷重 $P_2$ とし，分布範囲の中央に作用させる.

**等分布荷重の合計**

$P_2 = 3\ \text{kN/m} \times 2\ \text{m} = 6\ \text{kN}$

▶反力の計算

STEP-① 水平方向のつりあい

$\sum$(右向きの力) = $\sum$(左向きの力)

$0 = H_B$ $\therefore\ H_B = 0$

STEP-② 鉛直方向のつりあい

$\sum$(上向きの力) = $\sum$(下向きの力)

$V_B = 2 + 6$

$\therefore\ V_B = 8\ \text{kN}$

STEP-③ モーメントのつりあい（図7）

$\sum$(右回りのモーメント)

$= \sum$(左回りのモーメント)

支点 B を中心に考える（画鋲）.

$RM_B = 2 \times 3 + 6 \times 1$

$\therefore\ RM_B = 12\ \text{kN·m}$

（答）$H_B = 0$, $V_B = 8\ \text{kN}$, $RM_B = 12\ \text{kN·m}$

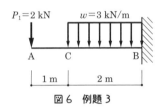

図6 例題3

集中荷重 $P_2 = 6\ \text{kN}$ に直して，支点 B から 1 m の位置（分布範囲中央）に作用させる.

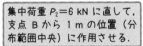

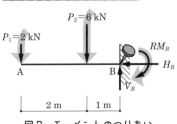

図7 モーメントのつりあい

3

はりから学ぶ

# 等変分布荷重を受けるはりの反力

## point!

等変分布荷重の合計は，図形の面積となる．これを集中荷重とし，図形の図心に作用させる．台形分布の荷重は，三角形と長方形に分割して考える．

【例題1】 図1のような単純ばりに等変分布荷重（三角形分布）が作用したときの反力を求める．

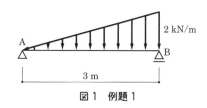

図1 例題1

### ▶集中荷重に置換

分布荷重が三角形状にはりに作用する場合，荷重の合計は三角形の面積となる．これを集中荷重 $P$ とし，三角形の図心に作用させる．三角形の図心は，底辺から3分の1の位置にあり，この場合，支点Bから1mの位置となる．

### 荷重の合計

$$P = 三角形の面積 = 2 \text{ kN/m} \times 3 \text{ m} \times \frac{1}{2} = 3 \text{ kN}$$

### ▶反力の計算

#### STEP-① 水平方向のつりあい

$\sum(右向きの力) = \sum(左向きの力)$

∴ $H_A = 0$

#### STEP-② 鉛直方向のつりあい

$\sum(上向きの力) = \sum(下向きの力)$

$V_A + V_B = 3$ …①

#### STEP-③ モーメントのつりあい

$\sum(右回りのモーメント) = \sum(左回りのモーメント)$

支点Bを中心に考える（画鋲）．

$V_A \times 3 = 3 \times 1$

∴ $V_A = 1 \text{ kN}$

式①より， ∴ $V_B = 2 \text{ kN}$

（答） $H_A = 0$, $V_A = 1 \text{ kN}$, $V_B = 2 \text{ kN}$

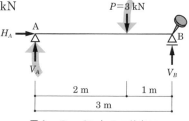

図2 モーメントのつりあい

3-7 等変分布荷重を受けるはりの反力

【例題2】 図3のような単純ばりに等変分布荷重（台形分布）が作用したときの反力を求める.

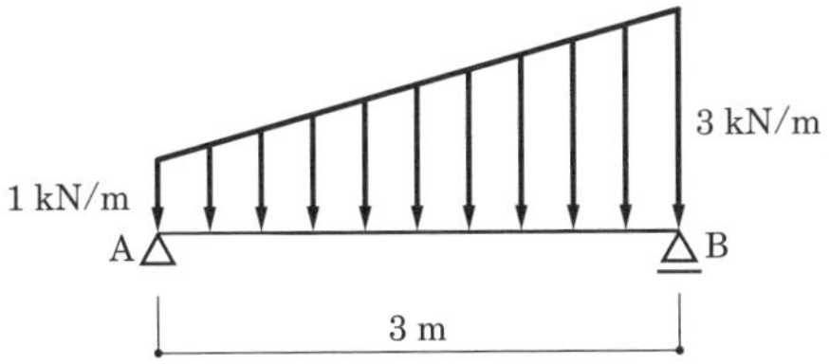

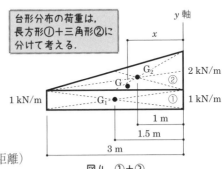

図3 例題2

▶集中荷重に置換

台形を①（長方形部分）と②（三角形部分）に分けて考える.
荷重の合計は台形の面積となる.

① $1\,\text{kN/m} \times 3\,\text{m} = 3\,\text{kN}$

② $2\,\text{kN/m} \times 3\,\text{m} \times \dfrac{1}{2} = 3\,\text{kN}$

合計 $P = ① + ② = 6\,\text{kN}$

台形分布の荷重は,長方形①＋三角形②に分けて考える.

また，全体の図心の位置を G とすると，断面一次モーメントの性質から，

（全体の面積）×（全体の図心 G までの距離）
　＝（面積①）×（①の図心 $G_1$ までの距離）
　＋（面積②）×（②の図心 $G_2$ までの距離）

全体の重心 G までの距離を $y$ 軸から $x$ とすると，

$6 \times x = 3 \times 1.5 + 3 \times 1$

$6x = 7.5$　$x = 1.25\,\text{m}$

したがって，図5のように置き換えて，$V_A$，$V_B$，$H_A$ を求める.

図4 ①＋②

台形の図心は，1章1-10節で学んだ断面一次モーメントの考え方を使います.

▶反力の計算

STEP-① 水平方向のつりあい
　$\sum$（右向きの力）$= \sum$（左向きの力）
　∴ $H_A = 0$

STEP-② 鉛直方向のつりあい
　$\sum$（上向きの力）$= \sum$（下向きの力）
　∴ $V_A + V_B = 6$ …①

STEP-③ モーメントのつりあい
　$\sum$（右回りのモーメント）
　　$= \sum$（左回りのモーメント）
支点 B を中心に考える.

$V_A \times 3 = 6 \times 1.25$，　$3V_A = 7.5$　∴ $V_A = 2.5\,\text{kN}$
式①より，　∴ $V_B = 3.5\,\text{kN}$

（答）$H_A = 0$，$V_A = 2.5\,\text{kN}$，$V_B = 3.5\,\text{kN}$

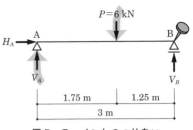

図5 モーメントのつりあい

3 はりから学ぶ

59

# 偶力・モーメント荷重を受けるはりの反力

point!
偶力の作用するはりの反力は偶力となって生じる。モーメント荷重も同様である。

【例題1】 図1のような単純ばりに荷重 $P_1$，$P_2$ が作用する場合の反力を求める。

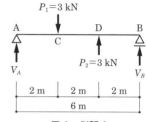

図1 例題1

▶反力の計算

図2のように反力を仮定する。

STEP-① 水平方向のつりあい

$\sum$（右向きの力）$= \sum$（左向きの力）

∴ $H_A = 0$

STEP-② 鉛直方向のつりあい

$\sum$（上向きの力）$= \sum$（下向きの力）

$V_A + V_B + 3 = 3$　∴ $V_A + V_B = 0$ …①

STEP-③ モーメントのつりあい

$\sum$（右回りのモーメント）

$\quad = \sum$（左回りのモーメント）

支点Bを中心に考える。

$V_A \times 6 + 3 \times 2 = 3 \times 4$，　$6V_A + 6 = 12$

∴ $V_A = 1\text{ kN}$

式①より，　∴ $V_B = -1\text{ kN}$

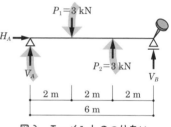

図2 モーメントのつりあい

$V_B$ が負の値で求められたので，仮定の向きと反対であったことがわかる。反力の向きを図3(b)のように直すと，荷重による偶力のモーメントに対して，反力も偶力となって抵抗していることがわかる。

**荷重による偶力のモーメント**（左回り）3 kN×2 m＝6 kN・m

**反力による偶力のモーメント**（右回り）1 kN×6 m＝6 kN・m

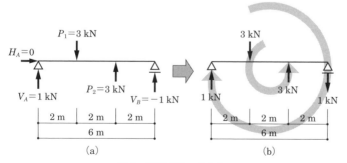

荷重による偶力のモーメントと反力による偶力のモーメントがつりあっている。

(a)　　(b)

図3 偶力のモーメント

【例題2】　図4のようなモーメント荷重が作用する単純ばりの反力を求める.

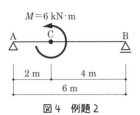

図4　例題2

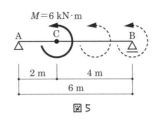

図5

モーメント荷重は, どこに移動しても反力の計算結果は同じです.

モーメント荷重は, 水平方向のつりあい, 鉛直方向のつりあいの計算には算入しない. また, モーメントのつりあいの計算では, モーメントの中心として考えている点に移動して考える.

### ▶反力の計算

#### STEP-① 水平方向のつりあい

$\sum$(右向きの力)$=\sum$(左向きの力)

$\therefore\ H_A = 0$

#### STEP-② 鉛直方向のつりあい

$\sum$(上向きの力)$=\sum$(下向きの力)

$\therefore\ V_A + V_B = 0$ …①

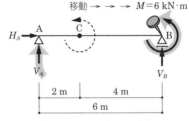

図6　モーメントのつりあい

#### STEP-③ モーメントのつりあい

$\sum$(右回りのモーメント)$=\sum$(左回りのモーメント)

支点Bを中心に考える.

$V_A \times 6 = 6$（モーメント荷重）

$\therefore\ V_A = 1\ \mathrm{kN}$　　式①より,　$\therefore\ V_B = -1\ \mathrm{kN}$

モーメント荷重は, 水平方向及び鉛直方向のつりあいの計算には算入しない.

$V_B$が負の値で求められたので, 仮定の向きが反対であったことがわかる.

図7(b)から, モーメント荷重に対して, 反力が偶力となって抵抗していると考えられる.

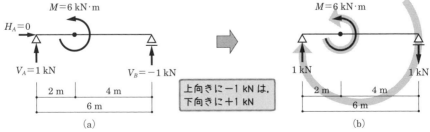

(a)

上向きに−1 kNは, 下向きに+1 kN

(b)

図7　偶力のモーメント

# 張り出しばりの反力

> **point!**
> 単純ばりのはり部材を支点より突出させたものを張り出しばりという．張り出しの先端は自由端となっている．

**【例題 1】** 図 1 の張り出しばりの反力を求める．

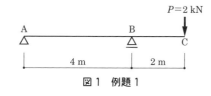

図1 例題1

▶**反力の計算**

図 2 のように反力を仮定して解く．

**STEP-①　水平方向のつりあい**

$\sum$（右向きの力）$= \sum$（左向きの力）

∴ $H_A = 0$

**STEP-②　鉛直方向のつりあい**

$\sum$（上向きの力）$= \sum$（下向きの力）

∴ $V_A + V_B = 2$　…①

**STEP-③　モーメントのつりあい**

支点 B を中心に考える．

$\sum$（右回りのモーメント）$= \sum$（左回り）

$V_A \times 4 + 2 \times 2 = 0$　　$4 V_A + 4 = 0$

∴ $V_A = -1$ kN

式①より，　∴ $V_B = 3$ kN

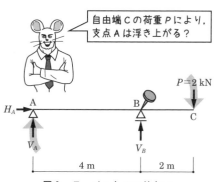

> 自由端 C の荷重 P により，支点 A は浮き上がる？

図2　モーメントのつりあい

$V_A$ が負の値で求められたので，仮定の向きが反対であったことがわかる．

（答）$H_A = 0$，$V_A = -1$ kN，$V_B = 3$ kN

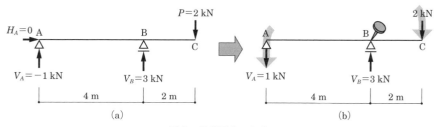

(a)　　　　　　　　　　　　　(b)

図3　鉛直反力の向き

> 点 C の荷重 2 kN が，支点 A を浮かび上がらせようとしている．これを止めるように $V_A$ が下向きに生じている．

**【例題 2】** 図 4 の張り出しばりの反力を求める.

**▶反力の計算**

　等分布荷重 $w$ は，集中荷重 $P_2$ とし，分布範囲の中央に作用させる.

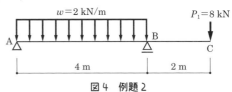

図 4　例題 2

　等分布荷重の合計

$P_2 = 2\ \text{kN/m} \times 4\ \text{m} = 8\ \text{kN}$

**STEP-①　水平方向のつりあい**

　∴　$H_A = 0$

**STEP-②　鉛直方向のつりあい**

$V_A + V_B = 8 + 8$

∴　$V_A + V_B = 16$　…①

**STEP-③　モーメントのつりあい**

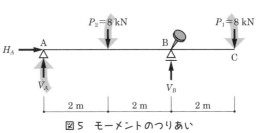

図 5　モーメントのつりあい

　支点 B を中心に考える（画鋲）.

$V_A \times 4 + 8 \times 2 = 8 \times 2$

$4 V_A + 16 = 16$

∴　$V_A = 0$

式①より，　∴　$V_B = 16\ \text{kN}$

（答）$H_A = 0,\ V_A = 0,\ V_B = 16\ \text{kN}$

> $V_A = 0$ より支点 A には反力が発生していない.
> 支点 B を中心に左右のモーメントがつりあっている（B が支点のシーソーの状態）.

**【例題 3】** 図 6 のような荷重を受ける単純ばりの支点 B に反力が生じない場合の荷重をそれぞれ $P_1$，$P_2$ としたとき，それらの最も簡単な比 $P_1 : P_2$ を求めよ.

**▶モーメントのつりあい**

　図 7 のように反力を仮定して，モーメントのつりあいの計算をする.　$V_B = 0$ であるから，$P_1$ と $P_2$ だけの式となる.

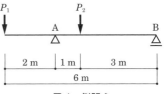

図 6　例題 3

**STEP-①　モーメントのつりあい**

　支点 A を中心に考える（画鋲）.

$P_2 \times 1 = P_1 \times 2,\ P_2 = 2 P_1$

$\dfrac{P_2}{P_1} = 2,\quad \dfrac{P_2}{P_1} = \dfrac{2}{1}$

（答）$P_1 : P_2 = 1 : 2$

> **比の問題**
> $\left( \dfrac{P_2}{P_1} = \dfrac{2}{1} \right)$
> 順番に $P_1 : P_2 = 1 : 2$

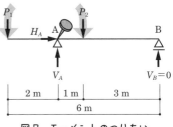

図 7　モーメントのつりあい

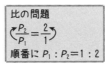

# ラーメンの反力を求める

point!

剛節点が一つでもある骨組をラーメンという．支点がピン，ローラーの単純ば
りラーメンでは，つりあい方程式だけで反力を求めることができる．モーメン
トのつりあいのとき，荷重や反力を作用線上で移動して考える．

【例題1】 図1の単純ばりラーメン
の反力を求める．

> ラーメンの反力も，つりあい
> 方程式でらくらく解ける．

▶反力の計算

図2のように反力を仮定して解く．

STEP-① 水平方向のつりあい

$\sum$（右向きの力）$=\sum$（左向きの力）

$\therefore$ $H_A = 3$ kN

STEP-② 鉛直方向のつりあい

$\sum$（上向きの力）$=\sum$（下向きの力）

$\therefore$ $V_A + V_B = 0$ …①

STEP-③ モーメントのつりあい

$\sum$（右回りのモーメント）$=\sum$（左回りのモーメント）

支点Bを中心に考える（画鋲）．

図1 例題1

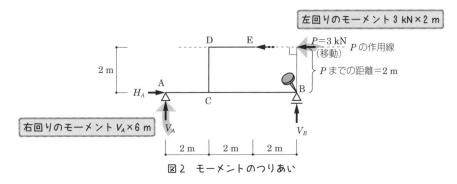

左回りのモーメント 3 kN×2 m

右回りのモーメント $V_A$×6 m

図2 モーメントのつりあい

支点Bから荷重Pまでのモーメントにおける距離は，荷重Pの作用線までの
垂線の長さ＝2mとなる．

$V_A \times 6 = 3 \times 2$ $6V_A = 6$ $\therefore$ $V_A = 1$ kN

式①より， $\therefore$ $V_B = -1$ kN

$V_B$が負の値で求められたので，仮定の向きと反対であったことがわかる．

（答）$H_A = 3$ kN, $V_A = 1$ kN, $V_B = -1$ kN

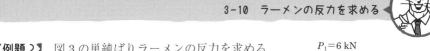

【例題2】 図3の単純ばりラーメンの反力を求める.

▶反力の計算

STEP-① 水平方向のつりあい

∴ $H_A + 2 = 0$ ∴ $H_A = -2$ kN

STEP-② 鉛直方向のつりあい

∴ $V_A + V_B = 6$ …①

STEP-③ モーメントのつりあい

支点Bを中心に考える(画鋲).

$V_A \times 4 + 2 \times 3 = 6 \times 2$

$4V_A + 6 = 12$

∴ $V_A = 1.5$ kN

式①より, ∴ $V_B = 4.5$ kN

(答) $H_A = -2$ kN, $V_A = 1.5$ kN, $V_B = 4.5$ kN

【例題3】 図5の単純ばりラーメンの反力を求める.

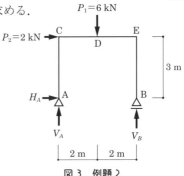

図3 例題2

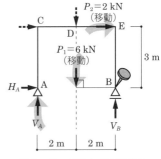

図4 モーメントのつりあい

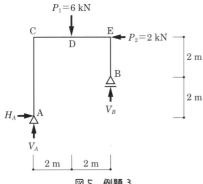

図5 例題3

▶反力の計算

STEP-① 水平方向のつりあい

∴ $H_A = 2$ kN

STEP-② 鉛直方向のつりあい

∴ $V_A + V_B = 6$ …①

STEP-③ モーメントのつりあい

支点Aを中心に考える(画鋲).

$6 \times 2 = V_B \times 4 + 2 \times 4$　　$4V_B + 8 = 12$　　∴ $V_B = 1$ kN

式①より, ∴ $V_A = 5$ kN

(答) $H_A = 2$ kN, $V_A = 5$ kN, $V_B = 1$ kN

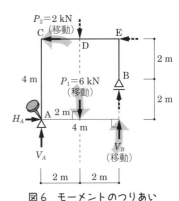

図6 モーメントのつりあい

# トラスの反力を求める

Point!

三角形で構成された節点がピンの骨組をトラスという．支点がピン，ローラーの静定トラスでは，つりあい方程式だけで反力を求めることができる．ただしモーメントのつりあいのときの距離の取り方に注意する．

**【例題1】** 図1の静定トラスの反力を求める．

図2のように反力を仮定して解く．

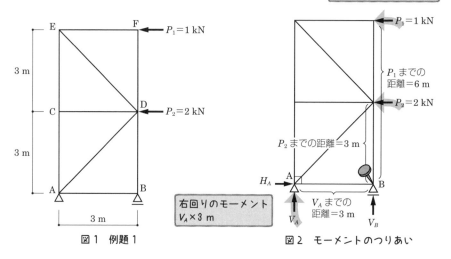

図1 例題1

図2 モーメントのつりあい

左回りのモーメント
$1\,kN \times 6\,m + 2\,kN \times 3\,m$

右回りのモーメント
$V_A \times 3\,m$

## STEP-① 水平方向のつりあい

$\sum(右向きの力) = \sum(左向きの力)$     $H_A = 1 + 2$    ∴ $H_A = 3\,kN$

## STEP-② 鉛直方向のつりあい

$\sum(上向きの力) = \sum(下向きの力)$     ∴ $V_A + V_B = 0$  …①

## STEP-③ モーメントのつりあい

$\sum(右回りのモーメント) = \sum(左回りのモーメント)$

支点Bを中心に考える．

$V_A \times 3 = 1 \times 6 + 2 \times 3$,    $3V_A = 6 + 6$

∴ $V_A = 4\,kN$     式①より，  ∴ $V_B = -4\,kN$

（答） $H_A = 3\,kN$, $V_A = 4\,kN$, $V_B = -4\,kN$

$V_B$ の値が負で求められたので，仮定の向きと反対であったことがわかる．

トラスの骨組に惑わされないこと．つりあい方程式で反力は簡単に求められる．

## ▶簡単な反力の求め方

単純ばりに一つだけ集中荷重が作用した場合は，つりあい方程式によらないで，図3のように比例配分を利用した方法（**配分法**）で求めることができる．配分比は，スパンに対する荷重の位置と逆にとる．

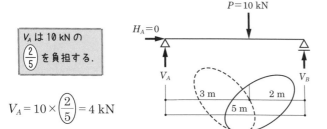

$V_A$ は 10 kN の $\left(\dfrac{2}{5}\right)$ を負担する．

$V_A = 10 \times \left(\dfrac{2}{5}\right) = 4 \text{ kN}$

$V_B$ は 10 kN の $\left(\dfrac{3}{5}\right)$ を負担する．

$V_B = 10 \times \left(\dfrac{3}{5}\right) = 6 \text{ kN}$

**図3　配分法**

一般に，図4のように表される．

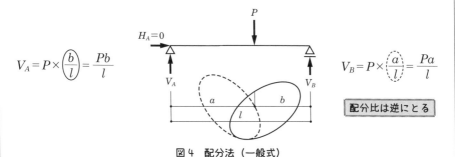

$V_A = P \times \left(\dfrac{b}{l}\right) = \dfrac{Pb}{l}$

$V_B = P \times \left(\dfrac{a}{l}\right) = \dfrac{Pa}{l}$

配分比は逆にとる

**図4　配分法（一般式）**

また，図5のように荷重が左右対称形に作用している場合は，反力は荷重の合計の半分ずつを負担する．

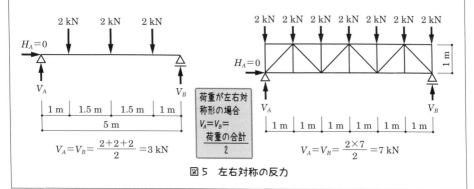

荷重が左右対称形の場合
$V_A = V_B = \dfrac{荷重の合計}{2}$

$V_A = V_B = \dfrac{2+2+2}{2} = 3 \text{ kN}$

$V_A = V_B = \dfrac{2 \times 7}{2} = 7 \text{ kN}$

**図5　左右対称の反力**

# 演習問題

## 【問題1】 はりの反力の計算

次のはりの反力を求めよ.

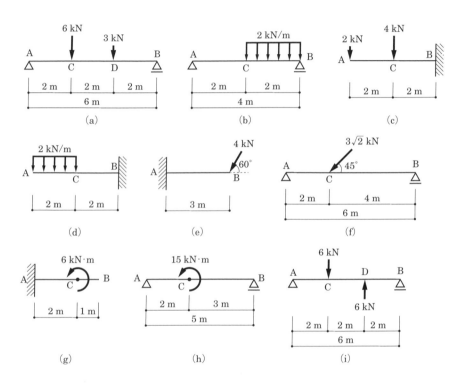

(a)  (b)  (c)

(d)  (e)  (f)

(g)  (h)  (i)

## 【問題2】 等変分布荷重を受けるはりの反力の計算

次のような等変分布荷重が作用する単純ばりの反力を求めよ.

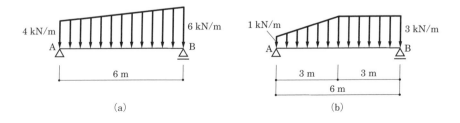

(a)  (b)

【問題3】 反力の計算（参考：一・二級建築士試験）

次の（a）～（f）の骨組の反力を求めよ．

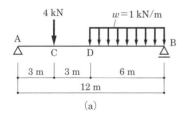

(a)

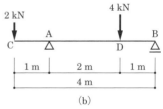

(b)

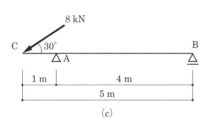

(c)

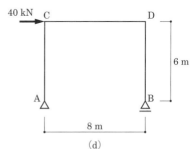

(d)

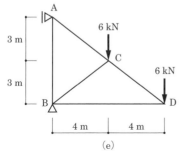

(e)

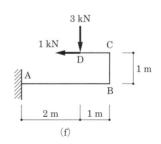

(f)

【問題4】 単純ばりラーメンの反力の計算（参考：二級建築士試験）

次の単純ばりラーメンの反力を求めよ．

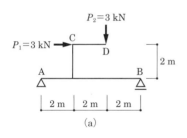

(a)

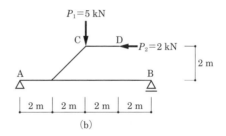

(b)

## 【問題 5】 反力の計算（参考：二級建築士試験）

次の (a)〜(f) の反力を求めよ.

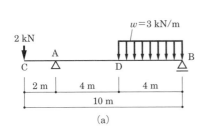

(a)

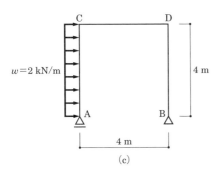

(c)

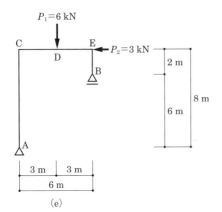

(e)

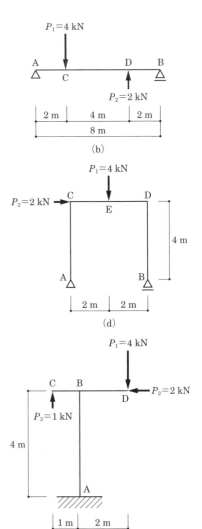

(b)

(d)

(f)

70

# 4 章

# はりの応力

本章では，応力（＝部材の内部に生じる力）について計算します．反力と同様に，力のつりあい方程式で簡単に求めることができるので，難しいという先入観を持たずに学んで下さい．特に，応力を求めたい箇所で，はりを切断して考えますが，これこそ構造力学の重要な考え方の一つです．

## 4-1 ················ ［応力，軸方向力，せん断力，曲げモーメント］

# はりの**応力**

point!
はりに荷重が加わると支点には反力が生じて力のつりあいがとれる．この荷重と反力によって，はりは変形し，その変形に応じて部材の内部には応力が生ずる．

### ❶ はりの応力

図1のはりの内部の微小部分について考える．この微小部分に生じている応力について，① 水平方向，② 鉛直方向，③ 回転方向の三つに分けて考えると，それぞれ軸方向力，せん断力，曲げモーメントの三つの応力が発生している（表1）．

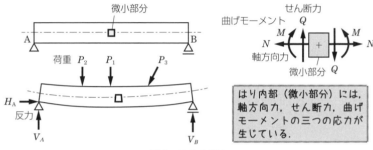

はり内部（微小部分）には，軸方向力，せん断力，曲げモーメントの三つの応力が生じている．

図1 はりの応力

### ▶軸方向力（$N$）

材軸方向に引張または圧縮の変形を伴う一対の応力として，引張応力（＋），圧縮応力（－）の二つがある．略して軸力ともいう．

### ▶せん断力（$Q$）

材軸の直角方向にはさみで切るような一対の応力で，右下がりを（＋）とする．

### ▶曲げモーメント（$M$）

部材を曲げるような一対の応力で，下に凸（下側が引張，上側が圧縮）の場合を（＋），逆に上に凸（上側が引張，下側が圧縮）の場合を（－）とする．

表1 応力と変形

| 応力 | 軸方向力 | せん断力 | 曲げモーメント |
|---|---|---|---|
| | $N$ | $Q$ | $M$ |
| 変形 | ＋<br>引張 | ＋<br>右下がり | ＋<br>下に凸 |
| | －<br>圧縮 | －<br>左下がり | －<br>上に凸 |

## ❷ 任意の点の応力

応力を求めたい点を点Cとして，この点の応力を求める手順を示す.

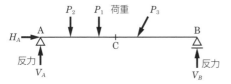

図2　任意点の応力

応力を求める手順
1. 応力を求めたい点で切断
2. 切断面に三つの応力（$N$, $Q$, $M$）を記入
3. つりあい方程式で解く

① 点Cではりを切断し，左側または右側だけを考える. どちらで計算しても同じ結果が得られるので，計算がしやすいほうを選ぶ.

② 力のつりあいを保つために，切断面にもう一方が支えていてくれた力を作用させる. この力が求める応力となる.

③ 応力（軸方向力 $N$, せん断力 $Q$, 曲げモーメント $M$）を記入するが，それぞれの応力は（＋）の向きとなるようにする.

④ 三つの応力を**つりあい方程式**で求める.

図3　左側または右側

STEP-①　水平方向のつりあい　$\sum$（左向きの力）$=\sum$（右向きの力）$\rightarrow N$
STEP-②　鉛直方向のつりあい　$\sum$（上向きの力）$=\sum$（下向きの力）$\rightarrow Q$
STEP-③　モーメントのつりあい　$\sum$（右回りのモーメント）$=\sum$（左）$\rightarrow M$

## ❸ 切断面に記入する応力の向き

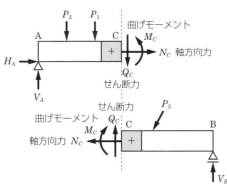

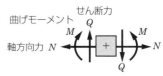

応力を記入する向き（＋）
軸方向力 $N$：引張
せん断力 $Q$：左上がり，右下がり
曲げモーメント $M$：下から上へ

図4　応力の向き

# ある点の**応力**を求める

**point!**
ある点（任意の点）の応力を求めるには，その点で切断して左側または右側を
選んで計算する．また，どちらを選んでも同じ結果が得られることを確かめる．

**【例題1】** 図1の単純ばりの支点Aから2mの点Dの応力を求める．反
力については，3章3-2節で求めた．

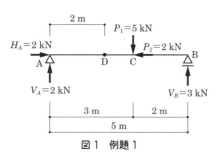

図1　例題1

**応力を求める手順**
1. 応力を求める点Dで切断して，左側，
　右側のいずれかを選択する．
2. 切断面に三つの応力（$N$, $Q$, $M$）を
　正（＋）の向きに記入する．
3. つりあい方程式で解く．

▶**点Dの応力**

　図2のように，点Dで切断して左側について考える．切断面に応力を＋の向
きに記入する．

▶**左側で考える**

**STEP-①　水平方向のつりあい**

$\sum$（右向きの力）＝$\sum$（左向きの力）

$2 + N_D = 0$　　$\therefore$　$N_D = -2\,\mathrm{kN}$

**STEP-②　鉛直方向のつりあい**

$\sum$（上向きの力）＝$\sum$（下向きの力）

$2 = Q_D$　　$\therefore$　$Q_D = +2\,\mathrm{kN}$

**STEP-③　モーメントのつりあい**

$\sum$（右回りのモーメント）

　　＝$\sum$（左回りのモーメント）

点Dを中心に考える．

$2 \times 2 = M_D$

$\therefore$　$M_D = +4\,\mathrm{kN \cdot m}$

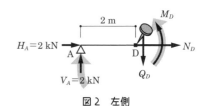

図2　左側

応力の計算結果の＋
（プラス）の符号は
省略しません．

次に，右側について計算しても同じ結果になることを確認する．

図3のように，点Dで切断して右側について考える．切断面に応力を+の向きに記入する．

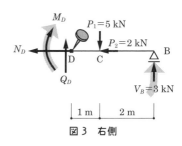

図3　右側

### ▶右側で考える

<u>STEP-①</u>　水平方向のつりあい

$\sum$(右向きの力)$=\sum$(左向きの力)

$0=2+N_D$　　∴　$N_D=-2\ \mathrm{kN}$

<u>STEP-②</u>　鉛直方向のつりあい

$\sum$(上向きの力)$=\sum$(下向きの力)

$Q_D+3=5$　　∴　$Q_D=+2\ \mathrm{kN}$

<u>STEP-③</u>　モーメントのつりあい

$\sum$(右回りのモーメント)

　$=\sum$(左回りのモーメント)

点Dを中心に考える．

$M_D+5\times1=3\times3$

∴　$M_D=+4\ \mathrm{kN\cdot m}$

> 左側，右側のどちらを選択しても同じ結果が導き出される．
> →反力や荷重の少ないほうを選ぶとよい．

【例題2】　図4の片持ばりの自由端Aから2mの点Cの応力を求める．

反力については，3章3-4節で求めた．

### ▶点Cの応力

点Cで切断して左側について考える．切断面に，求める応力を記入する．

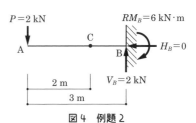

図4　例題2

<u>STEP-①</u>　水平方向のつりあい

∴　$N_C=0$

<u>STEP-②</u>　鉛直方向のつりあい

$0=Q_C+2$

∴　$Q_C=-2\ \mathrm{kN}$

<u>STEP-③</u>　モーメントのつりあい

点Cを中心に考える．

$0=M_C+2\times2$

∴　$M_C=-4\ \mathrm{kN\cdot m}$

> 片持ばりの場合，自由端の側を選ぶと反力を求めなくても応力が求められます．

図5　左側

**4**

はりの応力

# 4-3 ·········· [応力図, N図, Q図, M図]

# 応力図

**point!**
はりのある点についての応力の求め方はすでに学んだ. これをはり全体にわたって求めてグラフにしたものが応力図である. 応力図には, N図 (軸方向力図),
Q図 (せん断力図), M図 (曲げモーメント図) の三種類がある.

## ❶ 応力図の見かた

4-2節で扱った単純ばりの応力図を図1に示して説明する.

## ❷ N図 (軸方向力図)

N図は, A-C間では, $-2$ kN (圧縮) の軸方向力が生じている. 他の部分では, 軸方向力は0となっている.

## ❸ Q図 (せん断力図)

A-C間では, $+2$ kN (↑□↓),
C-B間では, $-3$ kN (↓□↑)
のせん断力が生じている.

## ❹ M図 (曲げモーメント図)

M図は下側に (＋), 上側に (－)
が描かれている. これは, 図が描かれた側が, 部材の引張側となるように配慮しているためである.

この単純ばりの場合では, 全スパンにわたって, はり部材の下側が引張, 上側が圧縮されていることがわかる.

また, 曲げモーメントはA-C間で0から直線的に増加していき, 点Cで最大となる. この値を最大曲げモーメントといい, $M_{max} = +6$ kN·m のように表す.

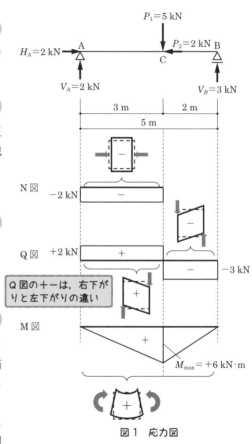

図1 応力図

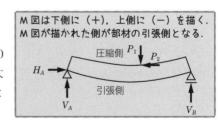

M図は下側に (＋), 上側に (－) を描く.
M図が描かれた側が部材の引張側となる.

## ❺ 応力図をかくための計算手順

支点から荷重の作用点，荷重の作用点から支点までの2区間に分けて考える．

《A-C間》 図2のように，支点Aから距離$x$の点Xで切断して考える．

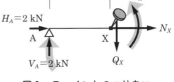

二つの区間に分けて考える．

|  A-C間  |  C-B間  |
| 3 m | 2 m |

### STEP-① 水平方向のつりあい

$\sum$（右向きの力）$=\sum$（左向きの力）

$N_X + 2 = 0$

$\therefore$ $N_X = -2\,\mathrm{kN}$（$x$に関係なく一定）

### STEP-② 鉛直方向のつりあい

$\sum$（上向きの力）$=\sum$（下向きの力）

$2 = Q_X$ $\therefore$ $Q_X = +2\,\mathrm{kN}$（$x$に関係なく一定）

図2 モーメントのつりあい

### STEP-③ モーメントのつりあい

$\sum$（右回りのモーメント）$=\sum$（左回りのモーメント）

点Xを中心に考える． $2 \times x = M_X$ $\therefore$ $M_X = 2x\,[\mathrm{kN \cdot m}]$

この式は，距離$x$に比例する一次関数（直線変化）となり，区間の始点（支点A）と終点（点C）について，$x$の値を代入して求めて，直線で結ぶ．

**支点Aの曲げモーメント $M_A$** $x = 0$を代入して，$M_A = 2 \times 0 = 0$ $\therefore$ $M_A = 0$

**点Cの曲げモーメント $M_C$**

$x = 3\,\mathrm{m}$を代入して，$M_C = 2 \times 3 = 6\,\mathrm{kN \cdot m}$ $\therefore$ $M_C = +6\,\mathrm{kN \cdot m}$

《C-B間》 図3のように支点Bから距離$x'$の点X′で切断する．

### STEP-① 水平方向のつりあい

$0 = N_{X'}$

$\therefore$ $N_{X'} = 0$

### STEP-② 鉛直方向のつりあい

$Q_{X'} + 3 = 0$ $\therefore$ $Q_{X'} = -3\,\mathrm{kN}$

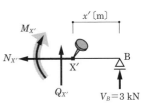

### STEP-③ モーメントのつりあい

点X′を中心に考える．

図3 モーメントのつりあい

$M_{X'} = 3 \times x'$ $\therefore$ $M_{X'} = 3x'\,[\mathrm{kN \cdot m}]$

距離$x'$に比例する一次関数となり，支点Bと点Cの値を求めて直線で結ぶ．

**支点Bの曲げモーメント $M_B$**

$x' = 0$を代入して，$M_B = 3 \times 0 = 0$ $\therefore$ $M_B = 0$

**点Cの曲げモーメント $M_C$**

$x' = 2\,\mathrm{m}$を代入して，$M_C = 3 \times 2 = 6\,\mathrm{kN \cdot m}$ $\therefore$ $M_C = +6\,\mathrm{kN \cdot m}$

4

はりの応力

# 単純ばり＋集中荷重の**応力図**

**【例題1】** 図1の単純ばりの応力図を描く.
反力については，3章3-3節で求めた.

$P_1 = 5$ kN　　$P_2 = 5$ kN

$H_A = 0$　A　　　　　　　　　　B

$V_A = 6$ kN　　　　　　　$V_B = 4$ kN

1 m　2 m　　2 m

5 m

図1　例題1

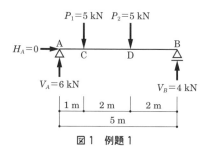

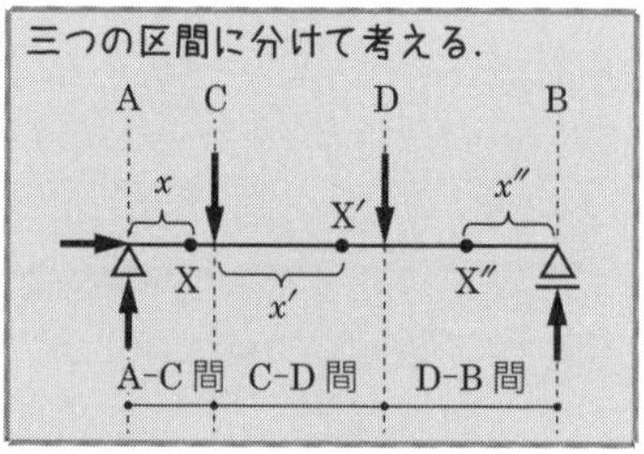

三つの区間に分けて考える.

A　C　　　　D　　　　　　B

$x$　　　　　　$X'$　　　$x''$

X　　　$x'$　　　$X''$

A-C間　C-D間　　D-B間

**《A-C間》** 支点Aから距離 $x$ の点Xで切断して
考える.

**STEP-①　水平方向のつりあい**

∴ $N_X = 0$

**STEP-②　鉛直方向のつりあい**

$6 = Q_X$　　∴ $Q_X = +6$ kN

**STEP-③　モーメントのつりあい**

点Xを中心に考える（図2）.

$6 \times x = M_X$　　∴ $M_X = 6x$〔kN·m〕（距離 $x$ に比例する一次関数＝直線）

$x$〔m〕

$M_X$

A　　　　　　　X　　$N_X$

$V_A = 6$ kN　　　$Q_X$

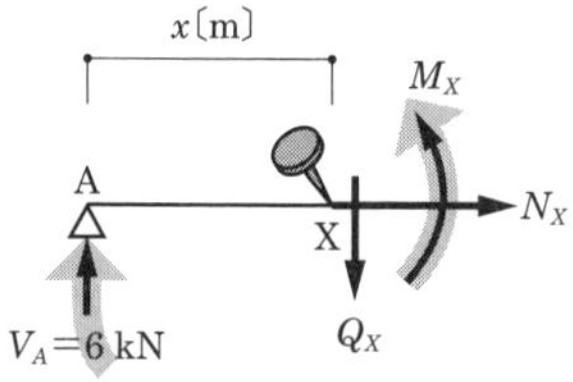

図2　モーメントのつりあい

**支点Aの曲げモーメント $M_A$**

$x = 0$ を代入して，$M_A = 6 \times 0 = 0$　　∴ $M_A = 0$

**点Cの曲げモーメント $M_C$**

$x = 1$ m を代入して，$M_C = 6 \times 1 = 6$ kN·m　　∴ $M_C = +6$ kN·m

**《C-D間》** 図3のように，点Cから距離 $x'$ の点 $X'$ で切断して考える.

**STEP-①　水平方向のつりあい**

∴ $N_{X'} = 0$

**STEP-②　鉛直方向のつりあい**

$6 = Q_{X'} + 5$　　∴ $Q_{X'} = +1$ kN

**STEP-③　モーメントのつりあい**

点 $X'$ を中心に考える.

$6 \times (1 + x') = M_{X'} + 5x'$

∴ $M_{X'} = x' + 6$〔kN·m〕（距離 $x'$ に比例する一次関数＝直線）

点 C の曲げモーメント $M_C$

　$x'=0$ を代入して，$M_C=0+6=6$

　$\therefore\ M_C=+6\ \text{kN}\cdot\text{m}$

点 D の曲げモーメント $M_D$

　$x'=2\ \text{m}$ を代入して，$M_D=2+6=8\ \text{kN}\cdot\text{m}$

　$\therefore\ M_D=+8\ \text{kN}\cdot\text{m}$

**《D-B 間》**　点 B から距離 $x''$ の点 X'' で切断して考える（図 4）．

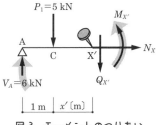

図 3　モーメントのつりあい

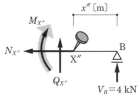

図 4　モーメントのつりあい

**STEP-①　水平方向のつりあい**

　$0=N_{X''}$　$\therefore\ N_{X''}=0$

**STEP-②　鉛直方向のつりあい**

　$4+Q_{X''}=0$　$\therefore\ Q_{X''}=-4\ \text{kN}$

**STEP-③　モーメントのつりあい**

　点 X'' を中心に考える．　$M_{X''}=4\times x''$

　$\therefore\ M_{X''}=4x''\ \text{(kN}\cdot\text{m)（直線）}$

点 D の曲げモーメント $M_D$

　$x''=2\ \text{m}$ を代入して，$M_D=4\times2=8$

　$\therefore\ M_D=+8\ \text{kN}\cdot\text{m}$

点 B の曲げモーメント $M_B$

　$x''=0$ を代入して，$M_B=4\times0=0$

　$\therefore\ M_B=0$

したがって，応力図は図 5 のようになる．

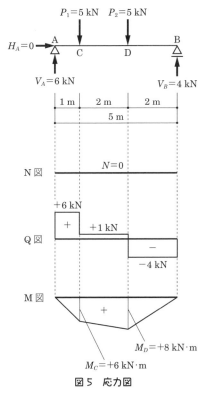

図 5　応力図

4

はりの応力

# 単純ばり＋集中荷重の応力図の**特徴**

**point!**
単純ばりの応力図の描き方については既に学んだ．本節では応力図の特徴について学び，簡単に描くコツを身につける．

## ❶ 軸方向力図

　　　水平荷重と水平反力によって，引張を受けている区間は（＋），圧縮を受けている区間は（−），何もなし＝0とする．

> 単純ばりの応力図の描き方
> Q図は反力・荷重（左から順番に上下させます）
> M図はゴムひも

## ❷ せん断力図

　　　左側から反力と荷重を力の矢印のとおりに上下させて描く．

## ❸ 曲げモーメント図

・ピンと張ったゴムひもが荷重に押された形と一致する．
・各点の曲げモーメントの値＝その位置までのQ図の面積．

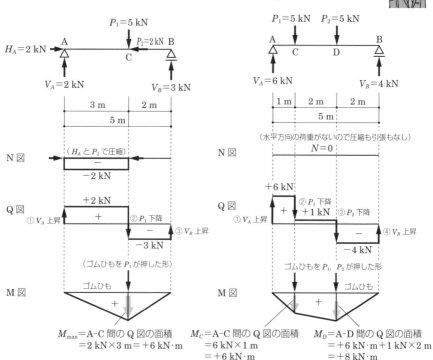

**図1　応力図の特徴**

### ④ 単純ばり＋集中荷重の応力図

（いずれも水平荷重がなく $N = 0$ のため N 図は省略）

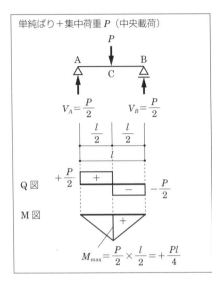

単純ばり＋集中荷重 $P$（中央載荷）

$$M_{\mathrm{max}} = \frac{P}{2} \times \frac{l}{2} = +\frac{Pl}{4}$$

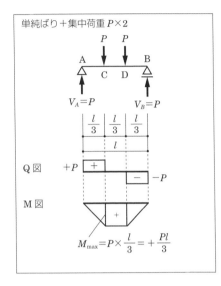

単純ばり＋集中荷重 $P \times 2$

$$M_{\mathrm{max}} = P \times \frac{l}{3} = +\frac{Pl}{3}$$

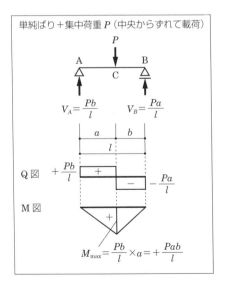

単純ばり＋集中荷重 $P$（中央からずれて載荷）

$$M_{\mathrm{max}} = \frac{Pb}{l} \times a = +\frac{Pab}{l}$$

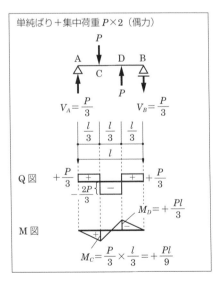

単純ばり＋集中荷重 $P \times 2$（偶力）

$$M_D = +\frac{Pl}{3}$$

$$M_C = \frac{P}{3} \times \frac{l}{3} = +\frac{Pl}{9}$$

4

はりの応力

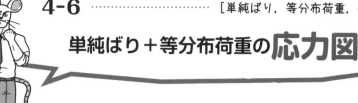

# 単純ばり＋等分布荷重の**応力図**

【例題1】 図1のような等分布荷重を受ける単純ばりの応力図を描く．反力については，3章3-6節で求めた．

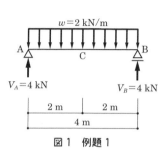

図1 例題1

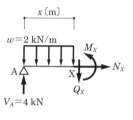

図2 切断

支点Aから距離$x$の点Xで切断して考える．等分布荷重$w$は，図3のように集中荷重$P$に置き換えて，分布範囲の中央に作用させる．

等分布荷重の合計 $P = 2\,\mathrm{kN/m} \times x\,[\mathrm{m}] = 2x\,[\mathrm{kN}]$

応力を求めるとき，等分布荷重は，切断してから集中荷重に置き換える．

**STEP-①　水平方向のつりあい**

$\therefore\ N_X = 0$

**STEP-②　鉛直方向のつりあい**

$4 = 2x + Q_X$　　$\therefore\ Q_X = 4 - 2x\,[\mathrm{kN}]$

距離$x$に比例する一次関数（直線）となる．

**支点Aのせん断力 $Q_A$**

$x = 0$を代入して，$Q_A = 4 - 2 \times 0 = 4$

$\therefore\ Q_A = +4\,\mathrm{kN}$

**スパン中央点Cのせん断力 $Q_C$**

$x = 2\,\mathrm{m}$を代入して，$Q_C = 4 - 2 \times 2 = 0$　　$\therefore\ Q_C = 0$

**支点Bのせん断力 $Q_B$**

$x = 4\,\mathrm{m}$を代入して，$Q_B = 4 - 2 \times 4 = 4 - 8 = -4\,\mathrm{kN}$

$\therefore\ Q_B = -4\,\mathrm{kN}$

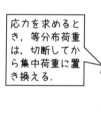

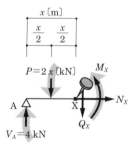

図3 モーメントのつりあい

**STEP-③　モーメントのつりあい**

点Xを中心に考える．

$4 \times x = M_X + 2x \times \dfrac{x}{2}$　　$\therefore\ M_X = 4x - x^2\,[\mathrm{kN \cdot m}]$

距離$x$の2乗に比例する二次関数（放物線）となる．

## 支点 A の曲げモーメント $M_A$

$x=0$ を代入して，$M_A=4\times0-0^2=0$

∴　$M_A=0$

## スパン中央点 C の曲げモーメント $M_C$

$x=2\,\mathrm{m}$ を代入して，

$M_C=4\times2-2^2=8-4=4\,\mathrm{kN\cdot m}$

∴　$M_C=4\,\mathrm{kN\cdot m}$

## 支点 B の曲げモーメント $M_A$

$x=4\,\mathrm{m}$ を代入して，

$M_B=4\times4-4^2=16-16=0$

∴　$M_B=0$

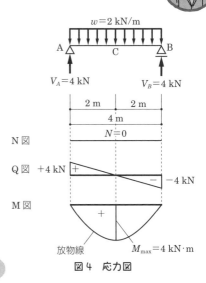

図4　応力図

### ▶ 単純ばり＋等分布荷重の応力図の特徴

### ❶ せん断力図

　左側から反力と荷重を力の矢印のとおりに上下させて描く．なお，等分布荷重は小さい矢印の集まりと考え，連続的に下降させる．

### ❷ 曲げモーメント図

　ピンと張ったゴムひもが無数の荷重で押された形（放物線）となる．最大曲げモーメントの値は，中央までの Q 図（三角形）の面積となる．

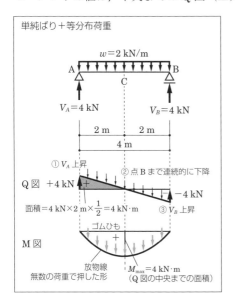

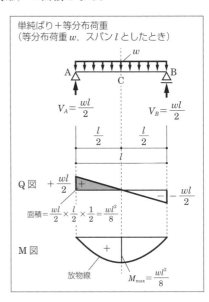

# 張り出しばりの応力図

**【例題1】** 図1の張り出しばりの
応力図を描く．反力については，
3章3-9節で求めた．

**《A-B間》** 図2のように支点
Aから距離$x$の点Xで切断して考える．

**STEP-①　水平方向のつりあい**

$\therefore N_X = 0$

**STEP-②　鉛直方向のつりあい**

$0 = Q_X + 1$　　$\therefore Q_X = -1\ \text{kN}$

**STEP-③　モーメントのつりあい**

点Xを中心とする．

$0 = M_X + 1 \times x$

$\therefore M_X = -x\,(\text{kN·m})$

**支点Aの曲げモーメント $M_A$**

$x = 0$を代入して，　　$\therefore M_A = 0$

**支点Bの曲げモーメント $M_B$**

$x = 4\ \text{m}$を代入して，　　$\therefore M_B = -4\ \text{kN·m}$

**《B-C間》** 図3のように自由端点Cから距離$x'$の
点X'で切断して考える．

**STEP-①　水平方向のつりあい**

$\therefore N_{X'} = 0$

**STEP-②　鉛直方向のつりあい**

$\therefore Q_{X'} = +2\ \text{kN}$

**STEP-③　モーメントのつりあい**

点X'を中心とする．

$M_{X'} + 2 \times x' = 0$　　$\therefore M_{X'} = -2\,x'$

**点Cの曲げモーメント $M_C$**

$x' = 0$を代入して　　$M_C = -2 \times 0$　　$\therefore M_C = 0$

**点Bの曲げモーメント $M_B$**

$x' = 2\ \text{m}$を代入して　　$M_B = -2 \times 2 = -4$

$\therefore M_B = -4\ \text{kN·m}$

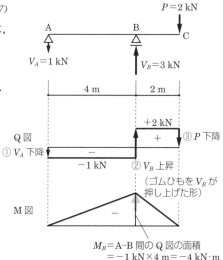

$M_B = \text{A-B間のQ図の面積}$
$= -1\ \text{kN} \times 4\ \text{m} = -4\ \text{kN·m}$

**図1　例題1**

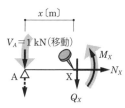

**図2　A-B間**

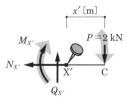

**図3　B-C間**

## ▶Q 図と M 図の関係

荷重 $w$, せん断力 $Q$, 曲げモーメント $M$ は, **微分・積分の関係**にある.

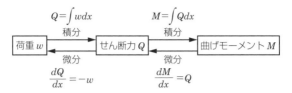

$$Q=\int wdx \qquad M=\int Qdx$$

荷重 $w$ ──積分──▶ せん断力 $Q$ ──積分──▶ 曲げモーメント $M$

──微分── ──微分──

$$\frac{dQ}{dx}=-w \qquad \frac{dM}{dx}=Q$$

荷重 $w$ を積分するとせん断力 $Q$ が求められる. さらに, せん断力 $Q$ を積分すると, 曲げモーメント $M$ が求められる. 積分は, $\int$（インテグラル）で表し, 簡単にいうと, 面積を求めることを意味する. また, 曲げモーメント $M$ を微分するとせん断力 $Q$, せん断力 $Q$ を微分すると荷重 $w$ となる. 微分は変化率を意味し, その地点のグラフの傾きを求めることを意味する.

## ▶ある点の曲げモーメントの値は, その点までの Q 図の面積となる

曲げモーメントはせん断力を積分して求められることから, ある点の曲げモーメントの値は, その点までの Q 図の面積を計算して求められる. 図4の最大曲げモーメント $M_{\max}$ は, スパン中央までの Q 図の面積となる.

## ▶Q 図の値（符号）で, M 図の増減（傾き）がわかる

Q 図が（＋）の区間では, M 図は増加し, （−）の区間では減少する. せん断力 0 の地点では, 曲げモーメントは, 極大（山の頂点）または極小（谷の底点）となる（表1）.

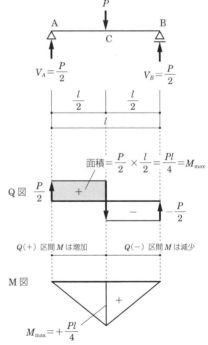

面積 $=\dfrac{P}{2}\times\dfrac{l}{2}=\dfrac{Pl}{4}=M_{\max}$

$Q(+)$ 区間 $M$ は増加　　　$Q(-)$ 区間 $M$ は減少

$$M_{\max}=+\frac{Pl}{4}$$

図4　応力図

M 図の値は, その地点までの Q 図の面積となる.

### 表1　Q 図と M 図の関係

| Q 図 | M 図 |
|---|---|
| （＋） | 増加 |
| （−） | 減少 |
| 0 | 極大または極小 |
| 一定 | 直線 |
| 直線 | 放物線 |

Q 図は, M 図の傾きを表します.

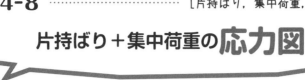

# 片持ばり＋集中荷重の**応力図**

【**例題 1**】 図1のような集中荷重 $P$ が作用したときの片持ばりの応力図を描く．反力については，3章3-4節で求めたが，片持ばりの場合は，反力を求めなくても応力図は描くことができる．

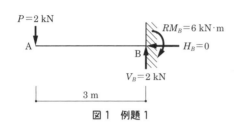

図1 例題1

片持ばりの場合，切断して先端側を選択すると，反力の計算は必要がなくなります．

点 A から距離 $x$ の点 X で切断して考える．

**STEP-①　水平方向のつりあい**

$\therefore$ $N_X = 0$（$x$ に関係なく一定）

**STEP-②　鉛直方向のつりあい**

$0 = 2 + Q_X$

$\therefore$ $Q_X = -2\,\text{kN}$（$x$ に関係なく一定）

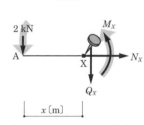

図2 モーメントのつりあい

**STEP-③　モーメントのつりあい**

点 X を中心に考える．

$0 = M_X + 2 \times x$

$\therefore$ $M_X = -2x\,[\text{kN·m}]$

（距離 $x$ に比例する一次関数＝直線）

**点 A の曲げモーメント $M_A$**

$x = 0$ を代入して，

$M_A = -2 \times 0 = 0$

$\therefore$ $M_A = 0$

**支点 B の曲げモーメント $M_B$**

$x = 3\,\text{m}$ を代入して

$M_B = -2 \times 3 = -6$

$\therefore$ $M_B = -6\,\text{kN·m}$

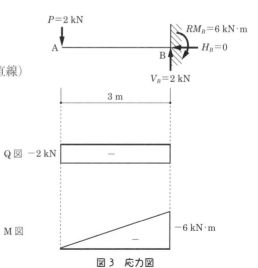

図3 応力図

### ▶片持ばり＋集中荷重の応力図の特徴

① **軸方向力図**　単純ばりと同様に，引張を受けている区間は（＋），圧縮を受けている区間は（−），何もなし＝0 とする．

② **せん断力図**　単純ばりと同様に，左側から反力と荷重を力の矢印のとおりに上下させて描く．

③ **曲げモーメント図**　片持ばりを棚に見立て，荷重に対してワイヤーで補強したときの形状と同じになる．

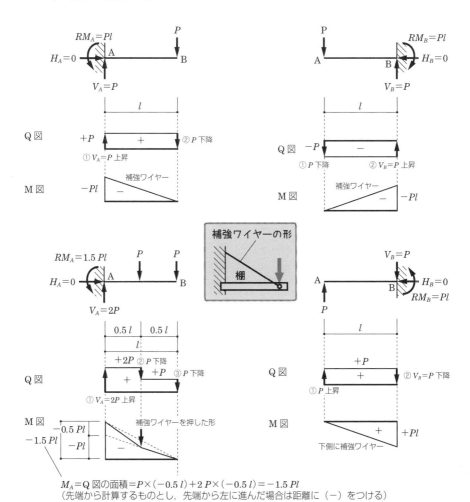

$M_A =$ Q図の面積 $= P \times (-0.5 \, l) + 2 \, P \times (-0.5 \, l) = -1.5 \, Pl$
（先端から計算するものとし，先端から左に進んだ場合は距離に（−）をつける）

4

はりの応力

**87**

## 4-9 ‥‥‥‥‥‥‥‥‥‥‥‥ ［片持ばり，等分布荷重，Q図，M図］

# 片持ばり＋等分布荷重の**応力図**

**【例題1】** 図1の片持ばりの応力図を描く．

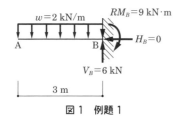

図1 例題1

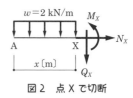

図2 点Xで切断

---

### ❶ 応力の計算

点Aから距離$x$の点Xで切断して考える．
等分布荷重$w$は，集中荷重$P$に置き換える．
等分布荷重の合計 $P = 2\,\text{kN/m} \times x\,[\text{m}] = 2x\,[\text{kN}]$

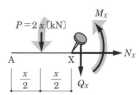

図3 集中荷重に置換

STEP-① 水平方向のつりあい ∴ $N_X = 0$

STEP-② 鉛直方向のつりあい

$0 = 2x + Q_X$ ∴ $Q_X = -2x\,[\text{kN}]$

**点Aのせん断力$Q_A$**

$x = 0$ を代入して，$Q_A = -2 \times 0 = 0$, ∴ $Q_A = 0$

**支点Bのせん断力$Q_B$**

$x = 3\,\text{m}$ を代入して，

$Q_B = -2 \times 3 = -6$ ∴ $Q_B = -6\,\text{kN}$

STEP-③ モーメントのつりあい

点Xを中心に考える．

$0 = M_X + 2x \times \dfrac{x}{2}$ ∴ $M_X = -x^2\,[\text{kN·m}]$

**A点の曲げモーメント$M_A$**

$x = 0$ を代入して，$M_A = -0^2 = 0$

∴ $M_A = 0$

**支点Bの曲げモーメント$M_B$**

$x = 3\,\text{m}$ を代入して，$M_B = -3^2 = -9$

∴ $M_B = -9\,\text{kN·m}$

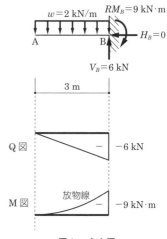

図4 応力図

## ❷ スパンを $l$, 等分布荷重を $w$ としたときの応力図

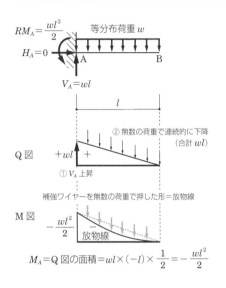

$$M_A = \text{Q 図の面積} = wl \times (-l) \times \frac{1}{2} = -\frac{wl^2}{2}$$

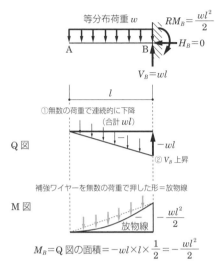

$$M_B = \text{Q 図の面積} = -wl \times l \times \frac{1}{2} = -\frac{wl^2}{2}$$

> 片持ばりの M 図
> 棚の補強ワイヤーが無数の荷重で押されてたわんでいます.

## ❸ その他の片持ばりの応力図

片持ばりの応力図のその他の例を示す. 計算省略

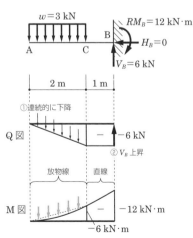

$M_B = \text{Q 図の面積}$

$$= -6\,\text{kN} \times 2\,\text{m} \times \frac{1}{2} - 6\,\text{kN} \times 1\,\text{m}$$

$$= -12\,\text{kN·m}$$

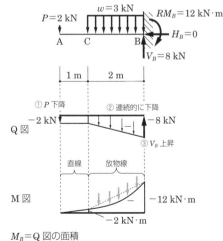

$M_B = \text{Q 図の面積}$

$$= -2\,\text{kN} \times 1\,\text{m} + (-2\,\text{kN} - 8\,\text{kN}) \times \frac{1}{2} \times 2\,\text{m}$$

$$= -12\,\text{kN·m}$$

# モーメント荷重が作用したときの応力図

【例題1】 図1のようなモーメント荷重の作用した単純ばりの応力図を描く．反力については，3章3-8節で求めた．

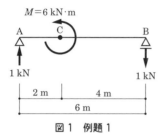

図1 例題1

モーメント荷重 $M=6\,kN\cdot m$ に対して，反力による偶力のモーメント $1\,kN\times 6\,m=6\,kN\cdot m$ で抵抗している．

応力の計算は，A-C間とC-B間で分けて考える．

《A-C間》 支点Aから距離 $x$ の点Xで切断して考える．

**STEP-①** 水平方向のつりあい

$\therefore\ N_X=0$

**STEP-②** 鉛直方向のつりあい

$1=Q_X$

$\therefore\ Q_X=+1\,kN$

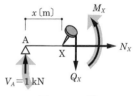

図2 A-C間

**STEP-③** モーメントのつりあい

点Xを中心に考える．

$1\times x=M_X$　　$\therefore\ M_X=x\,(kN\cdot m)$

**支点Aの曲げモーメント $M_A$**

$x=0$ を代入して，　$\therefore\ M_A=0$

**点Cの曲げモーメント $M_C$**

$x=2\,m$ を代入して，　$\therefore\ M_C=+2\,kN\cdot m$

《C-B間》 点Bから距離 $x'$ の点X'で切断する．

**STEP-①** 水平方向のつりあい

$0=N_{X'}$　　$\therefore\ N_{X'}=0$

**STEP-②** 鉛直方向のつりあい

$Q_{X'}=1$　　$\therefore\ Q_{X'}=+1\,kN$

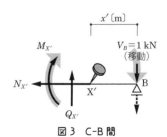

図3 C-B間

**STEP-③** モーメントのつりあい

点X'を中心に考える．

$M_{X'}+1\times x'=0$　　$\therefore\ M_{X'}=-x'\,(kN\cdot m)$

## 支点 B の曲げモーメント $M_B$

$x' = 0$ を代入して　　∴　$M_B = 0$

## 点 C の曲げモーメント $M_C$

$x' = 4\,\text{m}$ を代入して

∴　$M_C = -4\,\text{kN·m}$

よって，$M_C$ の値は点 C の左側で $+2\,\text{kN·m}$，右側で $-4\,\text{kN·m}$ となる．点 C での変化量 $+6\,\text{kN·m}$ はモーメント荷重 $M$ に等しい．

### ▶単純ばり＋モーメント荷重の応力図

M 図は，ゴムひもに，モーメント荷重 $M$ の長さの板を貼り付

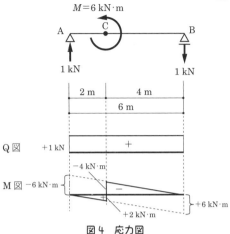

図4　応力図

け，モーメント荷重の方向に 90° ひねった形状となる．なお，板の回転中心は，はりに対するモーメント荷重の位置と一致させる．

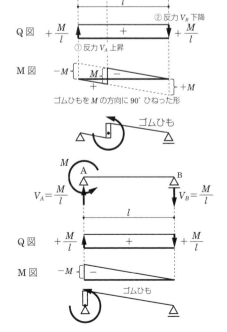

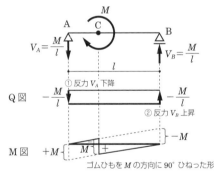

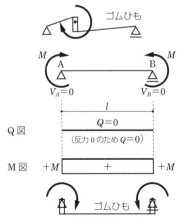

# はりの荷重・反力・応力図・たわみ表

表1 はりの荷重・反力・応力図・たわみ表（スパンはすべて$l$，点Cはスパン中央）

(a)

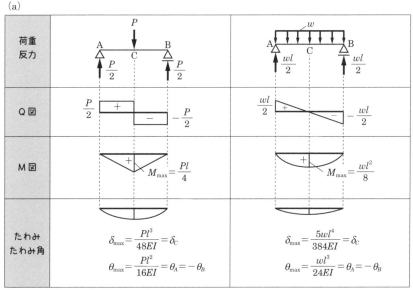

|  | | |
|---|---|---|
| 荷重 反力 | | |
| Q図 | | |
| M図 | $M_{max} = \dfrac{Pl}{4}$ | $M_{max} = \dfrac{wl^2}{8}$ |
| たわみ たわみ角 | $\delta_{max} = \dfrac{Pl^3}{48EI} = \delta_C$  $\theta_{max} = \dfrac{Pl^2}{16EI} = \theta_A = -\theta_B$ | $\delta_{max} = \dfrac{5wl^4}{384EI} = \delta_C$  $\theta_{max} = \dfrac{wl^3}{24EI} = \theta_A = -\theta_B$ |

(b)

|  | | |
|---|---|---|
| 荷重 反力 | $RM_B = Pl$  $V_B = P$ | $RM_B = \dfrac{wl^2}{2}$  $V_B = wl$ |
| Q図 | $-P$ | $-wl$ |
| M図 | $-Pl$ | $-\dfrac{wl^2}{2}$ |
| たわみ たわみ角 | $\delta_{max} = \dfrac{Pl^3}{3EI} = \delta_A$  $\theta_{max} = \dfrac{Pl^2}{2EI} = -\theta_A$ | $\delta_{max} = \dfrac{wl^4}{8EI} = \delta_A$  $\theta_{max} = \dfrac{wl^3}{6EI} = -\theta_A$ |

$E$：ヤング係数，$I$：断面二次モーメント（5章5-8節参照）

(c)

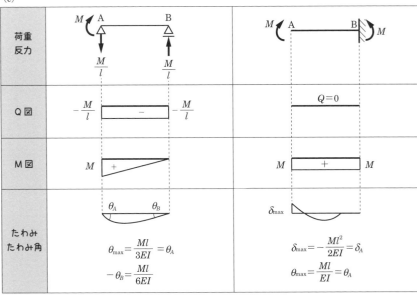

(d)

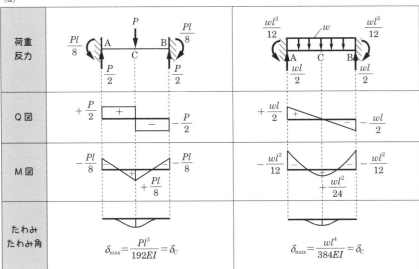

# 演習問題

## 【問題1】 はりの任意の点の応力

次のはりの点 A から右に 1 m の地点を点 D とし，点 D の応力 $N_D$, $Q_D$, $M_D$ を求めよ．

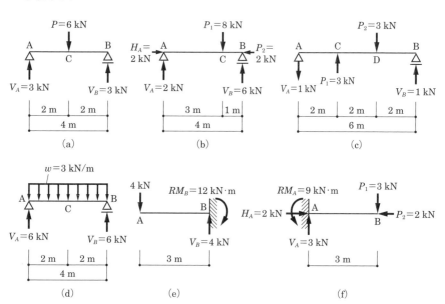

(a)  (b)  (c)

(d)  (e)  (f)

## 【問題2】 はりの応力図

【問題1】のはりの応力図を描け．

## 【問題3】 Q図とM図の関係（参考：2015　二級建築士試験）

図1のような荷重 $P$ を受ける単純ばりに
おいて，曲げモーメント図が図2となる場合，
A-C 間のせん断力 $Q_{AC}$ を求めよ．

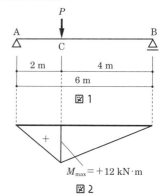

## 【問題 4】 Q図とM図の関係（参考：2019　二級建築士試験）

図1のような荷重 $P$ を受ける単純ばりにおいて，曲げモーメント図が図2となる場合，荷重 $P$ の大きさを求めよ．

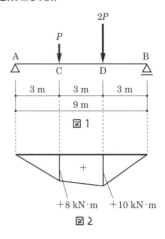

図1

図2

## 【問題 5】 はりの応力図

次のはりの応力図を描け．ただし，反力は **3章【問題1】** で求めている．

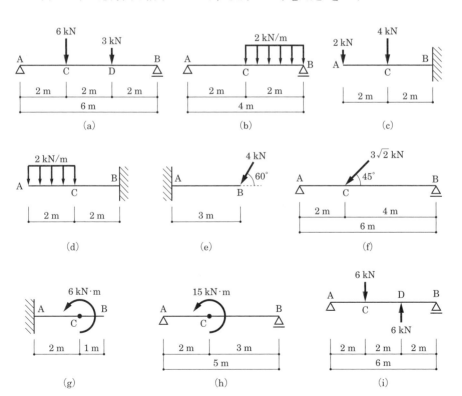

【問題6】 せん断力の大小関係 （参考：2005　二級建築士試験）

(A)〜(D)ような荷重を受ける単純ばりに生じる最大せん断力の絶対値の大小関係を比較せよ.

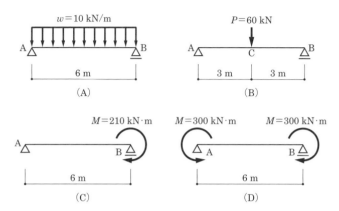

【問題7】　はりの任意の点の応力 （参考：2017　二級建築士試験）

図のような荷重を受ける単純ばりにおいて，点 C の曲げモーメント $M_C$ と，C-B 間のせん断力 $Q_{CB}$ を求めよ.

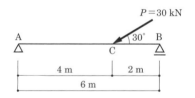

【問題8】 はりの任意の点の応力 （参考：2016　二級建築士試験）

図のような荷重を受ける単純ばりにおいて，点 C の曲げモーメント $M_C$ と，C-D 間のせん断力 $Q_{CD}$ を求めよ.

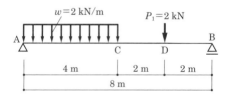

# 5章

章

# はりの断面算定

応力を求めた後は，この応力に耐えられるようなはり部材を算定します．これは，はり部材の断面の形状と材質を定めることになります．このとき応力度，つまり，断面の単位面積当たりに生じている応力を用いて計算を進めます．求めた応力度と許容応力度を比較して安全を判断します．

# 5-1 ……… [引張応力度，圧縮応力度，せん断応力度，曲げ応力度]

## 応力度の計算

<u>Point!</u>
応力度は，部材断面の単位面積（1 mm²）当たりに生じている応力の値．
これまで，はりの反力および応力を求めてきた．ここからは，いままで1本の線で表示していたはり部材の材質や断面形状を想定して，安全かどうかを判断する過程について学ぶ．

### ❶ ［応力度］

応力度とは，断面の単位面積当たりの応力のことをいう．具体的には，断面の1 mm² 当たりに何 N の応力が発生しているかを計算で求める．

応力度の記号には σ（シグマ）を用いる．**引張応力度** $\sigma_t$（tension），**圧縮応力度** $\sigma_c$（compression），**曲げ応力度** $\sigma_b$（bending）で表す．**せん断応力度**については，$\tau$（タウ）を使用する．単位については，すべて N/mm² を用いる．

表1　応力と応力度の関係

| 応　力 | 応　力　度 | | 計　算　式 |
|---|---|---|---|
| 軸方向力 N | 垂直応力度 | $\begin{cases} 引張応力度\ \sigma_t \\ 圧縮応力度\ \sigma_c \end{cases}$ | $\dfrac{軸方向力}{断面積}$ |
| せん断力 Q | せん断応力度 $\tau$ | | $\dfrac{せん断力}{断面積}$ |
| 曲げモーメント M | 曲げ応力度 $\sigma_b$ | | $\dfrac{曲げモーメント}{断面係数}$ |

各応力に対応して，それぞれ表1のような計算式によって応力度が求められる．ここで，圧縮応力度，引張応力度（併せて垂直応力度という）及びせん断応力度については，応力を単に断面積で割ることで応力度を求めることができるが，曲げ応力度については，断面係数を用いる．

図1のように，同じ断面積の角材と板があった場合，軸方向力やせん断力に対しては同じ強さを示すが，曲げに対しては，板のほうが角材よりもたわみやすく曲げに対して弱い．この曲がりにくさを示す係数が断面係数である．詳しくは，5-3節で学ぶ．

同じ断面積でも，角材と板では，曲げに対する強さが違う．

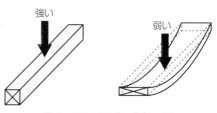

強い　　弱い

図1　同じ断面積の角材と板

### ❷ 応力度の計算例（水平荷重を受けるはり）

これから主に曲げ応力度の算定について学ぶが，まず，比較的に理解しやすい引張応力度の計算を例に，部材の安全の確かめ方について学ぶ．

#### 【例題 1】 水平荷重を受けるはり

図 2 のはりには，水平荷重 $P=1\,000\,\text{N}$ が作用している．反力として水平反力 $H_A$ $=1\,000\,\text{N}$ が生じるとともに，部材内部には，軸方向力（引張力）$N=1\,000\,\text{N}$ が全域にわたり生じている．

> 軸方向力には，引張力と圧縮力があり，それぞれ引張応力度と圧縮応力度が計算される．これを併せて垂直応力度という．

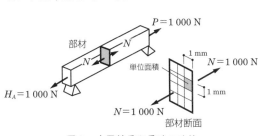

図 2 水平荷重を受けるはり

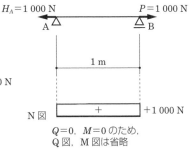

$Q=0,\ M=0$ のため，
Q 図，M 図は省略

図 3 応力図

#### ▶引張応力度の計算

はりの断面が図 4 のようなときの引張応力度を求める．

$$\text{引張応力度 } \sigma_t = \frac{\text{引張力 } N}{\text{断面積 } A}$$

$$= \frac{1\,000}{30 \times 40} = 0.83 \,\text{N/mm}^2$$

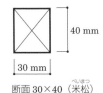

断面 30×40（米松<sup>べいまつ</sup>）

図 4 断面

> 👍 この引張応力度 $\sigma_t = 0.83\,\text{N/mm}^2$ が安全かどうかについては，許容応力度と比較することで判断する．許容応力度は，法令で定められた安全の制限値であり，5-5 節で詳細に学ぶ．この場合では，表 2（p.107）より，米松（無等級材）の許容引張応力度は $6.49\,\text{N/mm}^2$ であり，これを超えていないことから，安全であることがわかる．

**5**

はりの断面算定

# 断面二次モーメント

**point!**
断面の性質を表す定数に

> 断面二次モーメントの記号は $I$，単位は〔$\text{mm}^4$，$\text{cm}^4$〕

は，断面積，断面一次モーメントのほかに，断面二次モーメント，断面係数が
ある．本節では曲げ変形の生じにくさを表す断面二次モーメントについて学ぶ．

## ❶ 断面二次モーメントの基本式（長方形断面：中立軸）

幅 $b$×高さ $h$ の長方形断面の中立軸（図
1 の図心 G を通る軸）に関する断面二次
モーメント

$$I = \frac{bh^3}{12} \ \text{〔}\text{mm}^4, \ \text{cm}^4\text{〕}$$

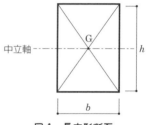

図 1　長方形断面

### ▶ 積分の計算式

図 2 のような幅 $b$，高さ $dy$ の微小断面
を考える．中立軸からの距離を $y$ とし，積
分を使って，すべての微小断面 $dA$ につい
て $y^2 \times dA$ の合計を計算する．ここで，$dA$
$= bdy$ より，

**断面二次モーメント**

$$I = \int_{-\frac{h}{2}}^{\frac{h}{2}} by^2 dy = b\left[\frac{y_3}{3}\right]_{-\frac{h}{2}}^{\frac{h}{2}} = \frac{bh^3}{12}$$

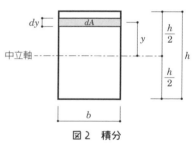

図 2　積分

### ▶ 中空断面の断面二次モーメント

中空断面の断面二次モーメントは，中空
部分の断面二次モーメントを差し引いて求
めることができる．図 3 に中空部分の面積がすべて同じ場合を示す．

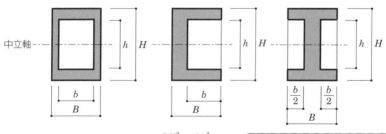

断面二次モーメント $I = \dfrac{BH^3}{12} - \dfrac{bh^3}{12}$

> 断面二次モーメントの単位〔$\text{mm}^4$，$\text{cm}^4$〕

図 3　中空断面

**【例題1】** 図4のH形断面の中立軸に関する断面二次モーメントを求める.

全体から空洞部分（×2）を差し引いて計算する.

$$I = \frac{12 \times 16^3}{12} - 2 \times \frac{5 \times 12^3}{12}$$

$$= 4\,096 - 1\,440 = 2\,656 \text{ cm}^4$$

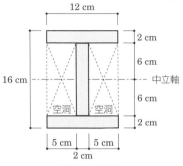

図4 例題1

## ② 中立軸から離れた軸に関する断面二次モーメント

図5のように中立軸から $y$ 離れた $x$ 軸に対する断面二次モーメントは,

$$I_x = \frac{bh^3}{12} + Ay^2 \quad \left( = \frac{bh^3}{12} + bhy^2 \right)$$

これは, 中立軸に関する断面二次モーメントに,

断面積×(中立軸から離れた距離)$^2$

が加算された値である.

**【例題2】** 図6の長方形断面の $x$ 軸に関する断面二次モーメントを求める.

$x$ 軸は, 断面の中立軸から, $y = 12/2 = 6$ cm 離れている. よって,

$$I_x = \frac{10 \times 12^3}{12} + 10 \times 12 \times 6^2$$

$$= 1\,440 + 4\,320 = 5\,760 \text{ cm}^4$$

**【例題3】** 例題1の長方形断面について, 図7のように, ①と②に分けて計算して同じ結果となることを確認する.

$$I = \underbrace{\frac{2 \times 12^3}{12}}_{①} + \underbrace{\left( \frac{12 \times 2^3}{12} + 2 \times 12 \times 7^2 \right) \times 2}_{②}$$

$$= 288 + 1\,184 \times 2 = 2\,656 \text{ cm}^4$$

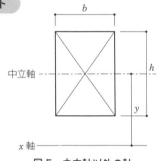

図5 中立軸以外の軸

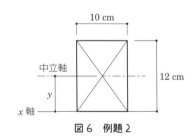

図6 例題2

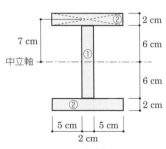

図7 例題3

中立軸以外の軸に関する場合, 断面積×(離れた距離)$^2$ が加算されます.

5

はりの断面算定

**101**

# 断面係数

**point!**
断面係数は曲げ応力度の計算に用いられる係数で，断面二次モーメントから導き出される．一般に，断面係数が大きい部材ほど曲げに対して強い．

> 断面係数の記号は Z，単位は〔$mm^3$，$cm^3$〕

## ❶ 断面係数の公式（長方形断面）

幅 $b$ ×高さ $h$ の長方形断面の断面係数 $Z$ は次式で表される．

$$断面係数\ Z = \frac{bh^2}{6} \quad 〔mm^3，cm^3〕$$

断面係数は，高さ $h$ の 2 乗に比例する係数である．例えば，$h$ が 2 倍になれば $Z$ は 4 倍になる．

### ▶断面係数の計算式の根拠

断面係数は，断面二次モーメントを中立軸から**縁端までの距離** $y$（中立軸から上端または下端までの距離）で割って求める．

$$断面係数\ Z = \frac{断面二次モーメント\ I}{縁端距離\ y}$$

長方形断面の場合，中立軸から上端までの距離と下端までの距離は，ともに $y = h/2$ であるから，次のように計算される．

$$断面係数\ Z = \frac{\dfrac{bh^3}{12}}{\dfrac{h}{2}} = \frac{bh^2}{6}$$

> 断面係数は断面二次モーメント
> を縁端までの距離で割ったもの

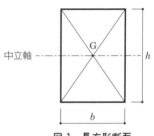

図1 長方形断面

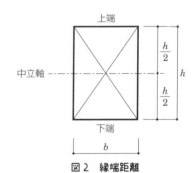

図2 縁端距離

【**例題 1**】図 3 の長方形断面の断面係数 $Z$ を求める．

$$Z = \frac{bh^2}{6} = \frac{10 \times 12^2}{6} = 240\ cm^3$$

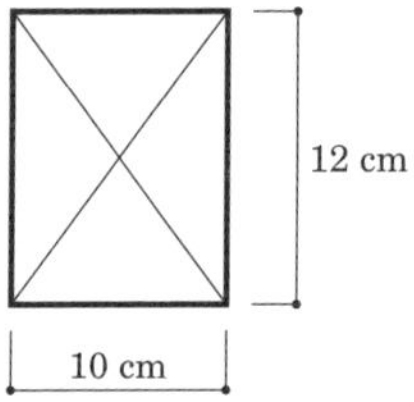

12 cm

10 cm

図3 例題1

**【例題 2】** 図 4 の**中空断面**の断面係数を求める.

全体の断面二次モーメントから空洞部
分を差し引いてから，縁端距離で割っ
て求める.

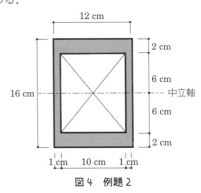

$$I = \frac{12 \times 16^3}{12} - \frac{10 \times 12^3}{12}$$

$$= 4\,096 - 1\,440 = 2\,656 \text{ cm}^4$$

縁端までの距離 $y = \frac{16}{2} = 8$ cm より，

断面係数 $Z = \dfrac{I}{y} = \dfrac{2\,656}{8} = 332$ cm$^3$

図 4 例題 2

> 断面係数は断面二次モーメント
> を縁端までの距離で割ったもの

中空部分の引き算は断面二次モーメントの計算の段階で行う．次のように，断
面係数の計算で引き算をしてはならない.

（誤った計算例） $Z = \dfrac{12 \times 16^2}{6} - \dfrac{10 \times 12^2}{6} = 512 - 240$

$$= 272 \text{ cm}^3$$

表 1 断面の性質を表す係数

| 断　面 | 面積 | 縁端距離 | 断面二次モーメント | 断面係数 |
|---|---|---|---|---|
| $y$　$h$　$y$　$b$ | $A = bh$ | $y = \dfrac{h}{2}$ | $I = \dfrac{bh^3}{12}$ | $Z = \dfrac{bh^2}{6}$ |
| $y$　$y$　$d$ | $A = \dfrac{\pi d^2}{4}$ | $y = \dfrac{d}{2}$ | $I = \dfrac{\pi d^4}{64}$ | $Z = \dfrac{\pi d^3}{32}$ |
| $y_2$　$h$　$y_1$　$b$ | $A = \dfrac{bh}{2}$ | $y_2 = \dfrac{2h}{3}$ $y_1 = \dfrac{h}{3}$ | $I = \dfrac{bh^3}{36}$ | $Z_2 = \dfrac{bh^2}{24}$ $Z_1 = \dfrac{bh^2}{12}$ |

**5**

はりの断面算定

## 5-4 ················· ［曲げ応力度，せん断応力度，中立軸］

# はりの**曲げ**応力度と**せん断**応力度

**point!**
はりは主に鉛直方向の荷重を受ける部材である．はりに荷重が作用すると曲げモーメントとせん断力の二つの応力が生じる．この応力から，それぞれ曲げ応力度とせん断応力度を計算する．

### ❶ はりの曲げ応力度

　はりが鉛直方向の荷重を受けると，部材断面の上側は圧縮されて縮み，下側は引張を受けて伸びる．そして部材断面内には伸びも縮みもしない中立面（中立軸）が存在する．中立面から上側には圧縮応力度が生じ，下側には引張応力度が生じる．この圧縮応力度と引張応力度の組合せを**曲げ応力度**という．

　図2に示すように曲げ応力度の分布は中立軸からの距離に比例して大きくなり，断面上端で圧縮応力度は最大となり，断面下端で引張応力度が最大となる．

　曲げ応力度の計算は，上端および下端に生じている最大値を求める．これを**縁応力度**ともいい，次式によって計算する．

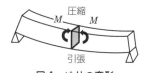

図1　はりの変形

曲げ＝圧縮＋引張

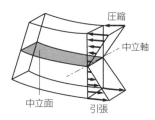

図2　曲げ応力度の分布

$$\text{最大曲げ応力度 } \sigma_b = \frac{\text{最大曲げモーメント}}{\text{断面係数}} = \frac{M_{\max}}{Z}$$

### ❷ はりのせん断応力度

　せん断力については，曲げの影響によって，垂直せん断力に加えて水平せん断力が生じており，長方形断面の場合は，図3に示すような分布となる．

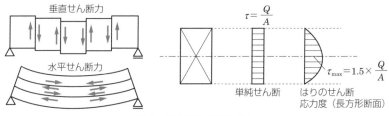

図3　せん断応力度の分布

最大せん断応力度 $\tau_{max}$ は，平均せん断応力度の 1.5 倍となっている．

最大せん断応力度 $\tau_{max} = 1.5 \times \dfrac{Q_{max}}{A}$ 　（長方形断面の場合）

**【例題 1】** 図 4 のような等分布荷重を受ける単純ばりに，断面 100 mm×120 mm の部材を用いたとき，部材に生じる最大応力度を求める．ただし，はりの自重による応力度は無視する．

▶**応力**

　このはりの反力については 3 章 3-6 節，応力については 4 章 4-6 節で既に求めた．単位については〔N〕と〔mm〕に統一する．

**最大せん断力**

$Q_{max} = 4$ kN $= 4\,000$ N

**最大曲げモーメント**

$M_{max} = 4$ kN·m $= 4\,000\,000$ N·mm

▶**断面**

**断面積**

$A = bh = 100 \times 120 = 12\,000$ mm$^2$

**断面係数**

$Z = \dfrac{bh^2}{6} = \dfrac{100 \times 120^2}{6} = 240\,000$ mm$^3$

▶**応力度**

**最大せん断応力度**

$\tau_{max} = 1.5 \times \dfrac{Q_{max}}{A} = 1.5 \times \dfrac{4\,000}{12\,000} = 0.5$ N/mm$^2$

**最大曲げ応力度**

$\sigma_b = \dfrac{M_{max}}{Z} = \dfrac{4\,000\,000}{240\,000} = 16.7$ N/mm$^2$

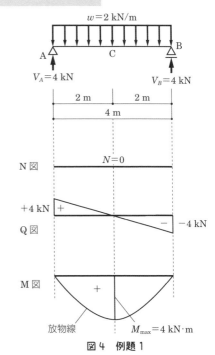

図 4　例題 1

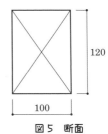

図 5　断面

**［応力度の単位］**

　求められた応力度は，許容応力度と比較することで安全を確かめる．

　法令では，許容応力度は〔N/mm$^2$〕の単位で示されているため，応力度の計算は，〔N〕と〔mm〕の単位で行うものとする．

# 許容応力度

**point!**
はりなどの建築の部材では, 最大応力度を計算して求め, この値が許容応力度（法令で定められた安全の制限値）以下であれば安全としている.
最大応力度≦許容応力度  ∴ 安全

## ❶ 許容応力度

許容応力度は, 木材, 鋼材, コンクリートなど材料ごとに決められていて, 同じ鋼材でも一般構造用（SS 400）, 溶接構造用（SM 400）など材質別に細かく定められている. 許容応力度の記号は, $f$ に添え字をして, 表1のように表す.

表 1

| 許容応力度 | 添字の意味 | 応力度 |
|---|---|---|
| 許容引張応力度 $f_t$ | tension（引張） | 引張応力度 $\sigma_t$ |
| 許容圧縮応力度 $f_c$ | compression（圧縮） | 圧縮応力度 $\sigma_c$ |
| 許容曲げ応力度 $f_b$ | bending（曲げ） | 曲げ応力度 $\sigma_b$ |
| 許容せん断応力度 $f_s$ | shearing（せん断） | せん断応力度 $\tau$ |

## ❷ 基準強度と許容応力度

許容応力度は材料のもつ限界の応力度を基準強度として, これを安全率で割った値としている.

$$許容応力度 f = \frac{基準強度\ F}{安全率\ n}$$

> 許容応力度は基準強度を安全率で割って求められる.

鋼材の基準強度は, 降伏点と引張強さの 0.7 倍のうち小さいほうの値としている. また, コンクリートや木材では基準強度（コンクリートの場合は設計基準強度という）を圧縮強さ（最大強さ）としている. 安全率は材料種別や応力の組合せの種類によって 1, 1.1, 1.5, 3 などの値としている. 例えば, 鋼材 SS 400 の基準強度は 235 N/mm² であり, 安全率 1.5 で割った値の 156 N/mm² を許容応力度としている.

## ❸ 長期応力度と短期応力度

「長期」とは, 固定荷重や積載荷重などが作用している通常の状態（常時）であり,「短期」とは地震力や風圧力が作用している非常の状態（非常時）をいう. 長期荷重によって生じる応力度を**長期応力度**といい, 短期のものは**短期応力度**という. 許容応力度についても長期と短期のそれぞれに対して定められている.

## ▶許容応力度表（建築基準法，同施行令，告示より）

### 表2　木材の許容応力度（単位：N/mm²）

| 木材種別<br>（無等級材の場合） | | 長　期 | | | | 短　期 |
|---|---|---|---|---|---|---|
| | | 圧縮 | 引張 | 曲げ | せん断 | |
| | | $1.1F_c/3$ | $1.1F_t/3$ | $1.1F_b/3$ | $1.1F_s/3$ | |
| 針葉樹 | あかまつ・くろまつ・べいまつ | 8.14 | 6.49 | 10.34 | 0.88 | 長期の2/1.1倍 |
| | ひのき・ひば・からまつ・べいひ | 7.59 | 5.94 | 9.79 | 0.77 | |
| | つが・べいつが | 7.04 | 5.39 | 9.24 | 0.77 | |
| | すぎ・べいすぎ・もみ・えぞまつ | 6.49 | 4.95 | 8.14 | 0.66 | |
| 広葉樹 | かし | 9.90 | 8.80 | 14.08 | 1.54 | |
| | くり・なら・ぶな・けやき | 7.70 | 6.60 | 10.78 | 1.10 | |

（注）　$F_c$，$F_t$，$F_b$，$F_s$ はそれぞれ圧縮，引張，曲げ，せん断に対する基準強度，数値は省略．

### 表3　鋼材の許容応力度（単位：N/mm²）

| 鋼材の種別<br>（$t \leqq 40$ の場合） | | 長　期 | | | | 短　期 |
|---|---|---|---|---|---|---|
| | | 圧縮 | 引張 | 曲げ | せん断 | |
| | | $F/1.5$ | $F/1.5$ | $F/1.5$ | $F/1.5\sqrt{3}$ | |
| 建築構造用鋼材 | SN 400(A, B, C) | 156 | 156 | 156 | 90.4 | 長期の1.5倍 |
| | SN 490(B, C) | 216 | 216 | 216 | 125 | |
| 一般構造用鋼材 | SS 400 | 156 | 156 | 156 | 90.4 | |
| | SS 490 | 183 | 183 | 183 | 105 | |
| 溶接構造用鋼材 | SM 400(A, B, C) | 156 | 156 | 156 | 90.4 | |
| | SM 490(A, B, C) | 216 | 216 | 216 | 125 | |

（注）　圧縮の数値は細長比 $\lambda$ がごく小さい場合を示す．詳細は，細長比 $\lambda$ に応じて8章8-5節，表2より算出する．

### 表4　コンクリートの許容応力度（単位：N/mm²）

| コンクリートの種別 | | 長　期 | | | | 短　期 |
|---|---|---|---|---|---|---|
| | | 圧縮 | 引張 | せん断 | 付着 | |
| | | $F/3$ | $F/30$ | | 0.7 | |
| 普通コンクリート | $F_c = 21$ | 7 | 0.7 | | 0.7 | 長期の2倍 |
| | $F_c = 24$ | 8 | 0.8 | | 0.7 | |

# 安全の検討（その1）

**point!**
はりなどの構造部材は，部材に生じている最大応力度が許容応力度以下となることで安全を確認する．最大応力度が許容応力度を超えた場合は，安全となるように断面を変更する．

【例題1】 5-4節のはりの材質を米松としたときの安全を検討する．ただし，はりの自重は無視するものとする．

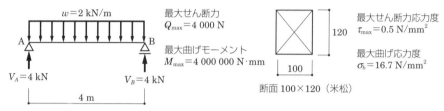

最大せん断力
$Q_{max} = 4\,000$ N

最大曲げモーメント
$M_{max} = 4\,000\,000$ N·mm

最大せん断力応力度
$\tau_{max} = 0.5$ N/mm$^2$

最大曲げ応力度
$\sigma_b = 16.7$ N/mm$^2$

断面 100×120（米松）

**図1　例題1**

　米松の許容応力度は，5-5節表2より，許容せん断応力度 $f_s = 0.88$ N/mm$^2$，許容曲げ応力度 $f_b = 10.34$ N/mm$^2$ である．

> せん断と曲げの両方が許容応力度であることを確かめる．

## STEP-① せん断に対する検討
最大せん断応力度 $\tau_{max} = 0.5$ N/mm$^2 \leq$ 許容せん断応力度 $f_s = 0.88$ N/mm$^2$

∴ せん断に対して，許容応力度以下となっており安全といえる．

## STEP-② 曲げに対する検討
最大曲げ応力度 $\sigma_b = 16.7$ N/mm$^2 >$ 許容曲げ応力度 $f_b = 10.34$ N/mm$^2$

∴ 曲げに対して，許容応力度を超えており，安全とはいえない．

　曲げとせん断ともに許容応力度以下でないと安全といえない．したがって，断面を変更して再検討する必要がある．

## STEP-③ 再検討
はり成を 160 mm にして再検討する．

断面係数 $Z = \dfrac{bh^2}{6} = \dfrac{100 \times 160^2}{6} = 426\,667$ mm$^3$

最大曲げ応力度 $\sigma_b = \dfrac{M_{max}}{Z} = \dfrac{4\,000\,000}{426\,667} = 9.4$ N/mm$^2$

$\leq$ 許容曲げ応力度 $f_b = 10.34$ N/mm$^2$

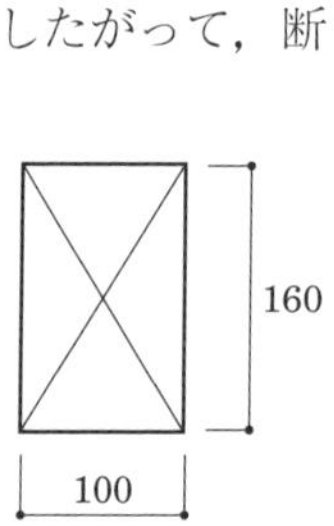

**図2　断面（米松）**

∴ 曲げに対しても許容応力度以下となり，このはりは安全といえる．

## STEP-④ はり成の逆算

ここで，はり成をいくつにしたら許容応力度以下とすることができるか逆算する．はり成を $h$ とすると

断面係数 $Z = \dfrac{bh^2}{6} = \dfrac{100 \times h^2}{6}$ 〔mm$^3$〕

最大曲げ応力度 $\sigma_b = \dfrac{M_{max}}{Z} = \dfrac{4\,000\,000}{\dfrac{100h^2}{6}} \leqq$ 許容曲げ応力度 $f_b = 10.34$ N/mm$^2$

不等式を整理して $h^2 \geqq 23\,211$　∴ $h \geqq 152.4$

よって，はり成は 153 mm 以上が必要である．再検討では，区切り良く 160 mm としている．

【例題2】 4 章 4-8 節の片持ばりの断面を図 3 のような杉材とした場合の安全を確かめる．ただし，$Q_{max}$，$M_{max}$ は絶対値とする．

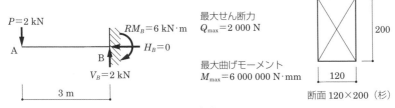

図 3　例題 2

## STEP-① 断面

断面積 $A = bh = 120 \times 200 = 24\,000$ mm$^2$

断面係数 $Z = \dfrac{bh^2}{6} = \dfrac{120 \times 200^2}{6} = 800\,000$ mm$^3$

> 一般に，はりの断面は，曲げが安全となればせん断も安全となる．

## STEP-② せん断に対する検討

最大せん断応力度 $\tau_{max} = 1.5 \times \dfrac{Q_{max}}{A} = 1.5 \times \dfrac{2\,000}{24\,000} = 0.1$ N/mm$^2$

$\leqq$ 許容せん断応力度 $f_s = 0.66$ N/mm$^2$（5-5 節表 2 参照）

∴ せん断に対して，許容応力度以下となっており，安全といえる．

## STEP-③ 曲げに対する検討

最大曲げ応力度 $\sigma_b = \dfrac{M_{max}}{Z} = \dfrac{6\,000\,000}{800\,000} = 7.5$ N/mm$^2$

$\leqq$ 許容曲げ応力度 $f_b = 8.14$ N/mm$^2$（5-5 節表 2 参照）

∴ 曲げに対して，許容応力度以下となっており，安全といえる．

∴ せん断に対しても，曲げに対しても安全であり，このはりは安全といえる．

5

はりの断面算定

**109**

# 安全の検討（その2）

【例題1】 最大曲げモーメント $M_{max} = 6\ 000\ 000$ N·mm を受けるはりに，次のような断面（a），（b），（c）を用いた場合の曲げに対する安全を確かめる．材質は，すべて杉材とし，断面（b），（c）を構成する各部材は，それぞれ相互に接合されていないものとする．

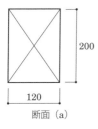

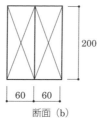

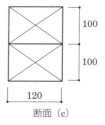

断面（a）　　　　断面（b）　　　　断面（c）

図1　例題1

## STEP-① 断面係数の計算

$Z = \dfrac{bh^2}{6}$ の計算式より，

(a) $\quad Z = \dfrac{120 \times 200^2}{6} = 800\ 000$ mm$^3$

(b) $\quad Z = 2 \times \dfrac{60 \times 200^2}{6} = 800\ 000$ mm$^3$

(c) $\quad Z = 2 \times \dfrac{120 \times 100^2}{6} = 400\ 000$ mm$^3$

断面 (c) のようなはりを重ねばりといい，断面係数は断面 100×120 の 2 倍で計算します．

## STEP-② 曲げに対する検討

最大曲げ応力度 $\sigma_b = \dfrac{M_{max}}{Z}$ より，

(a) $\quad \sigma_b = \dfrac{6\ 000\ 000}{800\ 000} = 7.5$ N/mm$^2 \leqq$ 許容曲げ応力度 $f_b = 8.14$ N/mm$^2$ 　安全

(b) $\quad \sigma_b = \dfrac{6\ 000\ 000}{800\ 000} = 7.5$ N/mm$^2 \leqq$ 許容曲げ応力度 $f_b = 8.14$ N/mm$^2$ 　安全

(c) $\quad \sigma_b = \dfrac{6\ 000\ 000}{400\ 000} = 15.0$ N/mm$^2 >$ 許容曲げ応力度 $f_b = 8.14$ N/mm$^2$ 　NG

∴ （a），（b）については安全といえるが，（c）については安全とはいえない．

【例題2】　最大曲げモーメント $M_{\max}$ = 20 000 000 N·mm，最大せん断力 $Q_{\max}$ = 10 000 N を受けるはりに，図2のような H 形鋼 200×100×5.5×8 を用いたときの安全性を検討する．ただし，H 形鋼の材質は，SS 400 とし，許容曲げ応力度 $f_b$ = 156 N/mm$^2$，許容せん断応力度 $f_s$ = 90.4 N/mm$^2$（5-5 節表3参照）とする．

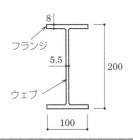

H 形鋼の表示
$H$(はり成)×$B$(はり幅)×$t_1$
(ウェブ厚)×$t_2$(フランジ厚)

図2　断面

## STEP-① 断面

表1より

断面係数 $Z$ = 181 000 mm$^3$

断面積 $A$ = 2 667 mm$^2$

## STEP-② せん断に対する検討

せん断に対してはウェブが抵抗すると考える．

ウェブの断面積を $A_w$ とすると，$A_w$ = 5.5×(200 − 2×8) = 1 012 mm$^2$

最大せん断応力度 $\tau_{\max}$ = 1.5 × $\dfrac{Q_{\max}}{A}$ = 1.5 × $\dfrac{10\ 000}{1\ 012}$ = 14.8 N/mm$^2$

　　　≦許容せん断応力度 $f_s$ = 90.4 N/mm$^2$

∴ せん断に対して，許容応力度以下となっており，安全といえる．

## STEP-③ 曲げに対する検討

最大曲げ応力度 $\sigma_b$ = $\dfrac{M_{\max}}{Z}$ = $\dfrac{20\ 000\ 000}{181\ 000}$ = 110.5 N/mm$^2$

　　　≦許容曲げ応力度 $f_b$ = 156 N/mm$^2$

∴ 曲げに対して，許容応力度以下となっており，安全といえる．

∴ せん断に対しても，曲げに対しても安全であり，このはりは安全といえる．

表1　H形鋼の規格（メーカーカタログ）抜粋

| 標準断面寸法 | 断面積 $A$〔mm$^2$〕 | 断面二次モーメント $I$〔mm$^4$〕 | 断面係数 $Z$〔mm$^3$〕 |
|---|---|---|---|
| 100×50×5×7 | 1 185 | 1 870 000 | 37 500 |
| 150×75×5×7 | 1 785 | 6 660 000 | 88 800 |
| 200×100×5.5×8 | 2 667 | 18 100 000 | 181 000 |
| 200×200×8×12 | 6 353 | 47 200 000 | 472 000 |
| 250×125×6×9 | 3 697 | 39 600 000 | 317 000 |
| 250×250×9×14 | 9 143 | 107 000 000 | 860 000 |
| 300×150×6.5×9 | 4 678 | 72 100 000 | 481 000 |

5

はりの断面算定

# はりの**たわみ**

**point!**

はりは荷重を受けるとたわむ．このときの材軸の描く曲線をたわみ曲線という．たわみ $\delta$ は鉛直方向の変位量をいい，本節では，はりのたわみの最大値 $\delta_{\max}$ について学ぶ．なお，詳しい計算根拠については 8 章で解説する．

　単純ばり及び片持ばりの最大たわみ $\delta_{\max}$ の式を示す．式の中の $E$ はヤング係数を表し，単位は〔N/mm$^2$〕である（8 章 8-1 節を参照）．$I$ は断面二次モーメントであり，単位は〔mm$^4$〕で計算する．

## ❶ 単純ばり＋集中荷重

　単純ばりのスパン中央に荷重 $P$ が作用したとき，たわみの最大値 $\delta_{\max}$ は中央で発生する．

$$\delta_{\max} = \frac{Pl^3}{48EI}$$

## ❷ 単純ばり＋等分布荷重

　単純ばりに等分布荷重 $w$ が作用したとき，たわみの最大値 $\delta_{\max}$ は中央で発生する．

$$\delta_{\max} = \frac{5wl^4}{384EI}$$

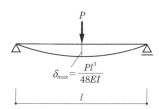

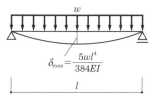

図 1　単純ばりの最大たわみ

## ❸ 片持ばり＋集中荷重

　片持ばりの先端に荷重 $P$ が作用したとき，たわみの最大値 $\delta_{\max}$ は先端で発生する．

$$\delta_{\max} = \frac{Pl^3}{3EI}$$

## ❹ 片持ばり＋等分布荷重

　片持ばりに等分布荷重が作用したとき，たわみの最大値 $\delta_{\max}$ は先端で発生する．

$$\delta_{\max} = \frac{wl^4}{8EI}$$

最大たわみの式は
覚えること．

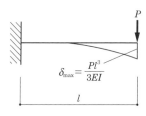

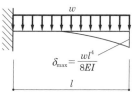

図 2　片持ばりの最大たわみ

## 【例題 1】 たわみの計算

図 3 の単純ばりに集中荷重 $P = 5\,000\,N$ が作用したとき，たわみの最大値 $\delta_{max}$ を求める．ただし，鋼材のヤング係数 $E = 2.05 \times 10^5\,N/mm^2$ とし，はりの自重は無視する．

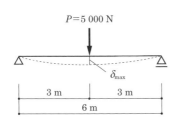

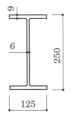

断面 H-250×125×6×9（SS 400）

図 3　たわみの計算

たわみの公式より求めるが，単位をすべて mm, N にそろえて計算する．また，H 形鋼の断面二次モーメントは 5-7 節表 1 より，39 600 000 mm⁴ を用いる．

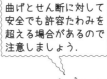

曲げとせん断に対して安全でも許容たわみを超える場合があるので注意しましょう．

$$\text{最大たわみ } \delta_{max} = \frac{Pl^3}{48EI}$$

$$= \frac{5\,000 \times 6\,000^3}{48 \times 2.05 \times 10^5 \times 39\,600\,000}$$

$$= 2.8\,mm$$

## ⑤ たわみの制限値

はりのたわみ量は安全性の面から，部材の有効長さ（スパン $l$）に対して一定の許容範囲内であるように，表 1 のように制限されている．したがって，断面算定では，応力度に加えてたわみに対する検討を行う．曲げ応力度，せん断応力度がともに許容応力度以内であっても，たわみが制限値を超えることがあるので注意する．

表 1　たわみの制限値（許容たわみ）

| 構　造 | 種　類 | たわみの制限 |
|--------|--------|-------------|
| 鉄骨造 | はり | $\dfrac{\delta_{max}}{\text{スパン}} \times 1 \leq \dfrac{1}{250}$ |
| 木　造 | はり | $\dfrac{\delta_{max}}{\text{スパン}} \times 2 \leq \dfrac{1}{250}$ |

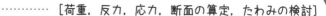

# はりの**計算例**

**point!**

図1のような「木造2階建て住宅」の2階床ばりを設計する．これまで1章からこれまで学んできた荷重，反力，応力，断面の算定などの知識が総合的に必要とされる．

## ❶ はりの形状（骨組の把握）

床ばりを一端ピン，他端ローラーの単純ばりとして扱う．

## ❷ 荷重の算出　　　　　1・2章の内容

固定荷重（建築基準法施行令84条より）

| | |
|---|---|
| 板張（根太含む） | 150 N/m² |
| 床ばり（張り間が4m以下） | 100 |
| 1階の天井（合板張） | 150 |
| 積載荷重（令85条） | 1 800 |

$$\Sigma = 2\,200\ \mathrm{N/m^2}$$

1 m² 当たり 2 200 N の荷重に対し，床ばり1本は，全スパンにわたって幅1.8 m の範囲で受け持つ．これを等分布荷重 $w$ に直す．

$$w = 2\,200\ \mathrm{N/m^2} \times 1.8\ \mathrm{m} = 3\,960\ \mathrm{N/m}$$

**図1　木造2階建て住宅**

## ❸ 反力の計算　　　　3章の内容

図2のような等分布荷重 $w$ が作用しているスパン 3.6 m の単純ばりとして考える．

等分布荷重 $w$ を集中荷重 $P$ に直して分布範囲の中央に作用させる．

$$P = 3\,960\ \mathrm{N/m} \times 3.6\ \mathrm{m} = 14\,256\ \mathrm{N}$$

反力は，左右対称なので

$$V_A = V_B = \frac{14\,256}{2} = 7\,128\ \mathrm{N}$$

$$H_A = 0$$

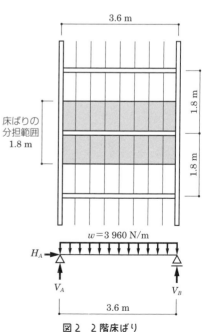

**図2　2階床ばり**

**❹ 応力の計算**　　　4章の内容

最大せん断力 $Q_{max} = 7\,128$ N

最大曲げモーメント

$$M_{max} = 7\,128 \times 1\,800 \times \frac{1}{2}$$

$$= 6\,415\,200 \text{ N·mm}$$

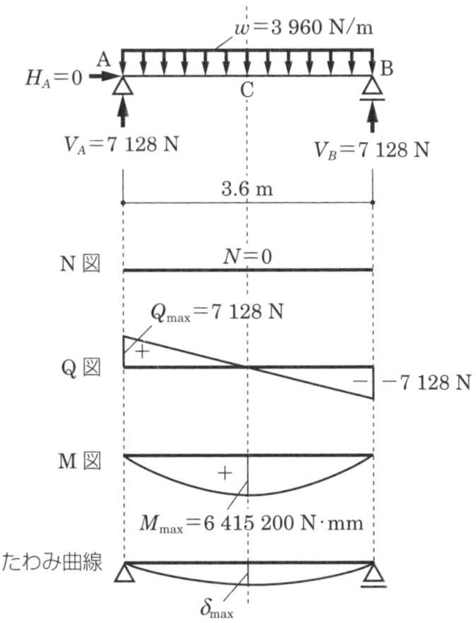

**❺ 断面の算定**　　　5章の内容

断面を図4のように $120 \times 240$（米松）と仮定する．米松の許容応力度については，5-5節表2を参照する．

断面積 $A = bh = 120 \times 240$
$$= 28\,800 \text{ mm}^2$$

断面係数 $Z = \dfrac{bh^2}{6} = \dfrac{120 \times 240^2}{6}$
$$= 1\,152\,000 \text{ mm}^3$$

**STEP-①　せん断に対する検討**

最大せん断応力度 $\tau_{max} = 1.5 \times \dfrac{Q_{max}}{A}$

$$= 1.5 \times \frac{7\,128}{28\,800} = 0.37 \text{ N/mm}^2$$

$\leqq$ 許容せん断応力度 $f_s = 0.88 \text{ N/mm}^2$　　∴　安全

**STEP-②　曲げに対する検討**

最大曲げ応力度 $\sigma_b = \dfrac{M_{max}}{Z} = \dfrac{6\,415\,200}{1\,152\,000} = 5.57 \text{ N/mm}^2$

$\leqq$ 許容曲げ応力度 $f_b = 10.34 \text{ N/mm}^2$　　∴　安全

**STEP-③　たわみの検討**

米松のヤング係数 $E = 1.08 \times 10^4 \text{ N/mm}^2$ とする．

断面二次モーメント $I = \dfrac{bh^3}{12} = \dfrac{120 \times 240^3}{12} = 138\,240\,000 \text{ mm}^4$

等分布荷重 $w = 3\,960 \text{ N/m} = 3.96 \text{ N/mm}$，はりのスパン $l = 3.6 \text{ m} = 3\,600 \text{ mm}$

たわみ $\delta_{max} = \dfrac{5wl^4}{384EI} = \dfrac{5 \times 3.96 \times 3\,600^4}{384 \times 1.08 \times 10^4 \times 138\,240\,000} = 5.8 \text{ mm}$

5-8節表1より

$\delta_{max} \times 2 = 5.8 \times 2 = 11.6 \text{ mm} < l \times \dfrac{1}{250} = 3\,600 \times \dfrac{1}{250} = 14.4 \text{ mm}$　　∴　安全

∴　以上より，この床ばりは，安全といえる．

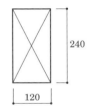

$w = 3\,960 \text{ N/m}$

$H_A = 0$

$V_A = 7\,128 \text{ N}$　　　　$V_B = 7\,128 \text{ N}$

3.6 m

N図　　　$N = 0$

$Q_{max} = 7\,128 \text{ N}$

Q図　　　$-7\,128 \text{ N}$

M図

$M_{max} = 6\,415\,200 \text{ N·mm}$

たわみ曲線　　　$\delta_{max}$

図3　応力図

240

120

断面 $120 \times 240$（米松）

図4　断面

**5**

はりの断面算定

**115**

# 演習問題

**【問題1】 断面の諸定数**

図のような長方形断面の $X_1$ 軸及び $X_2$ 軸に関する断面二次モーメント $I_{X1}$, $I_{X2}$ を求めよ. また, $X_1$ 軸に関する断面係数 $Z_X$ を求めよ.

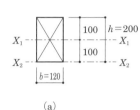

(a)

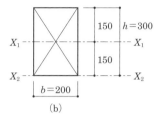

(b)

**【問題2】 断面二次モーメント**

**（参考：2003　二級建築士試験）**

図のような長方形断面の $X_1$ 軸及び $X_2$ 軸に関する断面二次モーメントをそれぞれ $I_{X1}$, $I_{X2}$ としたときの比 $I_{X1} : I_{X2}$ を求めよ.

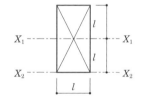

**【問題3】 断面二次モーメント**

**（参考：2008　二級建築士試験）**

図のような断面の $X$ 軸及び $Y$ 軸に関する断面二次モーメントの値の差の絶対値を求めよ.

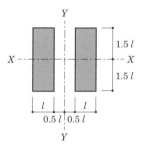

**【問題4】 断面二次モーメント**

**（参考：2015　一級建築士試験）**

図のような面積が等しい断面 A, B 及び C の $X$ 軸回りの断面二次モーメントを求めて大小関係を比較せよ. 続いて, $Y$ 軸回りの断面二次モーメントを求めて大小関係を比較せよ.

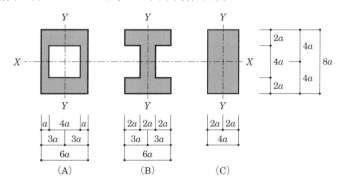

(A)　　　　　(B)　　　　　(C)

【問題5】 断面係数（参考：2006 一級建築士試験）

　図のような断面を持つ製材（木材）のはり A，B，C の $X$ 軸回りの曲げ強さの大小関係を示せ．ただし，はり B 及び C を構成する部材は，それぞれ相互に接合されていないものとする．

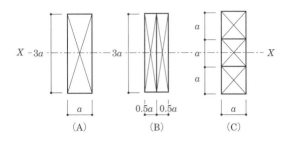

　　　　　　(A)　　　　　　(B)　　　　　　(C)

【問題6】 最大応力度（参考：2019 二級建築士試験）

　図のような荷重を受ける単純ばりに断面 100 mm×200 mm の部材を用い場合，その部材に生じる最大せん断応力度及び最大曲げ応力度の大きさを求めよ．ただし，部材の自重は無視するものとする．

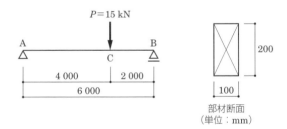

部材断面
（単位：mm）

【問題7】 最大応力度（参考：2017 二級建築士試験）

　図のような等分布荷重を受ける単純ばりに断面 100 mm×200 mm の部材を用いた場合，その部材に生じる最大せん断応力度及び最大曲げ応力度の大きさを求めよ．ただし，部材の断面は一様とし，自重は無視するものとする．

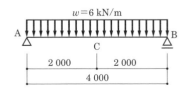

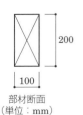

部材断面
（単位：mm）

【問題8】 許容曲げモーメント

（参考：2004　二級建築士試験）

図のような長方形断面を有する木造のはりの X 軸についての許容曲げモーメント $M_a$ を求めよ．

ただし，はり材の許容曲げ応力度は，$18\,\mathrm{N/mm^2}$ とする．

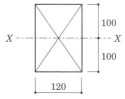

【問題9】 はりのたわみ（参考：1999　一級建築士試験）

図のような集中荷重 $P$ を受けるはり（A）及び等分布荷重 $w$ を受けるはり（B）（ともに曲げ剛性：$EI$）において，はりの中央のたわみが互いに等しくなるとき，$wl$ と $P$ の比 $wl/P$ の値を求めよ．

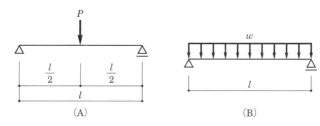

(A)　　　　　　　　　　　　(B)

【問題10】 縁応力度（参考：2016　二級建築士試験）

図のような荷重を受ける単純ばりに，断面 $90\,\mathrm{mm} \times 200\,\mathrm{mm}$ の部材を用いた場合，中央点 C の断面下端に生じる縁応力度 $\sigma$ の値を求めよ．ただし，縁応力度 $\sigma$ は下式によって与えられるものとし，部材の断面は一様で，荷重による部材の変形及び自重は無視するものとする．

$$\sigma = \frac{N}{A} \pm \frac{M}{Z}$$

$\begin{bmatrix} \sigma：縁応力度〔\mathrm{N/mm^2}〕 \\ N：軸方向力〔\mathrm{N}〕 \\ A：部材の全断面積〔\mathrm{mm^2}〕 \\ M：曲げモーメント〔\mathrm{N \cdot mm}〕 \\ Z：部材の断面係数〔\mathrm{mm^3}〕 \end{bmatrix}$

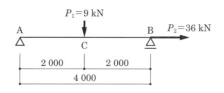

部材断面
（単位：mm）

# 6章

# ラーメン

一般に，柱とはりが剛に接合された骨組を
ラーメンといいます．ラーメンの計算は複
雑になりますが，本章では，つりあい方程
式で解くことができる静定ラーメンについ
て学びます．つりあい方程式のほかに，変
形の条件式を用いなければ解けない不静定
ラーメンについては9章で学びます．

# 6-1 ·········· ［ラーメン，剛節点，静定ラーメン，不静定ラーメン］

# ラーメンとは

**point!**

一般に，柱とはりで構成される門型の骨組をラーメンという．ドイツ語で「枠組」を意味し，英語のフレームに当たる．

ラーメンは，はりと柱が堅固に固定された剛節点で接合されていて，地震力や風圧力などの水平力に耐える．接合部がピン節点の場合，水平力に対してブレース（筋かい）が必要となる．これをブレース構造という．

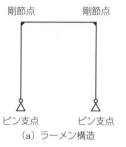

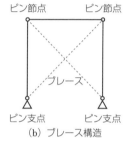

（a）ラーメン構造 （b）ブレース構造

図1 ラーメン構造とブレース構造

ラーメンは柱とはりが剛節点で強固に一体化された骨組をいいます．

## ❶ 静定ラーメンと不静定ラーメン

ラーメンには，静定ラーメンと不静定ラーメンとがある．静定ラーメンは，はりと同様，つりあい方程式だけで反力，応力を求めることができる．不静定ラーメンについては，これに変形の条件を加えたたわみ角法や固定モーメント法などを利用して解析する必要がある．

## ❷ 静定ラーメンの種類

静定ラーメンには，単純ばりラーメン，片持ばりラーメン，3ピンラーメンなどがある（単純ばり系及び片持ばり系ラーメンの系は省略）．

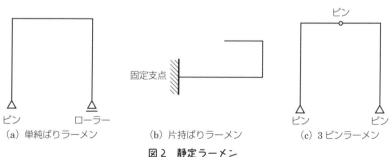

（a）単純ばりラーメン （b）片持ばりラーメン （c）3ピンラーメン

図2 静定ラーメン

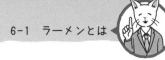

### ❸ 不静定ラーメンの種類

　不静定ラーメンは，一般に，3 ピンラーメンを除いて，反力が四つ以上のものをいう．

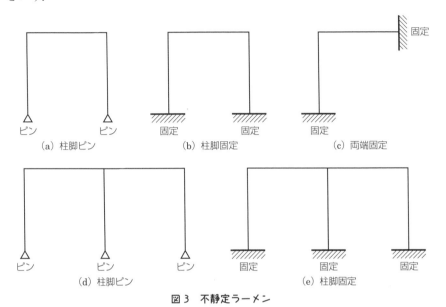

図 3　不静定ラーメン

### ❹ 部材を見る方向

　水平部材では，N 図，Q 図は上側に（+）を描き，M 図については下側に（+）を描く．ラーメンの柱のような鉛直部材については，図 4 のように，水平部材の上端を延長した側を上とする．これにより，求める応力を記入する向きや応力図の（+）側を統一する．

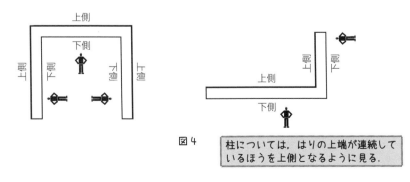

図 4

柱については，はりの上端が連続しているほうを上側となるように見る．

**121**

# 単純ばり**ラーメン**を解く（その１）

【例題１】 図１の単純ばりラーメンの反力，応力を求め，応力図を描く．

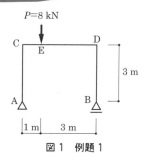

図１ 例題１

▶**反力の計算** 図２のように反力を仮定する．

**STEP-①　水平方向のつりあい**

$$\therefore \quad H_A = 0$$

**STEP-②　鉛直方向のつりあい**

$$V_A + V_B = 8 \quad \cdots ①$$

**STEP-③　モーメントのつりあい**

支点Bをモーメントの中心に考える（画鋲）．

$$V_A \times 4 = 8 \times 3 \qquad 4V_A = 24$$

$$\therefore \quad V_A = +6 \text{ kN}$$

式①より，　$\therefore \quad V_B = +2 \text{ kN}$

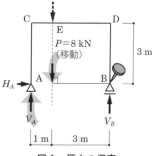

図２ 反力の仮定

▶**応力の計算**

①〜④の四つのエリアに分けて考える．

《① 柱 A-C 間》

図４のように，支点Aから距離 $y$ の点Yで切断して考える．

応力は，エリアを分けて順次計算していきます‼

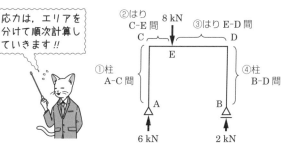

図３ 応力計算のエリア

**STEP-①　水平方向のつりあい**

$$N_Y + 6 = 0$$

$$\therefore \quad N_Y = -6 \text{ kN （圧縮）}$$

**STEP-②　鉛直方向のつりあい**

$$0 = Q_Y \qquad \therefore \quad Q_Y = 0$$

**STEP-③　モーメントのつりあい**

点Yをモーメントの中心に考える．

$$0 = M_Y \qquad \therefore \quad M_Y = 0$$

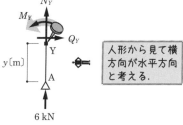

人形から見て横方向が水平方向と考える．

図４ 柱 A-C 間で切断（応力の計算）

**《② はり C-E 間》**

図5のように点Cから距離$x$の点Xで切断して考える.

**STEP-①　水平方向のつりあい**

∴　$N_X = 0$

**STEP-②　鉛直方向のつりあい**

$6 = Q_X$　　∴　$Q_X = +6\,\mathrm{kN}$

**STEP-③　モーメントのつりあい**

点Xをモーメントの中心に考える.

$6 \times x = M_X$　　∴　$M_X = 6x$

**点Cの曲げモーメント $M_C$**

$x = 0$を代入して，$M_C = 6 \times 0 = 0$　　∴　$M_C = 0$

**点Eの曲げモーメント $M_E$**

$x = 1\,\mathrm{m}$を代入して，$M_E = 6 \times 1 = 6$

∴　$M_E = +6\,\mathrm{kN \cdot m}$

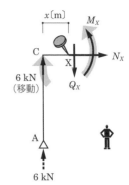

図5　はり C-E 間で切断

**《③ はり E-D 間》**

図6のように点Dから距離$x'$の点X'で切断して考える.

**STEP-①　水平方向のつりあい**

$0 = N_{X'}$　　∴　$N_{X'} = 0$

**STEP-②　鉛直方向のつりあい**

$Q_{X'} + 2 = 0$　　∴　$Q_{X'} = -2\,\mathrm{kN}$

**STEP-③　モーメントのつりあい**

点X'をモーメントの中心に考える.

$M_{X'} = 2 \times x'$　　∴　$M_{X'} = 2x'$

**点Dの曲げモーメント $M_D$**

$x' = 0$を代入して，$M_D = 2 \times 0 = 0$

∴　$M_D = 0$

**点Eの曲げモーメント $M_E$**

$x' = 3\,\mathrm{m}$を代入して，$M_E = 2 \times 3 = 6$

∴　$M_E = +6\,\mathrm{kN \cdot m}$

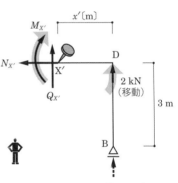

図6　はり E-D 間で切断

**《④ 柱 B-D 間》**

図7のように，支点Bから距離$y'$の点Y'で切断して考える.

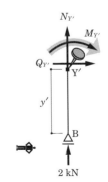

図7　柱 B-D 間で切断

STEP-① 水平方向のつりあい

$0 = N_{Y'} + 2$ ∴ $N_{Y'} = -2\,\mathrm{kN}$（圧縮）

STEP-② 鉛直方向のつりあい

∴ $Q_{Y'} = 0$

STEP-③ モーメントのつりあい

点 Y' をモーメントの中心に考える. ∴ $M_{Y'} = 0$

▶**応力図** 以上の計算結果より, 応力図は図 8 のようになる.

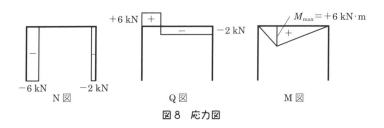

図 8 応力図

## ❶ 単純ばりの応力図との比較

単純ばりラーメンのはり部材の応力図は, 単純ばりと一致している. これに柱の部分の応力図を加えるとよい. 図 9 の 3 種類の単純ばりの応力図と長さ 5 m の柱がついた形の単純ばりラーメンの応力図を比較する.

## ❷ 単純ばりの応力図

いずれもスパン 4 m, 荷重の作用点はスパン中央とする.

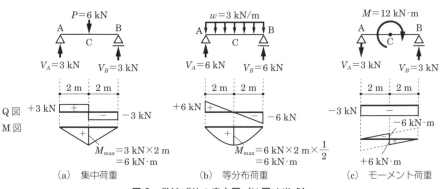

図 9 単純ばりの応力図（N 図は省略）

### ❸ 単純ばりラーメンの応力図

#### a. 単純ばりラーメン＋集中荷重

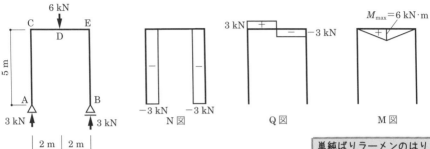

図 10　単純ばりラーメン＋集中荷重の応力図

> 単純ばりラーメンのはり
> 部分の応力図は，単純ば
> りと同じである．

#### b. 単純ばりラーメン＋等分布荷重

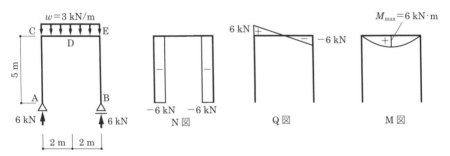

図 11　単純ばりラーメン＋等分布荷重の応力図

#### c. 単純ばりラーメン＋モーメント荷重

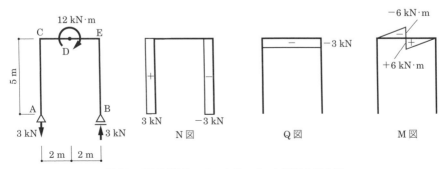

図 12　単純ばりラーメン＋モーメント荷重の応力図

# 単純ばり **ラーメン** を解く（その2）

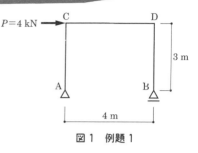

図1 例題1

【例題1】 図1のような水平力 $P$ を受ける単純ばりラーメンの反力，応力を求め，応力図を描く．

▶**反力の計算** 図2のように反力を仮定する．水平反力 $H_A$ は，水平荷重 $P$ に抵抗する向きとする．

<u>STEP-①</u> **水平方向のつりあい**

$4 = H_A$ ∴ $H_A = 4$ kN

<u>STEP-②</u> **鉛直方向のつりあい**

$V_A + V_B = 0$ …①

<u>STEP-③</u> **モーメントのつりあい（支点B中心）**

$V_A \times 4 + 4 \times 3 = 0$

$4V_A = -12$ kN

∴ $V_A = -3$ kN

式①より， ∴ $V_B = +3$ kN

図3に反力の計算結果を示す．

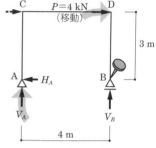

図2 反力の仮定

▶**応力の計算**

《**柱 A-C 間**》 図4ように，支点 A から距離 $y$ の点 Y で切断して考える． $\boxed{V_A \text{は下向きに 3 kN}}$

<u>STEP-①</u> **水平方向のつりあい**

∴ $N_Y = +3$ kN

<u>STEP-②</u> **鉛直方向のつりあい**

$4 = Q_Y$ ∴ $Q_Y = +4$ kN

<u>STEP-③</u> **モーメントのつりあい（点Y中心）**

$4 \times y = M_Y$ ∴ $M_Y = 4y$

**点 A の曲げモーメント $M_A$**

$y = 0$ を代入して，$M_A = 4 \times 0 = 0$ ∴ $M_A = 0$

**点 C の曲げモーメント $M_C$**

$y = 3$ m を代入して，$M_C = 4 \times 3 = 12$ kN·m

∴ $M_C = +12$ kN·m

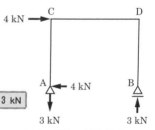

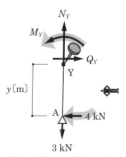

図4 柱 A-C 間で切断

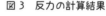

図3 反力の計算結果

6

ラーメン

《はり C-D 間》 図5のように，点Cから距離 $x$ の点Xで切断して考える．

STEP-① 水平方向のつりあい

$N_X + 4 = 4$　∴ $N_X = 0$

STEP-② 鉛直方向のつりあい

$0 = Q_X + 3$　∴ $Q_X = -3\,\mathrm{kN}$

STEP-③ モーメントのつりあい（点X中心）

$4 \times 3 = M_X + 3 \times x$　∴ $M_X = 12 - 3x$

点Cの曲げモーメント $M_C$

$x = 0$ を代入して，$M_C = 12 - 3 \times 0 = 12$

∴ $M_C = +12\,\mathrm{kN \cdot m}$

点Dの曲げモーメント $M_D$

$x = 4\,\mathrm{m}$ を代入して，$M_D = 12 - 3 \times 4 = 0$

∴ $M_D = 0$

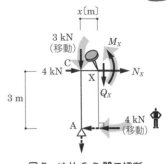

図5 はり C-D 間で切断

《柱 B-D 間》 図6のように，支点Bから距離 $y'$ の点Y'で切断して考える．

STEP-① 水平方向のつりあい

$0 = N_{Y'} + 3$　∴ $N_{Y'} = -3\,\mathrm{kN}$

STEP-② 鉛直方向のつりあい

∴ $Q_{Y'} = 0$

STEP-③ モーメントのつりあい（点Y'中心）

∴ $M_{Y'} = 0$

▶**応力図** 以上の計算結果により，応力図は図7 のようになる．

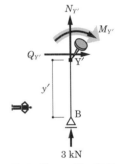

図6 柱 B-D 間で切断

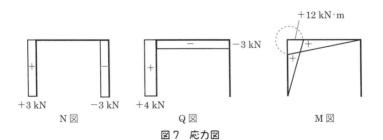

図7 応力図

127

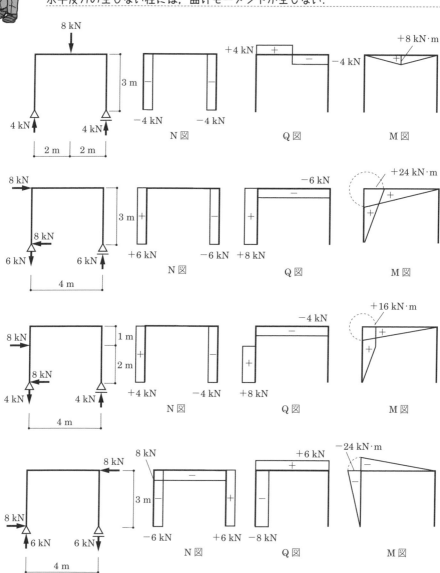

## 6-4 ……[単純ばりラーメン, 集中荷重, 等分布荷重, モーメント荷重]

# いろいろな単純ばりラーメンの応力図

point!

単純ばりラーメンの応力図をいくつか示すので計算で確かめてほしい. 特に,
剛節点において, 曲げモーメントは同じ値で連続することに注意する. また,
水平反力の生じない柱には, 曲げモーメントが生じない.

128

6

ラーメン

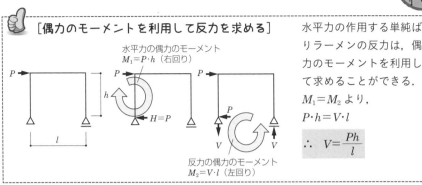

[偶力のモーメントを利用して反力を求める]

水平力の偶力のモーメント
$M_1 = P \cdot h$（右回り）

反力の偶力のモーメント
$M_2 = V \cdot l$（左回り）

水平力の作用する単純ばりラーメンの反力は，偶力のモーメントを利用して求めることができる．
$M_1 = M_2$ より，
$$P \cdot h = V \cdot l$$
$$\therefore \quad V = \frac{Ph}{l}$$

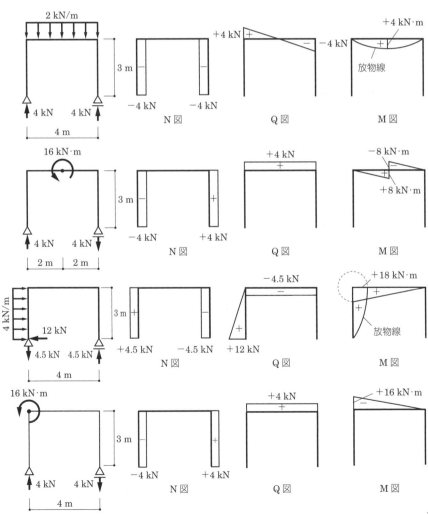

129

# 片持ばりラーメンを解く（その1）

【例題1】 図1のような片持ばりラーメンについて考える．片持ばりラーメンの場合は，反力を求めなくても応力図は描ける．

応力の計算は，A-C間とC-B間の二つの区間に分けて考える．

《A-C間》 図3のように先端Aから距離 $y$ 〔m〕の点Yで切断して考える．

**STEP-①** 水平方向のつりあい

$N_Y + 3 = 0$　　∴ $N_Y = -3$ kN（圧縮）

**STEP-②** 鉛直方向のつりあい

$0 = Q_y$　　∴ $Q_Y = 0$

**STEP-③** モーメントのつりあい

点Yをモーメントの中心に考える．

∴ $M_Y = 0$

《C-B間》

図4のように点Cから距離 $x$〔m〕の点Xで切断して考える．

**STEP-①** 水平方向のつりあい

∴ $N_X = 0$

**STEP-②** 鉛直方向のつりあい

$0 = Q_X + 3$

∴ $Q_X = -3$ kN

**STEP-③** モーメントのつりあい

点Xをモーメントの中心に考える．

$0 = M_X + 3 \times x$　　∴ $M_X = -3x$

点Cの曲げモーメント $M_C$

$x = 0$ を代入して，$M_C = -3 \times 0 = 0$

∴ $M_C = 0$

点Dの曲げモーメント $M_D$

$x = 4$ m を代入して，$M_D = -3 \times 4 = -12$ kN·m

∴ $M_D = -12$ kN·m

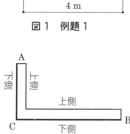

図1 例題1

部材を見る向きに注意する．

図2 部材を見る向き

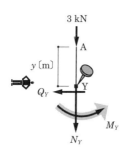

図3 A-C間で切断

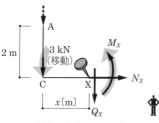

図4 C-B間で切断

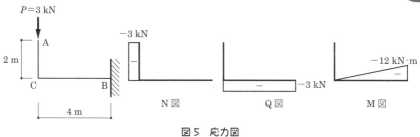

図5 応力図

上記に類似した片持ばりの応力図を以下に示す．計算過程は省略する．

片持ばりラーメンの応力図は，先端から固定支点に移動しながら考える．

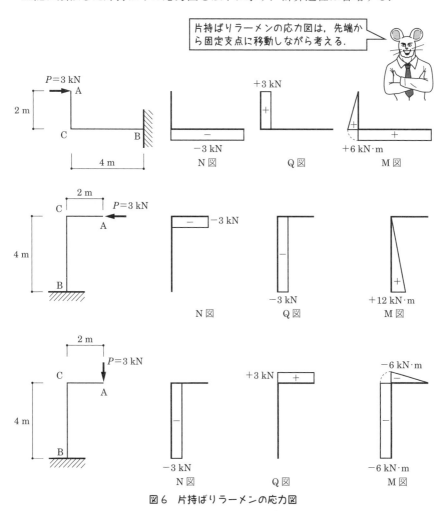

図6 片持ばりラーメンの応力図

**131**

# 片持ばりラーメンを解く（その2）

【例題】 図1のような片持ばりラーメンの応力図を描く．応力の計算は，① A-C 間，② C-D 間，③ D-B 間の三つの区間に分けて考える．

《① A-C 間》

図3のように先端 A から距離 $x$〔m〕の点 X で切断する．部材を見る向きが逆さになっているので注意する．

STEP-① 水平方向のつりあい

∴ $N_X = 0$

STEP-② 鉛直方向のつりあい

$3 = Q_X$   ∴ $Q_X = +3 \text{ kN}$

STEP-③ モーメントのつりあい

点 X のモーメントの中心に考える．

$3x = M_x$   ∴ $M_X = 3x$

点 A の曲げモーメント $M_A$

$x = 0$ を代入して，$M_A = 3 \times 0 = 0$

∴ $M_A = 0$

点 C の曲げモーメント $M_C$

$x = 1 \text{ m}$ を代入して，$M_C = 3 \times 1 = 3$

∴ $M_C = +3 \text{ kN·m}$

《② C-D 間》

点 C から距離 $y$〔m〕の点 Y で切断して考える．

STEP-① 水平方向のつりあい

$N_Y + 3 = 0$   ∴ $N_Y = -3 \text{ kN}$（圧縮）

STEP-② 鉛直方向のつりあい

$0 = Q_Y$   ∴ $Q_Y = 0$

STEP-③ モーメントのつりあい

点 Y をモーメントの中心に考える．

∴ $3 \times 1 = M_Y$   ∴ $M_Y = +3 \text{kN·m}$

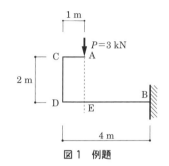

図1 例題

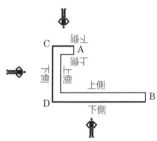

図2 部材を見る向き

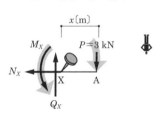

図3 ① A-C 間で切断

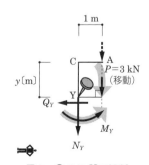

図4 ② C-D 間で切断

《③D-B間》

図5のように，D点から距離 $x'$〔m〕の点 X′ で切断する．

STEP-① 水平方向のつりあい

∴ $N_{X'}=0$

STEP-② 鉛直方向のつりあい

$0=Q_{X'}+3$ ∴ $Q_{X'}=-3\,\mathrm{kN}$

STEP-③ モーメントのつりあい

点 X′ をモーメントの中心に考えるが，$P=3\,\mathrm{kN}$ の作用線の交点 E を境に，モーメントの向きが変わるので，さらに D-E 間と E-B 間に分けて考える．

D-E 間（$0\leqq x'<1$）（図6）

$3\times(1-x')=M_{X'}$ ∴ $M_{X'}=-3x'+3$

点 D の曲げモーメント $M_D$

$x'=0$ を代入して，$M_D=-3\times0+3=3$

∴ $M_D=+3\,\mathrm{kN\cdot m}$

点 E の曲げモーメント $M_E$

$x'=1\,\mathrm{m}$ を代入して，$M_E=-3\times1+3=0$

∴ $M_E=0$

E-B 間（$1\leqq x'\leqq4$）（図7）

$0=M_{X'}+3\times(x'-1)$ ∴ $M_{X'}=3-3x'$

点 E の曲げモーメント $M_E$

$x'=1$ を代入して，$M_E=3-3\times1=0$

∴ $M_E=0$

点 B の曲げモーメント $M_B$

$x'=4\,\mathrm{m}$ を代入して，$M_B=3-3\times4=-9$

∴ $M_B=-9\,\mathrm{kN\cdot m}$

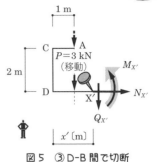

図5 ③D-B 間で切断

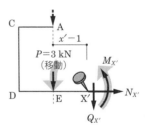

図6 D-E 間

図7 E-B 間

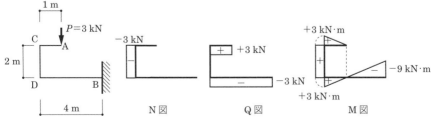

図8 応力図

# 3 ピンラーメンを解く

point!

3 ピンラーメンは両側の支点がピン支点で，さらに途中の 1 か所をピンで連結している構造である．支点には，水平反力と鉛直反力の二つが生じるので反力は合計四つとなり，三つのつりあい方程式だけでは解けなくなるが，ピンをはずしてモーメントのつりあい方程式を立てることによって反力を求めることができる．なお，ピンはヒンジともいい，3 ヒンジラーメンとも呼ばれる．

【例題】 図 1 のような 3 ピンラーメンの反力を求めて，M 図を描く．

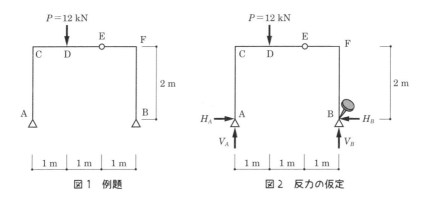

図 1　例題　　　　　　　図 2　反力の仮定

## ▶反力の計算

図 2 のように反力を仮定して，つりあい方程式を立てる．

STEP-① 水平方向のつりあい

$H_A = H_B$ …①

STEP-② 鉛直方向のつりあい

$V_A + V_B = 12$ …②

STEP-③ モーメントのつりあい

支点 B をモーメントの中心とする．

$V_A \times 3 = 12 \times 2$　　$3V_A = 24$

∴ $V_A = +8\ \mathrm{kN}$

式②より　　∴ $V_B = +4\ \mathrm{kN}$

3 ピンラーメンの反力数は四つですが，つりあい方程式だけで解ける静定構造です．

ここで，点 E のピンをはずし，右側について考える．このとき，左側によって支えられていた力を $H_E$, $V_E$ として作用させることでつりあいが保たれるので，つりあい方程式を適用する．

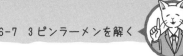

**6**

STEP-① **水平方向のつりあい**：省略

STEP-② **鉛直方向のつりあい**：省略

$H_E$，$V_E$ は，求める必要がないので，上記2式の計算は省略する.

STEP-③ **モーメントのつりあい**

節点 E をモーメントの中心とする.

$H_B \times 2 = 4 \times 1$　∴　$H_B = +2\,\text{kN}$

式①より，　∴　$H_A = +2\,\text{kN}$

▶**反力の計算結果**

$H_A = +2\,\text{kN}$，$V_A = +8\,\text{kN}$，

$H_B = +2\,\text{kN}$，$V_B = +4\,\text{kN}$

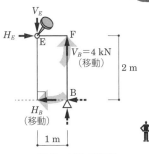

図3　ピンの右側

節点のピンをはずして，モーメントのつりあい方程式を一つ追加する.

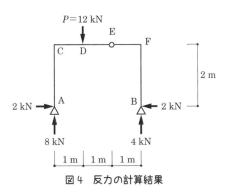

図4　反力の計算結果

▶**曲げモーメント（M図）**

軸方向力とせん断力の計算は省略する. 次のように，五つのエリアに分けて曲げモーメントを計算する.

《A-C 間》

図5のように，点 A から距離 $y$〔m〕の点 Y で切断して考える.

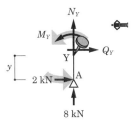

図5　A-C間で切断

### STEP-③ モーメントのつりあい

点 Y をモーメントの中心にする.

$$0 = M_Y + 2 \times y \qquad \therefore \quad M_Y = -2y$$

#### 点 A の曲げモーメント $M_A$

$y = 0$ を代入して，$M_A = -2 \times 0 = 0 \qquad \therefore \quad M_A = 0$

#### 点 C の曲げモーメント $M_C$

$y = 2 \, \text{m}$ を代入して，$M_C = -2 \times 2 = -4 \qquad \therefore \quad M_C = -4 \, \text{kN·m}$

### 《C-D 間》

図 6 のように，点 C から距離 $x$〔m〕の点 X で切断して考える.

### STEP-③ モーメントのつりあい

点 X をモーメントの中心にする.

$$8 \times x = M_X + 2 \times 2 \qquad \therefore \quad M_X = 8x - 4$$

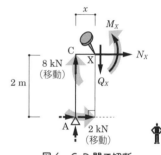

#### 点 C の曲げモーメント $M_C$

$x = 0$ を代入して，$M_C = 8 \times 0 - 4 = -4$

$\therefore \quad M_C = -4 \, \text{kN·m}$

#### 点 D の曲げモーメント $M_D$

$x = 1 \, \text{m}$ を代入して，$M_D = 8 \times 1 - 4 = 4$

$\therefore \quad M_D = +4 \, \text{kN·m}$

**図 6　C-D 間で切断**

### 《D-E 間》

図 7 のように，点 D から距離 $x'$〔m〕の点 X′ で切断して考える.

### STEP-③ モーメントのつりあい

点 X′ をモーメントの中心にする.

$$8 \times (1 + x') = M_{X'} + 2 \times 2 + 12 \times x'$$
$$8 + 8x' = M_{X'} + 4 + 12x'$$

$\therefore \quad M_{X'} = -4x' + 4$

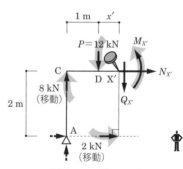

#### 点 D の曲げモーメント $M_D$

$x' = 0$ を代入して，$M_D = -4 \times 0 + 4 = 4$

$\therefore \quad M_D = +4 \, \text{kN·m}$

#### 点 E の曲げモーメント $M_E$

$x' = 1 \, \text{m}$ を代入して，$M_E = -4 \times 1 + 4 = 0$

$\therefore \quad M_E = 0$

**図 7　D-E 間で切断**

## 《E-F間》

図8のように，点Fから距離$x$〔m〕の点Xで切断して考える．

### STEP-③ モーメントのつりあい

点Xをモーメントの中心にする．

$M_X + 2 \times 2 = 4 \times x$ ∴ $M_X = 4x - 4$

**点Fの曲げモーメント $M_F$**

$x = 0$ を代入して，$M_F = 4 \times 0 - 4 = -4$

∴ $M_F = -4\,\text{kN·m}$

**点Eの曲げモーメント $M_E$**

$x = 1\,\text{m}$ を代入して，$M_E = 4 \times 1 - 4 = 0$

∴ $M_E = 0$

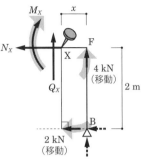

4 kN（移動）

2 m

2 kN（移動）

図8 E-F間で切断

## 《F-B間》

図9のように，点Bから距離$y$〔m〕の点Yで切断して考える．

### STEP-③ モーメントのつりあい

点Yをモーメントの中心にする．

$M_Y + 2 \times y = 0$ ∴ $M_Y = -2y$

**点Bの曲げモーメント $M_B$**

$y = 0$ を代入して，$M_B = -2 \times 0 = 0$

∴ $M_B = 0$

**点Fの曲げモーメント $M_F$**

$y = 2\,\text{m}$ を代入して，$M_F = -2 \times 2 = -4$

∴ $M_F = -4\,\text{kN·m}$

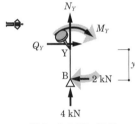

2 kN

4 kN

図9 F-B間で切断

## ▶応力図

各点の曲げモーメントより，応力図を完成させる．

$M_A = 0$, $M_C = -4\,\text{kN·m}$, $M_D = +4\,\text{kN·m}$, $M_E = 0$, $M_F = -4\,\text{kN·m}$, $M_B = 0$

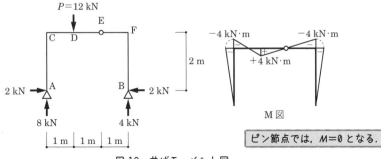

図10 曲げモーメント図

ピン節点では，$M = 0$ となる．

# 演習問題

【問題 1】 単純ばりラーメンの任意の点の応力と M 図

図のような外力を受ける単純ばりラーメンにおいて，(1) 点 F に生じる応力，(2) 曲げモーメント図を求めよ.

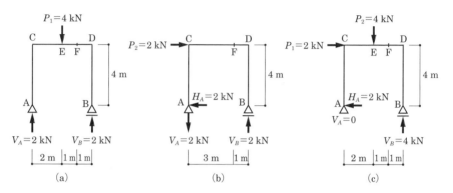

(a)                    (b)                    (c)

【問題 2】 片持ばりラーメンの M 図

図のような外力を受ける片持ばりラーメンにおいて，曲げモーメント図を求めよ.

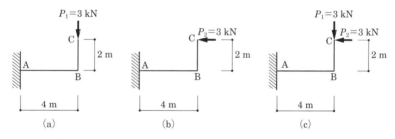

(a)            (b)            (c)

【問題 3】 片持ばりラーメンの応力 （参考：2004　二級建築士試験）

図のような荷重を受ける静定ラーメンにおいて，点 A に生じる応力（軸方向力 $N_A$，せん断力 $Q_A$，曲げモーメント $M_A$）を求めよ.

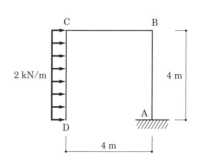

## 【問題4】 ラーメンの応力図

図のような荷重を受けるラーメンの反力を求めて曲げモーメント図を描け.

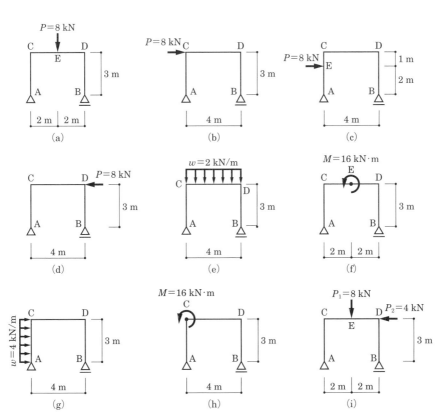

## 【問題5】 ラーメンの応力（参考：2016 二級建築士試験）

図のような外力を受ける静定ラーメンにおいて，点 E に生じる応力（軸方向力 $N_E$, せん断力 $Q_E$, 曲げモーメント $M_E$）を求めよ.

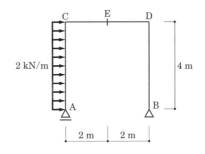

## 【問題6】 片持ばりラーメンの曲げモーメント（参考：2014 一級建築士試験）

図のような鉛直荷重 $P$ と水平荷重 $Q$ が作用する骨組において，固定端 A 点に曲げモーメントが生じない場合の荷重 $P$ と荷重 $Q$ の比を求めよ．

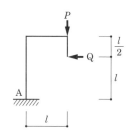

## 【問題7】 3ピンラーメン（参考：2011 二級建築士試験）

図のような外力 $P$ を受ける3ピンラーメンの支点 A に生じる水平反力を $H_A$，鉛直反力を $V_A$ としたとき，それらの比 $H_A : V_A$ を求めよ．

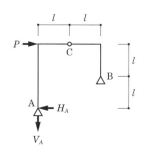

## 【問題8】 3ピンラーメン（参考：2013 二級建築士試験）

図のような外力を受ける3ピンラーメンにおいて，支点 A，B に生じる水平反力 $H_A$，$H_B$ および鉛直反力 $V_A$，$V_B$ の値を求めよ．ただし，水平反力の方向は，左向きを「＋」，右向きを「－」とし，鉛直反力の方向は，上向きを「＋」，下向きを「－」とする．

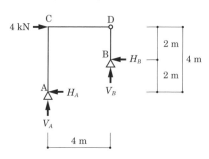

## 【問題9】 3ピンラーメン（参考：2012 一級建築士試験）

図のような荷重が作用する3ピンラーメンの反力を求めよ．

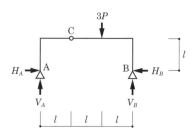

# 7章

# トラス

三角形で構成された骨組をトラスといいます．はりと同様に，つりあい方程式で，反力や応力を求めることができます．ただし，トラスには，応力のうち軸方向力しか生じないように条件が設定してあります．このことに留意して学んでいって下さい．

## 7-1 ……………… ［静定トラス，ピン，軸方向力，節点法，切断法］

# トラスとは

**point!**
トラスは，部材の節点をピンと
> トラスの節点はすべてピン，基本単位は三角形

して三角形に組み合わせた平面的あるいは立体的な骨組をいう．トラスは力学的に合理的な骨組を構成できるので経済的であり，長いスパンを支えるときや大空間を柱なしで覆うときなどによく使われる．支点の形式により静定トラスと不静定トラスがあるが，本章では静定トラスについて学ぶ．

### ❶ トラスの仮定条件

トラスを解くために，次の仮定条件を設けている．
① トラスの節点はすべてピン節点とする．
② 荷重及び反力は節点に作用する．その結果，部材には軸方向力（軸力）だけが生じ，曲げモーメントやせん断力は生じない．
③ 部材は直線で，骨組の基本構成は三角形とする．
④ 部材の伸縮は無視する．部材の伸縮による応力は考えない．

図1 トラスの例

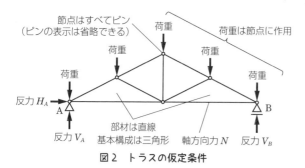

図2 トラスの仮定条件

> トラスの各部材には，軸方向力のみ生じます．

### ❷ 静定トラスの種類

静定トラスの種類には，単純ばり形式と片持ばり形式のトラスがあり，図3にその一例を示す．

(a) キングポストトラス

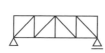

(b) ハウトラス

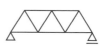

(c) ワーレントラス

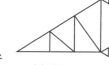

(d) 片持トラス

図3 静定トラスの種類

### ❸ トラスの解法

トラスの解法には「切断法」と「節点法」が
あり，それぞれ図式解法と算式解法とがある．
本章では，主に「切断法（算式解法）」と「節
点法（図式解法）」について学ぶ．

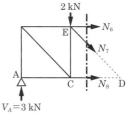

切断面には，引張の向き
に応力を仮定する．

図4 切断法（算式解法）

#### ▶ 切断法（算式解法）

求めたい部材の応力の位置でトラスを切断
（二分割）して，つりあい方程式を利用して応
力を求める．

切断した片側で計算するが，切断面には求め
る応力を引張の向きに仮定する．

#### ▶ 節点法（図式解法）

一つの節点に作用する荷重や反力および部材に生じる応力（軸方向力）がつり
あうことを利用して示力図を作成する．示力図が閉じるように，既知の力から順
次時計回りに力の方向と大きさを考えていく．

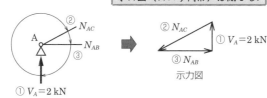

示力図（力の多角形）は閉じる．

図5 節点法（図式解法）

### ❹ トラスの応力の示し方

トラスの各部材に生じる応力は軸方向
力だけである．さらに，軸方向力には，
引張力と圧縮力の2種類しかなく，引張
を（＋），圧縮を（－）で表示する．引張
の場合は，$N_1 = +10$ kN と表示するが，
圧縮の場合，$N_1 = -10$ kN（圧縮）とい
うように表示する場合もある．なお，圧
縮部材は座屈（8章 8-4 節）について検
討する必要がある．

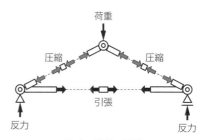

図6 引張と圧縮

# トラスを**切断法**で解く（その１）

point!
はりのある点の応力を求める場合，その点で切断して，切断面に求める応力を
仮定し，つりあい方程式で求めた．トラスについても全く同じように考えてよい．
ただし，トラスの応力は軸方向力 $N$ だけしか生じないので，軸方向力 $N$ だけを
切断面に引張（＋）となるように仮定する．

【例題１】 図１のトラスの部材 1，2，3 の軸方向力を求める．ただし，軸方向
力は，引張力を「＋」，圧縮力を「－」とする．

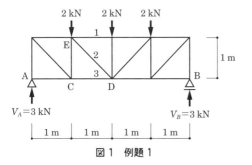

図１ 例題１

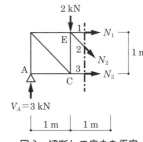

図２ 切断して応力を仮定

図２のように応力を求めたい部材 1, 2, 3 を通るように点線の位置で切断して，
各部材に軸方向力 $N_1$，$N_2$，$N_3$ を引張方向に仮定する．

## STEP-① 水平方向のつりあい

$N_2$ は，図３のように分解して考える．

$$\therefore\quad N_1 + \frac{N_2}{\sqrt{2}} + N_3 = 0 \quad \cdots ①$$

## STEP-② 鉛直方向のつりあい

$$3 = \frac{N_2}{\sqrt{2}} + 2 \qquad \frac{N_2}{\sqrt{2}} = 1$$

$$\therefore\quad N_2 = +\sqrt{2}\ \text{kN}$$

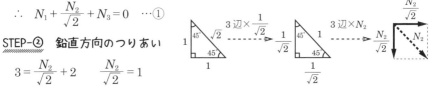

図３ $N_2$ の分解

## STEP-③ モーメントのつりあい

点 E をモーメントの中心に考える（画鋲）．

$$3 \times 1 = N_3 \times 1 \qquad \therefore\quad N_3 = +3\ \text{kN}$$

式①より，

$$N_1 + \frac{\sqrt{2}}{\sqrt{2}} + 3 = 0 \qquad \therefore\quad N_1 = -4\ \text{kN}$$

（答） $N_1 = -4\ \text{kN}$, $N_2 = +\sqrt{2}\ \text{kN}$, $N_3 = +3\ \text{kN}$

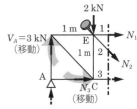

図４ モーメントのつりあい

【例題2】　図5のような荷重を受ける静定トラスにおいて，部材1, 2, 3に生じる軸方向力の値を求めよ．ただし，軸方向力は，引張力を「＋」，圧縮力を「－」とする．

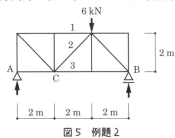

図5　例題2

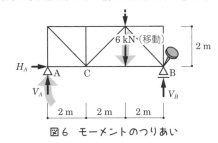

図6　モーメントのつりあい

## (1)　反力

水平反力 $H_A$ を右向きに，鉛直反力 $V_A$, $V_B$ を上向きに仮定して求める．

__STEP-①__　水平方向のつりあい　　∴　$H_A = 0$

__STEP-②__　鉛直方向のつりあい

∴　$V_A + V_B = 6$　…①

__STEP-③__　モーメントのつりあい

支点 B を中心に考える（画鋲）．

$V_A \times 6 = 6 \times 2$　　　$6V_A = 12$

∴　$V_A = 2\,\text{kN}$

式①より，　　∴　$V_B = 4\,\text{kN}$

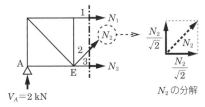

図7　切断及び $N_2$ の分解

## (2)　応力

図7のように応力を求めたい部材1, 2, 3を通るように点線の位置で切断して，各部材に軸方向力 $N_1$, $N_2$, $N_3$ を引張方向に仮定する．$N_2$ は，水平方向のつりあい，鉛直方向のつりあいの計算では，分解して考える．

__STEP-①__　水平方向のつりあい

∴　$N_1 + \dfrac{N_2}{\sqrt{2}} + N_3 = 0$　…②

__STEP-②__　鉛直方向のつりあい

$\dfrac{N_2}{\sqrt{2}} + 2 = 0$　　　$\dfrac{N_2}{\sqrt{2}} = -2$　　　∴　$N_2 = -2\sqrt{2}\,\text{kN}$

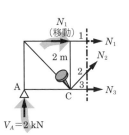

図8　モーメントのつりあい

__STEP-③__　モーメントのつりあい（図8）

点 C をモーメントの中心に考える（画鋲）．

$N_1 \times 2 + 2 \times 2 = 0$　　　∴　$N_1 = -2\,\text{kN}$

式②より，　$-2 - \dfrac{2\sqrt{2}}{\sqrt{2}} + N_3 = 0$　　　∴　$N_3 = +4\,\text{kN}$

（答）$N_1 = -2\,\text{kN}$, $N_2 = -2\sqrt{2}\,\text{kN}$, $N_3 = +4\,\text{kN}$

145

# トラスを**切断法**で解く（その2）

**【例題1】** 図1に示すトラスの部材1〜9の応力を求める．ただし，反力については，3章3-11節で求めた．

**《$N_1$，$N_4$（切断1）》**

図2のように，部材1，4を点線の位置で切断する．各部材に軸方向力 $N_1$，$N_4$ を引張方向に仮定する．

**STEP-①　水平方向のつりあい**

$0 = N_1 + 1$

∴　$N_1 = -1$ kN

**STEP-②　鉛直方向のつりあい**

$0 = N_4$

∴　$N_4 = 0$

**《$N_2$，$N_3$，$N_4$（切断2）》**

図3のように，部材2，3，4を点線の位置で切断する．各部材に軸方向力 $N_2$，$N_3$，$N_4$ を引張方向に仮定する．

なお，$N_3$ は，図4のように分解して考える．

**STEP-①　水平方向のつりあい**

$\dfrac{N_3}{\sqrt{2}} = 1$

∴　$N_3 = +\sqrt{2}$ kN

**STEP-②　鉛直方向のつりあい**

$0 = N_2 + \dfrac{N_3}{\sqrt{2}} + N_4$

$N_3 = +\sqrt{2}$ kN，　$N_4 = 0$ を代入して

∴　$N_2 = -1$ kN

**《$N_2$，$N_5$，$N_6$（切断3）》**

図5のように，部材2，5，6を点線の位置で切断する．各部材に軸方向力 $N_2$，$N_5$，$N_6$ を引張方向に仮定する．

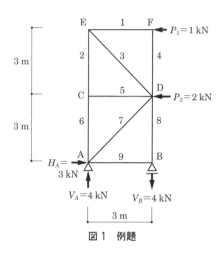

図1　例題

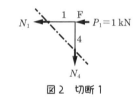

図2　切断1

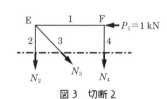

図3　切断2

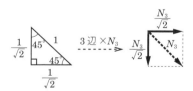

図4　$N_3$ の分解

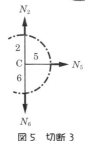

**STEP-①　水平方向のつりあい**

$\therefore \quad N_5 = 0$

**STEP-②　鉛直方向のつりあい**

$N_2 = N_6$

$N_2 = -1 \text{ kN}$ より，　$\therefore \quad N_6 = -1 \text{ kN}$

図5　切断3

**《$N_6$, $N_7$, $N_8$（切断4）》**

図6のように，部材6〜8を点線の位置で切断する．各部材に軸方向力 $N_6$〜$N_8$ を引張方向に仮定する．

**STEP-①　水平方向のつりあい**

$0 = 1 + 2 + \dfrac{N_7}{\sqrt{2}}$　　$\therefore \quad N_7 = -3\sqrt{2} \text{ kN}$

**STEP-②　鉛直方向のつりあい**

$0 = N_6 + \dfrac{N_7}{\sqrt{2}} + N_8$

$N_6 = -1 \text{ kN}$ ，$N_7 = -3\sqrt{2} \text{ kN}$ より，

$\therefore \quad N_8 = +4 \text{ kN}$

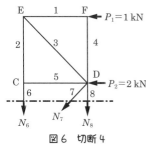

図6　切断4

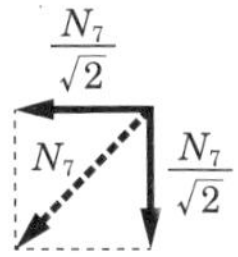

**《$N_8$, $N_9$（切断5）》**

図8のように，部材8, 9を点線の位置で切断する．各部材に軸方向力 $N_8$, $N_9$ を引張方向に仮定する．

図7　$N_7$ の分解

**STEP-①　水平方向のつりあい**

$\therefore \quad N_9 = 0$

**▶ゼロ部材について**

節点Cや節点FのようなT形やL形の節点で，水平方向のつりあい，鉛直方向のつりあいを計算すると，仮定した軸方向力の反対側につりあう力（荷重，反力，軸方向力）がない場合，ゼロ部材（$N = 0$）となる．

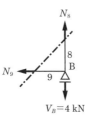

図8　切断5

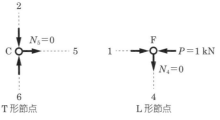

T形節点　　　　　L形節点

図9　ゼロ部材

T形やL形の節点に，ゼロ部材があります．

# トラスを**切断法**で解く（その3）

point!

切断法において，斜材の軸方向力についての，水平方向のつりあい，鉛直方向のつりあいの計算では，水平方向と鉛直方向に分解して考える．分力の大きさは，基本三角形の斜辺を1としたときの他の辺の比から簡単に求めることができる．

【例題1】 図1に示すトラスの部材1〜3の応力を求める．

**(1) 反力の計算**

STEP-① 水平方向のつりあい

∴ $H_A = 0$

STEP-② 鉛直方向のつりあい

$V_A + V_B = 4$ …①

STEP-③ モーメントのつりあい

支点Bをモーメントの中心に考える．

$V_A \times 4 = 4 \times 2$  ∴ $V_A = 2\,\text{kN}$

式①より，  ∴ $V_B = 2\,\text{kN}$

**(2) 応力の計算**

図2のように，部材1，3を点線の位置で切断する．各部材に軸方向力 $N_1$，$N_3$ を引張方向に仮定する．

STEP-① 水平方向のつりあい

$\dfrac{\sqrt{3}}{2} N_1 + N_3 = 0$ …②

STEP-② 鉛直方向のつりあい

$\dfrac{N_1}{2} + 2 = 0$

$\dfrac{N_1}{2} = -2$

∴ $N_1 = -4\,\text{kN}$

式②より，

$\dfrac{\sqrt{3}}{2} \times (-4) + N_3 = 0$  ∴ $N_3 = +2\sqrt{3}\,\text{kN}$

左右対称形より，$N_2 = N_1$  ∴ $N_2 = -4\,\text{kN}$

（答）$N_1 = -4\,\text{kN}$，$N_2 = -4\,\text{kN}$，$N_3 = +2\sqrt{3}\,\text{kN}$

図1 例題1

図2 切断

図3 $N_1$ の分解

【例題 2】　図 4 に示すトラスの部材 1〜3 の応力を求める．なお，節点間距離はすべて 2 m とする．

## (1)　反力の計算

**STEP-①　水平方向のつりあい**

　∴　$H_A = 0$

**STEP-②　鉛直方向のつりあい**

　$V_A + V_B = 9$　…①

**STEP-③　モーメントのつりあい**

　支点 B をモーメントの中心に考える．

　$V_A \times 6 = 9 \times 2$　　∴　$V_A = 3\,\text{kN}$

　式①より，　∴　$V_B = 6\,\text{kN}$

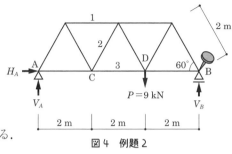

図 4　例題 2

## (2)　応力の計算

　図 5 のように，部材 1〜3 を点線の位置で切断する．各部材に軸方向力 $N_1 \sim N_3$ を引張方向に仮定する．

**STEP-①　水平方向のつりあい**

　$N_1 + \dfrac{N_2}{2} + N_3 = 0$　…②

**STEP-②　鉛直方向のつりあい**

　$3 + \dfrac{\sqrt{3}}{2} N_2 = 0$　　$N_2 = -\dfrac{6}{\sqrt{3}}$

有理化して，$N_2 = -\dfrac{6}{\sqrt{3}} \times \dfrac{\sqrt{3}}{\sqrt{3}}$　　$N_2 = -\dfrac{6\sqrt{3}}{3}$

　∴　$N_2 = -2\sqrt{3}\,\text{kN}$

**STEP-③　モーメントのつりあい**

　節点 C をモーメントの中心に考える．

　$3 \times 2 + N_1 \times \sqrt{3} = 0$

　$\sqrt{3}\,N_1 = -6$　　$N_1 = -\dfrac{6}{\sqrt{3}}$　　$N_1 = -\dfrac{6}{\sqrt{3}} \times \dfrac{\sqrt{3}}{\sqrt{3}}$

　∴　$N_1 = -2\sqrt{3}\,\text{kN}$

　式②より，$-2\sqrt{3} - \dfrac{2\sqrt{3}}{2} + N_3 = 0$

　∴　$N_3 = +3\sqrt{3}\,\text{kN}$

　（答）$N_1 = -2\sqrt{3}\,\text{kN}$，$N_2 = -2\sqrt{3}\,\text{kN}$，
　　　$N_3 = +3\sqrt{3}\,\text{kN}$

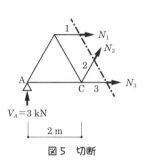

図 5　切断

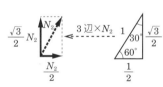

図 6　$N_2$ の分解

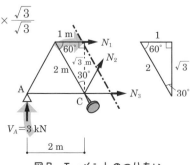

図 7　モーメントのつりあい

## 7-5 ……………… [クレモナの図解法, 軸方向力, 示力図]

# トラスを**節点法**で解く（その１）

**【例題 1】** 図 1 のトラスをクレモナの図解法で解き，$N_1$, $N_3$ を求める．
なお，7-4 節で切断法により解いている．

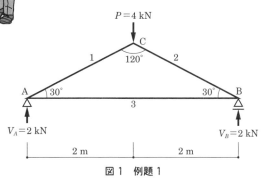

反力の計算
左右対称形なので鉛直反力は，
$$V_A = V_B = \frac{4}{2} = 2 \text{ kN}$$
水平荷重がないので，
$H_A = 0$（図示しない）

図 1　例題 1

▶ **支点 A について示力図を描く**

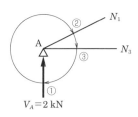

支点 A には，反力 $V_A$，軸方向力 $N_1$, $N_3$ が集まる．すでにわかっている反力 $V_A = 2 \text{ kN}$ から時計回りに順番に力の多角形が閉じるように描いていく．

① 反力 $V_A = 2 \text{ kN}$ を描く．
向きは上向き．大きさは 2 kN，次の力は，この矢印の先端からスタートする．

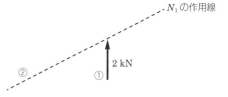

② 軸方向力 $N_1$ の作用線を，$V_A$ の先端を通るように点線で描く．向きと大きさは，まだ不明である．

③ 軸方向力 $N_3$ の作用線を三角形が閉じるように点線で描く．

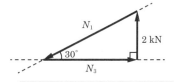

④ 三角形が閉じるように，$N_1$, $N_3$ の向きを決める．これを示力図という．

⑤ $N_1$，$N_3$ の大きさを求める.

$N_1$ の大きさ＝$2 \times 2 = 4$ kN
$N_3$ の大きさ＝$\sqrt{3} \times 2$
　　　　　＝$2\sqrt{3}$ kN

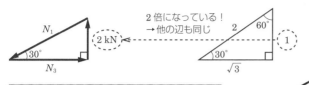

2倍になっている！
→ 他の辺も同じ

⑥ $N_3$，$N_1$ の引張（＋），圧縮（－）を判別する.

$N_1$（圧縮）

A

$N_3$（引張）

符号は，節点（支点）に対して，引張か圧縮かで判別する．$N_1$ は圧縮（－），$N_3$ は引張（＋）

2 kN

$N_1$ は圧縮（－）　$\therefore N_1 = -4$ kN

$N_3$ は，引張（＋）　$\therefore N_3 = +2\sqrt{3}$ kN

【例題2】 図2のトラスをクレモナの図解法で解き，$N_1 \sim N_4$ を求める.

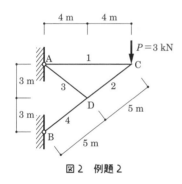

図2 例題2

▶点Cについて示力図を描く

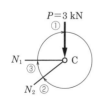

① 3 kN，② $N_2$，③ $N_1$ の順番に，力の多角形が閉じるように描く.

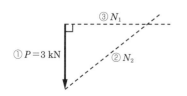

② 示力図から軸方向力の大きさについて計算する.

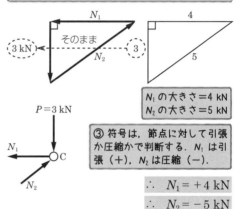

$N_1$ の大きさ＝4 kN
$N_2$ の大きさ＝5 kN

③ 符号は，節点に対して引張か圧縮かで判断する．$N_1$ は引張（＋），$N_2$ は圧縮（－）.

$\therefore N_1 = +4$ kN

$\therefore N_2 = -5$ kN

▶点Dについて示力図を描く

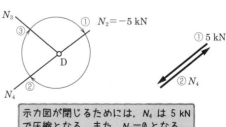

$N_2 = -5$ kN

示力図が閉じるためには，$N_4$ は 5 kN で圧縮となる．また，$N_3 = 0$ となる.

$\therefore N_3 = 0$

$\therefore N_4 = -5$ kN

**151**

# 7-6

［節点法，引張材，圧縮材］

## トラスを**節点法**で解く（その2）

【例題1】 図1のトラスをクレモナの図解法で解き，$N_1 \sim N_9$ を求める.

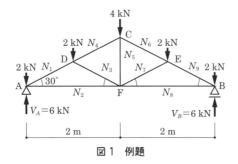

左右対称形なので，
$N_1 = N_9$
$N_2 = N_8$
$N_3 = N_7$
$N_4 = N_6$

図1 例題

▶**支点Aについて示力図を描く**

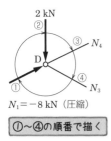

①〜④の順番で描く

示力図を閉じて，軸方向力の大きさを計算する.
$N_1$ の大きさ=8 kN，$N_2$ の大きさ=$4\sqrt{3}$ kN

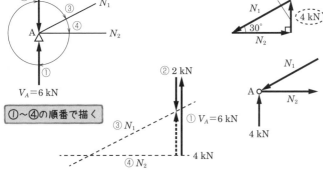

符号は，節点（支点）に対して，引張か圧縮かで判別する.
$N_1$ は圧縮（−）
$N_2$ は引張（＋）

∴ $N_1 = -8$ kN

∴ $N_2 = +4\sqrt{3}$ kN

▶**点Dについて示力図を描く**

示力図を閉じて，軸方向力の大きさを計算する.
$N_3$ の大きさ=2 kN
$N_4$ の大きさ=8−2=6 kN

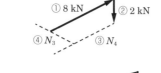

$N_1 = -8$ kN（圧縮）

①〜④の順番で描く

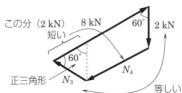

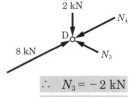

∴ $N_3 = -2$ kN

∴ $N_4 = -6$ kN

152

▶**点Cについて示力図を描く**

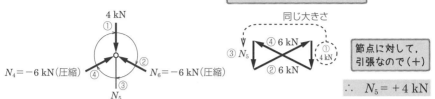

示力図を閉じて，$N_5$の大きさが4 kNであることがわかる．

同じ大きさ

節点に対して，引張なので（＋）

$\therefore \quad N_5 = +4\,\mathrm{kN}$

7

トラス

▶**応力の計算結果**　軸方向力の計算結果を図2に示す．

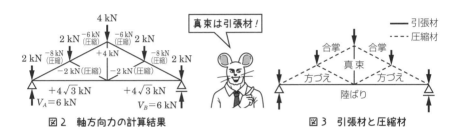

真束は引張材！

　　　　　　　　　　　　　　引張材
　　　　　　　　　　　　---　圧縮材

合掌　合掌

真束

方づえ　方づえ

陸ばり

図2　軸方向力の計算結果

図3　引張材と圧縮材

【例題2】　前節の【例題2】の軸方向力をさらに簡単に求める．

① 　$P=3\,\mathrm{kN}$ を移動して三角形をつくる．

② 　示力図が閉じる（一周する）ように $N_1$ と $N_2$ の向きを決める．

③ 　$N_1$　3：4：5の直角三角形と比較して，［大きさ］4 kN，

示力図より，

［符号］点Cを引っ張っている→引張（＋）

$\therefore \quad N_1 = +4\,\mathrm{kN}$

④ 　$N_2$　3：4：5の直角三角形と比較して，

［大きさ］5 kN

示力図より，

［符号］点Cを押している→圧縮（−）

$\therefore \quad N_2 = -5\,\mathrm{kN}$

⑤ 　$N_3$　T形の節点Dにおいて，反対側に

つりあう力がないので，

$\therefore \quad N_3 = 0$

⑥ 　$N_4$　二つの部材が一直線なので，

$\therefore \quad N_4 = N_2 = -5\,\mathrm{kN}$

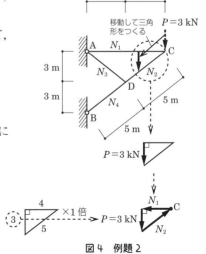

図4　例題2

153

# 演習問題

【問題1】 ラーメンとトラス

ラーメン及びトラスに関する記述で，最も不適当なものはどれか．

1. ラーメンは各節点が剛節点で構成された骨組である．
2. 3ピンラーメンは，力のつりあい条件だけで反力と応力を求めることができる．
3. トラスに生じる応力は，軸方向力，せん断力，曲げモーメントである．
4. トラスは各節点がピンで構成された骨組である．
5. トラスの各節点に作用する外力（荷重と反力）と応力の合計は0になる．

【問題2】 静定トラスの応力

（参考：2001 二級建築士試験）

図のような荷重を受ける静定トラスにおいて，部材1，2に生じる軸方向力を求めよ．

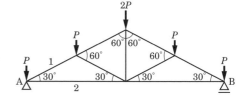

【問題3】 静定トラスの応力（参考：2019 二級建築士試験）

図のようなそれぞれ8本の部材で構成する片持ばり形式の静定トラスA，B，Cにおいて，軸方向力が生じない部材の本数を答えよ．

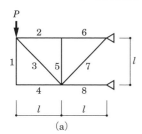
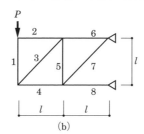
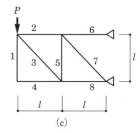

(a)　　　　　　　　(b)　　　　　　　　(c)

【問題4】 静定トラスの応力

（参考：2007 二級建築士試験）

図のような外力を受ける静定トラスにおいて，部材1〜3に生じる軸方向力 $N_1 \sim N_3$ を求めよ．

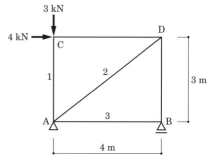

【問題5】 静定トラスの応力
（参考：2004 二級建築士試験）
　図のような荷重を受ける静定トラスにおいて，部材1～3に生じる軸方向力を求めよ．

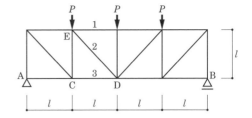

【問題6】 静定トラスの応力
　　　　（参考：2010 二級建築士試験）
　図のような外力を受ける静定トラスにおいて，部材1～3に生じる軸方向力を求めよ．

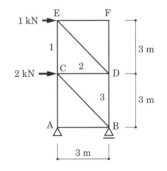

【問題7】 静定トラスの応力
（参考：2003 二級建築士試験）
　図のような荷重を受ける静定トラスにおいて，部材1に生じる軸方向力を求めよ．

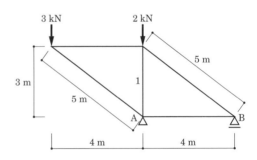

【問題8】 静定トラスの応力（参考：2016 二級建築士試験）
　図のような外力を受ける静定トラスにおいて，部材1～3に生じる軸方向力を求めよ．

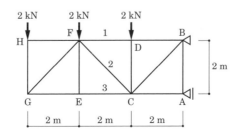

【問題 9】 静定トラスの応力（参考：2011　一級建築士試験）

　図のような荷重を受ける静定トラスにおいて，部材 1〜3 に生じる軸方向力を求めよ．なお，節点間距離はすべて 2 m とする．

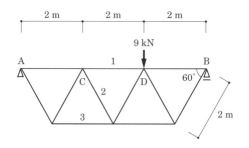

【問題 10】 静定トラスの応力（参考：2013　一級建築士試験）

　図のような荷重 $P$ を受ける静定トラスにおいて，部材 1〜3 に生じる軸方向力を求めよ．

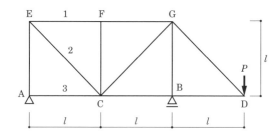

# 8章

# いろいろな構造力学

これまで，はり，ラーメン，トラスについて，反力及び応力の計算を中心に学んできました．本章では，鋼材の引張試験から固有周期に至るまで，構造計算に必要な基礎知識について学びます．

# 鋼材の引張試験

**point!**
鋼材は建築などで用いられる鋼製材料のことで，形状別に形鋼（H形鋼，山形鋼など），棒鋼（異形棒鋼，丸鋼），鋼板，鋼管などに分けられる．本節では，鋼材の性質として，棒鋼の引張試験での応力とひずみの関係について学ぶ．

## ❶ 弾性と塑性

鋼材を試験機で引っ張ると鋼材といえども伸びる．力がある程度小さい範囲では，引張力と伸びは比例し，引張力をなくすと元の長さにも戻る．この性質を**弾性**という．

いま，弾性の範囲で丸鋼 A，B，C の 3 本の引張試験を行い，$X$ 軸に伸び $\Delta l$，$Y$ 軸に引張力 $P$ をとり，グラフにすると図1のようになる．丸鋼の太さはA＞B＞Cの順であり，太いものほど伸びは少ない．

次に，伸び $\Delta l$ の代わりにひずみ度 $\varepsilon$（$= \Delta l / l$），荷重 $P$ に代えて応力度 $\sigma$（$= P/A$）にすると，図2のようにほぼ一定の直線で表される．応力度 $\sigma$ は引張力 $P$ を丸鋼の断面積 $A$ で割ったものである．ひずみ度 $\varepsilon$ は伸び $\Delta l$ を元の長さ $l$ で割ったもので，元の長さに対する伸びの割合を示す．

また，弾性の限界を超えて引張力を加えると，力を除いた後に鋼材は元の長さに戻らなくなる．この性質を**塑性**という．

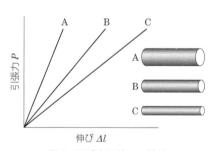

図1 引張力と伸びの関係

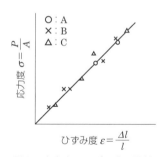

図2 応力度とひずみ度の関係

## ❷ ヤング係数

応力度がある程度小さい範囲では，応力度 $\sigma$ とひずみ度 $\varepsilon$ は比例関係にあるので，比例定数 $E$ を用いて $\sigma = E \times \varepsilon$ と表される．これを**フックの法則**という．また，比例定数 $E$ のことをヤング係数といい，単位は $N/mm^2$ を使用する．代表的な材料のヤング係数 $E$ の値を次に示す．

鋼　　　　材：$E = 2.05 \times 10^5 \text{ N/mm}^2$
コンクリート：$E = 2.0 \times 10^4 \sim 3.0 \times 10^4 \text{ N/mm}^2$
木　　　　材：$E = 5.0 \times 10^3 \sim 8.0 \times 10^3 \text{ N/mm}^2$
　　　　　（杉の繊維方向の場合）

ヤング係数が大きい材料
ほど変形しにくいです．

### ❸ 応力度-ひずみ度曲線

　丸鋼が比例範囲を超えて破断するまで引張力をかけて試験する．このときの応力度と変形の関係を図3のグラフに示す．これを**応力度-ひずみ度曲線**（stress-strain curve）といい，グラフの中で特徴となる重要なポイントを次に説明する．

① **比例限度**…グラフは直線，応力度とひずみ度が比例
② **弾性限度**…引張力を除くと元の長さに戻る限度
③ **降伏点**…材料が力に負けた点，ここからしばらく $\sigma$ は増大しないが，$\varepsilon$ だけが増加する．上降伏点ともいう．
④ **引張強さ（最大強さ）**…最大の引張応力度に達する点
⑤ **破断点**…ある一部分でくびれが生じ，やがて鋼材が破断する点

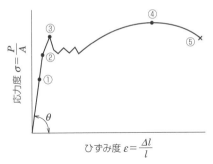

図3　応力度-ひずみ度曲線（鋼材）

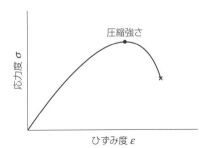

図4　応力度-ひずみ度曲線（コンクリート）

### ❹ 基準強度

　材料の許容応力度は，次式で表される．

$$\text{許容応力度 } f \leqq \frac{\text{基準強度 } F}{\text{安全率 } n}$$

安全率は材料種別や応力の組合せの種類によって 1，1.1，1.5，3 などの値としている．

① **鋼材の基準強度**

　「降伏点」と「引張強さ×0.7」のうち小さいほうの値としている．

② **コンクリートの基準強度**

　コンクリートの場合は圧縮試験を行い，図4に示す圧縮強さ（最大強さ）を基準強度とする．特に，コンクリートでは設計基準強度 $F_c$ という．

# 応力度とひずみ度の関係

## ❶ 鋼材の伸び量

弾性の範囲における応力度とひずみ度の関係は次式で表されることはすでに学んだ.

$$\sigma = E \cdot \varepsilon$$

ここで, 応力度 $\sigma = P/A$, ひずみ度 $\varepsilon = \Delta l/l$ であるから, ヤング係数 $E$ は次式で表すことができる.

> ヤング係数は, 応力度とひずみ度との比

$$E = \frac{\sigma}{\varepsilon} = \frac{Pl}{A\Delta l} \quad [\text{N/mm}^2]$$

よって, 鋼材の伸び量は

$$\therefore \quad \Delta l = \frac{Pl}{AE} \quad [\text{mm}]$$

図 1

【例題 1】 図 2 の直径 22 mm, 長さ 3 m の棒鋼に, 40 kN の引張力を加えた場合, その伸びを求める. ただし, ヤング係数 $E = 2.05 \times 10^5 \text{ N/mm}^2$ とする.

$$E = \frac{Pl}{A\Delta l} \text{ より, } \Delta l = \frac{Pl}{AE}$$

断面積 $A = \dfrac{\pi \times d^2}{4} = \dfrac{\pi \times 22^2}{4}$

$= 379.9 \text{ mm}^2$ より

伸びは, $\Delta l = \dfrac{40\,000 \times 3\,000}{379.9 \times 2.05 \times 10^5} = 1.5 \text{ mm}$

$P = 40$ kN

3 m

$P = 40$ kN

図 2　例題 1

## ❷ 組合せ部材の応力

鉄筋コンクリートのように, ヤング係数の異なった部材を組み合わせ, 一体として外力に抵抗するようにつくられた部材を組合せ部材という.

【例題 2】 図 3 の鉄筋コンクリート柱において, 圧縮力 $P$ が作用するときの鉄筋コンクリート柱のひずみ度 $\varepsilon$ 及び鉄筋の応力度 $\sigma_s$, コンクリート応力度 $\sigma_c$ を求める.

ただし, ヤング係数, 断面積は次の値とする.

$E_s$：鉄筋のヤング係数, $E_c$：コンクリートのヤング係数 [N/mm$^2$]

$A_s$：鉄筋の断面積, $A_c$：コンクリートの断面積 [mm$^2$]

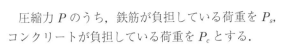

圧縮力 $P$ のうち，鉄筋が負担している荷重を $P_s$，コンクリートが負担している荷重を $P_c$ とする．

**鉄筋**

$$\sigma_s = E_s \cdot \varepsilon \;\; \text{より}, \;\; \frac{P_s}{A_s} = E_s \cdot \varepsilon$$

よって，$P_s = A_s \cdot E_s \cdot \varepsilon$　…①

**コンクリート**

$$\sigma_c = E_c \cdot \varepsilon \;\; \text{より}, \;\; \frac{P_c}{A_c} = E_c \cdot \varepsilon$$

よって，$P_c = A_c \cdot E_c \cdot \varepsilon$　…②

式①＋式②

$$P_s + P_c = (A_s \cdot E_s + A_c \cdot E_c)\varepsilon$$

$P_s + P_c = P$ より

$$P = (A_s \cdot E_s + A_c \cdot E_c)\varepsilon$$

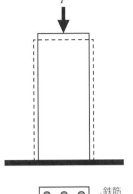

図3　例題2

∴　鉄筋コンクリート柱のひずみ度 $\varepsilon = \dfrac{P}{A_s \cdot E_s + A_c \cdot E_c}$

$\sigma_s = E_s \cdot \varepsilon, \quad \sigma_c = E_c \cdot \varepsilon$ より

∴　鉄筋の応力度 $\sigma_s = \dfrac{P \cdot E_s}{A_s \cdot E_s + A_c \cdot E_c}$

∴　コンクリートの応力度 $\sigma_c = \dfrac{P \cdot E_c}{A_s \cdot E_s + A_c \cdot E_c}$

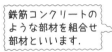

鉄筋コンクリートのような部材を組合せ部材といいます．

**❸ 温度による伸縮**

すべての材料は温度変化によって伸縮する．単純ばりのように部材の伸縮を許した構造であれば問題ないが，両端固定ばりのように伸縮を拘束した部材では，内部に応力を生じる．温度による伸縮量 $\Delta l$ とすると，$\Delta l$ および温度応力 $\sigma$ は次式で表される．

伸縮量 $\Delta l = \alpha \cdot l \cdot \Delta t$

　　$\alpha$：線膨張係数〔1/℃〕，$l$：部材の長さ，$\Delta t$：温度変化〔℃〕

温度応力 $\sigma = E \cdot \alpha \cdot \Delta t$（温度上昇の場合は引張，下降の場合は圧縮）

【例題3】　長さ 2 m の棒鋼が，温度上昇 20℃ を受けたときの伸びと温度応力 $\sigma_t$ を求める．ただし，線膨張係数 $\alpha = 1.0 \times 10^{-5}$〔1/℃〕，ヤング係数 $2.05 \times 10^5$ N/mm² とする．

伸び $\Delta l = 1.0 \times 10^{-5} \times 2\,000 \times 20 = 0.4$ mm

温度応力度（引張）$\sigma_t = 2.05 \times 10^5 \times 1.0 \times 10^{-5} \times 20 = 41.0$ N/mm²

# 部材の設計

## point!

はりやトラスの断面算定についてはすでに学んだ. はりは主に曲げとせん断を受ける部材であった. また, トラス部材は, 引張または圧縮の軸方向力を受ける部材であった. 建築の部材を応力の受け方により分類すると, 次に示す4種類の力を受ける部材と, これらの組合せの応力を受けるものとがある. ほかにもねじりを受ける部材などもあるが, ここでは省略する.

▶ **引張を受ける部材**（引張材）…筋かい（ブレース）, トラス部材など
引張応力度 $\sigma_t \leqq$ 許容引張応力度 $f_t$ の検討

▶ **圧縮を受ける部材**（圧縮材）…柱, 束, 筋かい, トラス部材など
圧縮応力度 $\sigma_c \leqq$ 許容引張応力度 $f_c$, 座屈の検討

▶ **曲げを受ける部材**（曲げ材）…はりなど
曲げ応力度 $\sigma_b \leqq$ 許容曲げ応力度 $f_b$, たわみの検討

▶ **せん断を受ける部材** …柱, ボルト, 込栓など
せん断応力度 $\tau \leqq$ 許容せん断応力度 $f_s$ の検討

> 建築の部材は, 引張, 圧縮, 曲げ, せん断を受ける.

**表1 応力度の種類**

| 応力度 | 記号 | 英語表記 |
|---|---|---|
| 引張応力度 | $\sigma_t$ | tensile stress |
| 圧縮応力度 | $\sigma_c$ | compressive stress |
| 曲げ応力度 | $\sigma_b$ | bending stress |
| せん断応力度 | $\tau$ | shear stress |

【**例題1**】 図1のように2枚の鋼板が隅肉溶接で接合され, 引張力 100 kN が作用している. このときの安全を検討する. 隅肉溶接は, 両側面に施され, サイズ 10 mm, 溶接長さは 100 mm とし, 溶接部の許容せん断応力度 $f_s = 90.4 \ \text{N/mm}^2$ とする.

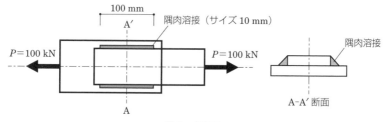

**図1 例題1**

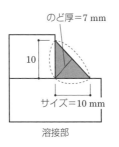

のど厚＝7 mm

10

サイズ＝10 mm

溶接部

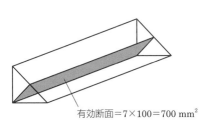

有効断面＝7×100＝700 mm²

図2 溶接部

隅肉溶接の有効断面がせん断に抵抗すると考えます.

隅肉溶接では，（のど厚）×（溶接長さ）＝（有効断面）を計算して，図2に示す有効断面（×2＝両側面）が，引張力 $P$ によるせん断力に抵抗するものと考える．のど厚は，溶接サイズの 0.7 倍となるので，のど厚＝10×0.7＝7 mm

$$\tau = \frac{P}{A} = \frac{100\,000}{7 \times 100 \times 2} = 71.4 \text{ N/mm}^2 \leqq f_s = 90.4 \text{ N/mm}^2$$

∴ 安全

【例題2】 図3のように2枚の鋼板がボルト接合され，引張力 50 kN が作用している．このときの安全を検討する．ボルトの軸の直径を 16 mm とし，許容せん断応力度 $f_s = 90.4$ N/mm² とする．

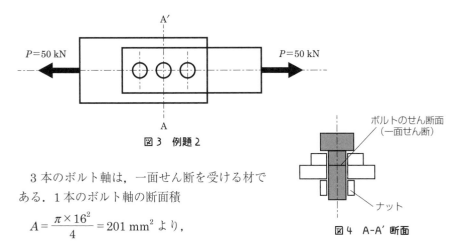

A'

$P = 50$ kN                    $P = 50$ kN

A

図3 例題2

ボルトのせん断面
（一面せん断）

ナット

図4 A-A'断面

3本のボルト軸は，一面せん断を受ける材である．1本のボルト軸の断面積

$$A = \frac{\pi \times 16^2}{4} = 201 \text{ mm}^2 \text{ より，}$$

せん断応力度 $\tau = \frac{P}{A} = \frac{50\,000}{201 \times 3} = 82.9 \text{ N/mm}^2 \leqq f_s = 90.4 \text{ N/mm}^2$

∴ 安全

# 圧縮材の**座屈**

point!
柱や束のように材軸方向に圧縮力を受ける材を圧縮材という．圧縮材は，引張材には見られない座屈という現象に配慮しなければならない．トラスなどの軸方向力の計算結果に（圧縮）と添えるのはこのためである．

## ❶ 座屈

　図1のように同じ材質・断面で長さの違う部材に圧縮力を徐々にかけていった場合，(a) の部材は圧壊といって押し潰されるようにして壊れる．(b) も断面が同じなので同じ荷重で圧壊すると思われるが，もっと小さい荷重で壊れる．

　細長い部材は，荷重の小さいうちはまっすぐな状態を保つが，ある限度以上の荷重になると材がバランスを失い横にはらみ出して折れてしまう．この現象を座屈という．一般に，座屈の可能性のない柱を短柱，座屈の可能性のある柱を長柱という．

座屈は，細長い部材が圧縮力によって，バランスを失い折れ曲がる現象をいう．

(a) 短柱　　(b) 長柱
図1　長柱と短柱

## ❷ 座屈荷重 $P_k$

　座屈を生じさせる荷重の最小限度の式として，次のオイラーの公式がある．

**オイラーの公式**　$P_k = \dfrac{\pi^2 EI}{l_k^2}$

　$P_k$：座屈荷重〔N〕，　　$\pi$：円周率

　$E$：ヤング係数〔N/mm$^2$〕

　$I$：弱軸の断面二次モーメント〔mm$^4$〕

　$l_k$：座屈長さ〔mm〕

座屈荷重 $P_k$ は，材料のヤング係数 $E$，弱軸の断面二次モーメント $I$ に比例し，座屈長さ $l_k$ の2乗に反比例する．例えば，座屈長さが2倍になると，$(1/2)^2 = 1/4$ の荷重で座屈が生じることになる．弱軸とは，変形に弱い軸であり，一般に，断面二次モーメントが最小となる軸のことである．

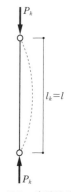

$l_k = l$

図2　座屈荷重

▶**座屈長さ $l_k$** 座屈は，部材の両端の支持条件に左右される．見かけが同じ $l$ のとき座屈長さは換算係数を掛けて求められる．座屈長さは点線で表した弓状に変形した長さを示す．換算係数は，見かけ長さに対する弓の部分の長さの割合である．

図 3 のように，座屈長さは，見かけが同じ $l$ のとき，(a) 両端ピンの場合，$l_k = l$（換算係数 1.0），(b) 一端固定他端ピンの場合，$l_k = 0.7\,l$（換算係数 0.7），(c) 両端固定の場合，$l_k = 0.5\,l$（換算係数 0.5），(d) 一端固定他端自由の場合，$l_k = 2\,l$（換算係数 2.0）となる．

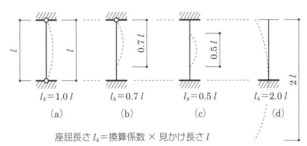

見かけは同じでも，座屈長さは異なります．

座屈長さ $l_k =$ 換算係数 × 見かけ長さ $l$

**図 3　座屈長さ**

【例題】　図 4 のような材長と材端の支持条件が異なる柱 A，B，C の座屈荷重をそれぞれ $P_A$，$P_B$，$P_C$ としたときの大小関係を比較する．

まず，見かけの長さに換算係数を掛けて座屈長さを比較する．

柱 A……$l_k = 1.1 \times 1.0 = 1.1$ m
柱 B……$l_k = 1.5 \times 0.7 = 1.05$ m
柱 C……$l_k = 2.0 \times 0.5 = 1$ m

座屈長さの大小関係は，A>B>C となる．

座屈長さの長いものほど，小さい荷重で座屈することから，座屈荷重の大小関係は座屈長さと反対となる．

∴ $P_A < P_B < P_C$

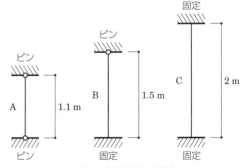

**図 4　座屈荷重の比較**

**8**

いろいろな構造力学

**165**

［細長比　強軸　弱軸　座屈低減係数］

# 圧縮材の許容応力度

**point!**

短柱の場合の圧縮を受ける材の算定式を示す.

$\sigma_c = N_c / A \leq f_c$

$\sigma_c$：圧縮応力度〔N/mm²〕，　$N_c$：圧縮力〔N〕

$A$：有効断面積〔mm²〕，　$f_c$：許容圧縮応力度〔N/mm²〕

長柱の場合では，座屈の危険性を考慮して，許容圧縮応力度を低減した数値を使用する．これは座屈のしやすさを示す細長比 $\lambda$ に応じて定められている.

## ❶ 細長比

細長比 $\lambda = \dfrac{\text{座屈長さ } l_k}{\text{断面二次半径 } i}$，　断面二次半径 $i = \sqrt{\dfrac{\text{断面二次モーメント } I}{\text{断面積 } A}}$

　座屈は，部材の抵抗が最小の方向，つまり，断面二次モーメントが最小となる軸（弱軸という）について回転するように生じる.

　例えば，図 1 のような断面の場合には，

$I_X = \dfrac{12 \times 24^3}{12} = 13\,824 \text{ cm}^4,$

$I_Y = \dfrac{24 \times 12^3}{12} = 3\,456 \text{ cm}^4$

よって，$X$ 軸が強軸，$Y$ 軸が弱軸となり，$I_Y$ を用いて $\lambda$ を計算する．細長比 $\lambda$ が，大きいほど座屈しやすい.

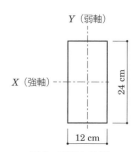

**図 1　弱軸と強軸**

## ❷ 許容圧縮応力度

▶**木材**　木造の柱では，細長比 $\lambda$ は 150 以下にする．表 1 のように，細長比 $\lambda$ が 30 を超えると許容応力度に座屈低減係数 $\eta$ を掛けて低減することが規定されている.

▶**鋼材**　鋼材においては，細長比 $\lambda$ を柱材では 200 以下とし，柱以外の材では 250 以下としなければならない．また，細長比のすべての範囲において，許容応力度を低減させることが規定されている（表 2）.

> 圧縮材の許容応力度は，細長比に応じて低減されるので，注意する.

**表 1　木材の座屈低減係数**
（日本建築学会「木質構造設計規準・同解説」より）

| 細長比 | 座屈低減係数 |
|---|---|
| $\lambda \leq 30$ | $\eta = 1$ |
| $30 < \lambda \leq 100$ | $\eta = 1.3 - 0.01\lambda$ |
| $100 < \lambda$ | $\eta = 3\,000 / \lambda^2$ |

## ❸ 長柱の設計

【例題】 図2のような断面が 12 cm 角，長さが 3.5 m の杉材の柱が，15 kN の圧縮力を受けるとき安全かどうか確かめる．ただし，柱は両端ピンとし，杉材の許容圧縮応力度 $f_c = 6.49$ N/mm$^2$ とする．

### STEP-① 部材断面積

$$A = 120 \times 120 = 14\,400 \text{ mm}^2$$

### STEP-② 断面二次モーメント $I$

$$I = \frac{120 \times 120^3}{12} = 17\,280\,000 \text{ mm}^4$$

### STEP-③ 断面二次半径（弱軸）

$$i = \sqrt{\frac{I}{A}} = \sqrt{\frac{17\,280\,000}{14\,400}} = 34.6 \text{ mm}$$

### STEP-④ 細長比 $\lambda$

両端ピンより，

座屈長さ $l_k = 1.0 \times l = 3.5$ m
$$= 3\,500 \text{ mm}$$

$$\lambda = \frac{l_k}{i} = \frac{3\,500}{34.6} = 101$$

### STEP-⑤ 許容圧縮応力度 $f_c$

座屈による低減を考慮する．

表1より，$\lambda = 101$ のとき，

座屈低減係数 $\eta = \dfrac{3\,000}{101^2} = 0.29$

よって，$f_c = 0.29 \times 6.49 = 1.88$ N/mm$^2$

### STEP-⑥ 安全性の検討

許容圧縮応力度 $f_c$ と比較する．

圧縮応力度 $\sigma_c = \dfrac{N}{A} = \dfrac{15\,000}{14\,400} = 1.04$ N/mm$^2 \leqq$ 許容圧縮応力度 $f_c$
$$= 1.88 \text{ N/mm}^2$$

∴ 安全

### 表2 鋼材の長期許容圧縮応力度（単位：N/mm$^2$）

| 細長比 | 許容圧縮応力度 |
|---|---|
| $\lambda \leqq \Lambda$ | $\dfrac{1 - 0.4(\lambda/\Lambda)^2}{3/2 + (2/3)(\lambda/\Lambda)^2} \cdot F$ |
| $\lambda > \Lambda$ | $\dfrac{0.277}{(\lambda/\Lambda)} \cdot F$ |

限界細長比 $\Lambda = 1\,500/\sqrt{F/1.5}$

例えば，SS 400，SM 400，STK 400 などの 400 N/mm$^2$ 級の鋼材では，基準強度 $F = 235$ N/mm$^2$ より，限界細長比 $\Lambda = 120$．

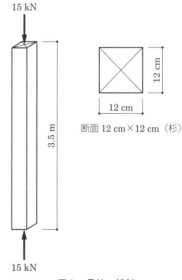

断面 12 cm × 12 cm（杉）

図2 長柱の設計

**8**

いろいろな構造力学

# 偏心荷重を受ける短柱

**point!**

短柱の場合，圧縮を受ける材の算定式は $\sigma_c = N_c/A \leqq f_c$ で安全性を確認した．これは，短柱の断面の図心に圧縮力が作用したときを想定している．本節では，短柱に図心から偏心した荷重が作用したときの応力度について考える．

## ❶ 偏心荷重を受けたときの応力度

偏心荷重を受けたときの応力度は，① 圧縮力が中心に作用したときの圧縮応力度に，② 偏心によって生じた曲げによる応力度を合成したものと考える．

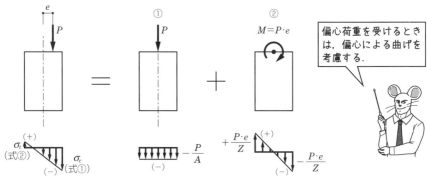

図1　偏心荷重を受けたときの応力度

図1のように，圧縮力 $N_c = P$ が中心から $e$ だけ偏心した場合について考える．ただし，短柱の断面積 $A$，断面係数 $Z$ とする．

圧縮力 $P$ が中心に作用したときの応力度 $\sigma_1$ は，$\sigma_1 = -\dfrac{P}{A}$

偏心による曲げによる応力度 $\sigma_2$ は，曲げモーメント $M = P \cdot e$ が生じるので

$$\sigma_2 = \pm \frac{M}{Z} = \pm \frac{P \cdot e}{Z}$$

合成した応力度は，

$$\sigma = \sigma_1 \pm \sigma_2 = -\frac{P}{A} \pm \frac{P \cdot e}{Z}$$

したがって，

圧縮側の最大応力度 $\sigma_c = -\dfrac{P}{A} - \dfrac{P \cdot e}{Z}$　…①

引張側の最大応力度 $\sigma_t = -\dfrac{P}{A} + \dfrac{P \cdot e}{Z}$ …②

## ❷ 引張応力度の発生しない条件

偏心荷重が作用したとき，荷重が偏心した側の部材端部の圧縮応力度は大きくなり，反対側の端部の圧縮応力度は小さくなる．偏心がもっと大きくなると引張応力度が生じる．これが，建築物の基礎であれば接地面の浮上りなどの原因となる．引張応力度が発生しない条件は，引張側の最大応力度≦0 となればよいので，式②より偏心の範囲が計算される．

$$-\dfrac{P}{A} + \dfrac{P \cdot e}{Z} \leqq 0 \qquad \dfrac{P \cdot e}{Z} \leqq \dfrac{P}{A}$$

$$\therefore \quad e \leqq \dfrac{Z}{A} \quad …③$$

引張応力度が発生しない荷重の偏心範囲を断面の核といいます．

## ❸ 長方形断面の場合

図3の長方形断面において，圧縮力が $Y$ 方向に偏心する場合について，引張応力度が発生しない範囲について考える．

断面積 $A = bh$，断面係数 $Z = \dfrac{bh^2}{6}$ を式③に代入して，$e \leqq \dfrac{h}{6}$ が求められる．

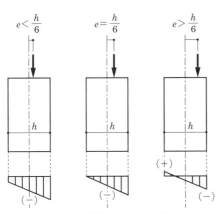

図2 引張応力度の発生条件

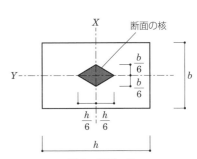

図3 断面の核

$X$ 方向についても同様に，$e \leqq b/6$ が引張応力度の発生しない範囲となる．図3に示すように長方形断面の引張応力度が発生しない荷重の偏心範囲を断面の核（コア）という．

**169**

**8-7** ‥‥‥‥‥‥‥‥‥ ［モールの定理，たわみ，たわみ角，曲げ剛性］

# モールの定理でたわみを求める

point!

はりの任意の点のた

| 4章4-11節のたわみ・たわみ角の表をモールの定理で証明 |
|---|

わみ角 $\theta$，たわみ $\delta$ は，はりの曲げモーメント $M$ を曲げ剛性 $EI$ で割った値 $M/EI$ を仮想の荷重としたときの，その点のせん断力，および曲げモーメントに等しい．これをモールの定理という．

【例題 1】 次の単純ばりおよび片持ばりに集中荷重が作用したときの最大たわみ角および最大たわみを求めよ．

(1) 単純ばり＋集中荷重

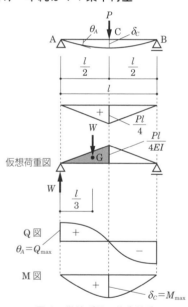

図 1 単純ばり＋集中荷重

(2) 片持ばり＋集中荷重

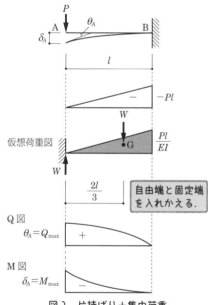

図 2 片持ばり＋集中荷重

$$Q_{\max} = W = \frac{1}{2} \times \frac{Pl}{4EI} \times \frac{l}{2} = \frac{Pl^2}{16EI}$$

$$\therefore \quad 最大たわみ角 \ \theta_{\max} = \theta_A = \frac{Pl^2}{16EI}$$

$$M_{\max} = W \times \frac{l}{3} = \frac{Pl^2}{16EI} \times \frac{l}{3} = \frac{Pl^3}{48EI}$$

$$\therefore \quad 最大たわみ \ \delta_{\max} = \delta_C = \frac{Pl^3}{48EI}$$

$$Q_{\max} = W = \frac{1}{2} \times \frac{Pl}{EI} \times l = \frac{Pl^2}{2EI}$$

$$\therefore \quad 最大たわみ角 \ \theta_{\max} = \theta_A = \frac{Pl^2}{2EI}$$

$$M_{\max} = W \times \frac{2l}{3} = \frac{Pl^2}{2EI} \times \frac{2l}{3} = \frac{Pl^3}{3EI}$$

$$\therefore \quad 最大たわみ \ \delta_{\max} = \delta_C = \frac{Pl^3}{3EI}$$

【例題 2】 次の単純ばりおよび片持ばりに等分布荷重が作用したときの最大たわみ角および最大たわみを求めよ.

(1) 単純ばり＋等分布荷重

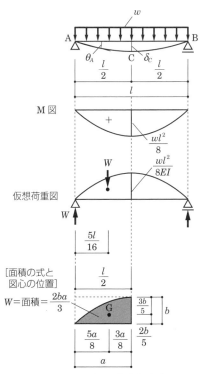

図3 単純ばり＋等分布荷重

$$Q_{max} = W = \frac{2}{3} \times \frac{wl^2}{8EI} \times \frac{l}{2} = \frac{wl^3}{24EI}$$

∴ 最大たわみ角 $\theta_{max} = \theta_A = \dfrac{wl^3}{24EI}$

$$M_{max} = W \times \frac{5l}{16} = \frac{wl^3}{24EI} \times \frac{5l}{16} = \frac{5wl^4}{384EI}$$

∴ 最大たわみ $\delta_{max} = \delta_C = \dfrac{5wl^4}{384EI}$

(2) 片持ばり＋等分布荷重

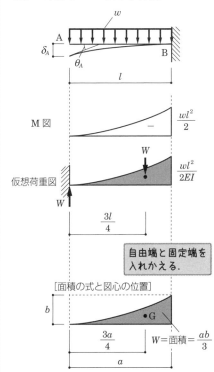

自由端と固定端を入れかえる.

図4 片持ばり＋等分布荷重

$$Q_{max} = W = \frac{1}{3} \times \frac{wl^2}{2EI} \times l = \frac{wl^3}{6EI}$$

∴ 最大たわみ角 $\theta_{max} = \theta_A = \dfrac{wl^3}{6EI}$

$$M_{max} = W \times \frac{3l}{4} = \frac{wl^3}{6EI} \times \frac{3l}{4} = \frac{wl^4}{8EI}$$

∴ 最大たわみ $\delta_{max} = \delta_A = \dfrac{wl^4}{8EI}$

# 仮想仕事の原理

**point!**
仮想仕事の原理とは，仮想の外力を加え変位させたとき，外力による仮想仕事の和と内力による仮想仕事の和が等しいという関係を用いて，任意の点の変位（たわみ）や回転角（たわみ角）を求めるものである．

▶**仮想仕事の原理の式**

> 仮想仕事の原理で任意の点のたわみやたわみ角を求めることができる．

$$\sum P_i \delta_i = \int \frac{M\overline{M}}{EI}\, dx$$

この式により，次の手順でたわみやたわみ角を求めることができる．

▶**たわみ δ** たわみを求めたい点（方向）に $P=1$ を作用させ，そのモーメント図を $\overline{M}$ 図とする．たわみ $\delta$ は，M$\overline{M}$ 図（M 図と $\overline{M}$ 図の積）の面積の合計を $EI$ で除した値となる．面積の求め方を表1に示す．

▶**たわみ角 θ** たわみ角を求めたい点（方向）に $M=1$ を作用させ，そのモーメント図を $\overline{M}$ 図とする．たわみ角 $\theta$ は，M$\overline{M}$ 図（M 図と $\overline{M}$ 図の積）の面積の合計を $EI$ で除した値となる．

**【例題1】** 図1の単純ばりのたわみ $\delta_C$ とたわみ角 $\theta_A$ を仮想仕事の原理で求める．

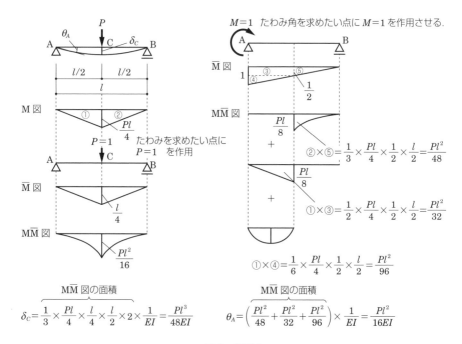

図1　例題1

表1 MM̄図の面積

| M図 | M̄図 | MM̄図 | 面積 |
|---|---|---|---|
| $a$ ▭ | $b$ ◺ | $ab$ ◺ | $\dfrac{1}{2}abl$ |
| $a$ ◿ | $b$ ◺ | $ab$ ◺ | $\dfrac{1}{3}abl$ |
| $a$ ◿ $l$ | ◺ $b$ $l$ | $\dfrac{ab}{4}$ $l$ | $\dfrac{1}{6}abl$ |

【例題2】 図2の単純ばりラーメンの点Cの鉛直方向のたわみ $\delta_C$ を求める.

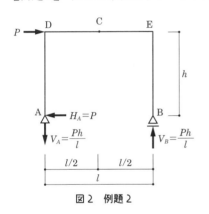

図2 例題2

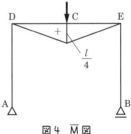

図3 M図

たわみを求めたい点に$P=1$を作用

**▶MM̄図の面積の計算**

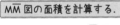
M図

MM̄図の面積を計算する.

M̄図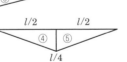

図4 M̄図

MM̄図の面積の合計 × $\dfrac{1}{EI}$

$$① × ④ = \frac{1}{2} × \frac{Ph}{2} × \frac{l}{4} × \frac{l}{2} = \frac{Phl^2}{32}$$
$$③ × ④ = \frac{1}{6} × \frac{Ph}{2} × \frac{l}{4} × \frac{l}{2} = \frac{Phl^2}{96}$$
$$② × ⑤ = \frac{1}{3} × \frac{Ph}{2} × \frac{l}{4} × \frac{l}{2} = \frac{Phl^2}{48}$$

合計 $= \dfrac{Phl^2}{16}$

点Cの変位（下向き）

$$\therefore \ \delta_C = \frac{Phl^2}{16EI}$$

# 固有周期

**Point!**
建築物の振動は，図のような振り子モデルに置き換えて扱う．建築物の固有周期と，地震の周期が同じになると共振現象を引き起こし，大きな揺れとなる．建築物の固有周期は，剛性が同じであれば，質量が大きいほど長くなり，質量が同じであれば，水平剛性（ばね定数）が小さいほど長くなる．

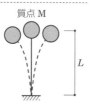

質点 M

$L$

## ❶ 固有周期

頂部に水平力を加えて，質点 M が 1 往復するのにかかる時間をいう．

固有周期 $T = 2\pi\sqrt{\dfrac{M}{K}}$ 〔秒〕

$M$：質量，$K$：水平剛性

## ❷ 水平剛性

水平方向に一定の変位を生じさせるのに必要な水平力，ばね定数ともいう．

一端固定の場合，水平剛性 $K = \dfrac{3EI}{L^3}$

両端固定の場合，水平剛性 $K = \dfrac{12EI}{L^3}$

$L$：棒の長さ，$E$：ヤング係数，$I$：断面二次モーメント

**【例題 1】** 図 1 のような頂部に質点を持つ A，B，C の固有周期 $T_A$，$T_B$，$T_C$ の大小関係を比較する．ただし，棒の質量は無視するものとする．

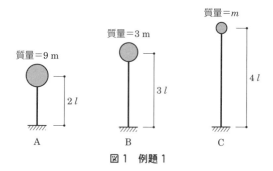

質量＝9 m

$2l$

A

質量＝3 m

$3l$

B

質量＝m

$4l$

C

図 1　例題 1

固有周期 $T = 2\pi\sqrt{\dfrac{M}{K}}$ の式に，一端固定の場合の水平剛性 $K = \dfrac{3EI}{L^3}$ を代入し

て, $T = 2\pi\sqrt{\dfrac{ML^3}{3EI}}$ の式により計算して比較する.

$$T_A = 2\pi\sqrt{\frac{ML^3}{3EI}} = 2\pi\sqrt{\frac{9m(2l)^3}{3EI}} = 2\pi\sqrt{\frac{72ml^3}{3EI}}$$

$$T_B = 2\pi\sqrt{\frac{ML^3}{3EI}} = 2\pi\sqrt{\frac{3m(3l)^3}{3EI}} = 2\pi\sqrt{\frac{81ml^3}{3EI}}$$

$$T_C = 2\pi\sqrt{\frac{ML^3}{3EI}} = 2\pi\sqrt{\frac{m(4l)^3}{3EI}} = 2\pi\sqrt{\frac{64ml^3}{3EI}}$$

∴ $T_B > T_A > T_C$

【例題 2】 図 2 のようなラーメン A, B, C の固有周期をそれぞれ $T_A$, $T_B$, $T_C$ としたとき, 大小関係を比較する. ただし, すべてのはりは剛体とし, また, すべての柱は等質等断面とする.

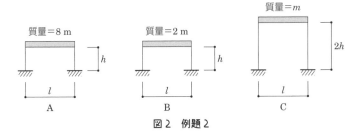

図 2 例題 2

ラーメンでは柱が 2 本あるので, 両端固定の場合の水平剛性 $K = \dfrac{12EI}{L^3}$ を 2 倍して考える. したがって, それぞれの固有周期は, $T = 2\pi\sqrt{\dfrac{ML^3}{24EI}}$ の式により計算して比較する.

$$T_A = 2\pi\sqrt{\frac{ML^3}{24EI}} = 2\pi\sqrt{\frac{8mh^3}{24EI}}$$

$$T_B = 2\pi\sqrt{\frac{ML^3}{24EI}} = 2\pi\sqrt{\frac{2mh^3}{24EI}}$$

$$T_C = 2\pi\sqrt{\frac{ML^3}{24EI}} = 2\pi\sqrt{\frac{m(2h)^3}{24EI}} = 2\pi\sqrt{\frac{8mh^3}{24EI}}$$

∴ $T_A = T_C > T_B$

水平剛性は, 柱が 2 本ある場合は 2 倍します.

8 いろいろな構造力学

175

# 演習問題

## 【問題1】 鋼材の引張試験（参考：2010　二級建築士試験）

鋼材の引張試験を行ったところ，図のような
引張応力度-ひずみ度曲線が得られた．図中の
A～D各点に関する名称を語群から選べ．

A. ［　　］

B. ［　　］

C. ［　　］

D. ［　　］

語群：比例限度，降伏点，引張強さ，弾性限度

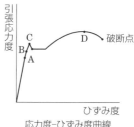

応力度-ひずみ度曲線

## 【問題2】 垂直応力度（参考：2006　二級建築士試験）

図のような剛体に結合されている部材 A～D が，弾性変形の範囲内で同一の
変形（伸び）となるように力 P を下方に加えた場合，部材 A～D に生じる垂
直応力度の大小関係を比較せよ．ただし，部材 A～D の断面積は同一とし，ヤ
ング係数 E 及び長さ l は下表に示す値である．また，部材 A～D 及び剛体の
自重は無視するものとする．

| 部材 | ヤング係数 $E$ 〔kN/mm$^2$〕 | 部材の長さ $l$ 〔mm〕 |
|---|---|---|
| A | 200 | 200 |
| B | 200 | 100 |
| C | 100 | 100 |
| D | 100 | 200 |

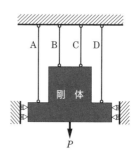

## 【問題3】 応力度とひずみ度の関係（参考：2008　二級建築士試験）

鋼材に関する次の記述の ［　　］ に適当な数値を計算せよ．

1. 長さ 10 m の棒材は，常温においては，鋼材の温度が 10℃ 上がると長さ
   が約 ［　　］ mm 伸びる．小数点以下 1 位を四捨五入して整数で答えよ．

2. 長さ 10 m の棒材は，常温においては，全長にわたって 20 N/mm$^2$ の引張
   応力度が生じる場合，長さが約 ［　　］ mm 伸びる．小数点以下 1 位を四捨
   五入して整数で答えよ．

## 【問題 4】 接合部の耐力計算（参考：2002 二級建築士試験）

図のような 2 枚の鋼板を 4 本の高力ボルトを用いて摩擦接合した場合，接合部の短期許容せん断耐力と等しくなるような引張力 $P$〔N〕の値を求めよ．ただし，ボルト 1 本当たりの一面摩擦の長期許容せん断耐力は 47 kN とする．

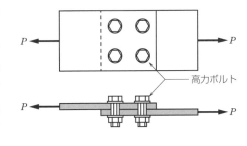

高力ボルト

## 【問題 5】 座屈荷重（参考：2013 二級建築士試験）

長柱の弾性座屈荷重に関する次の記述のうち，最も不適当なものはどれか．

1. 弾性座屈荷重は，材料のヤング係数に比例する．
2. 弾性座屈荷重は，柱の断面二次モーメントに比例する．
3. 弾性座屈荷重は，柱の曲げ剛性に反比例する．
4. 弾性座屈荷重は，柱の座屈長さの 2 乗に反比例する．
5. 弾性座屈荷重は，柱の両端支持条件がピンの場合より固定の場合のほうが大きい．

8 いろいろな構造力学

## 【問題 6】 座屈長さ

### （参考：2017 二級建築士試験）

図のような材の長さ及び材端の支持条件が異なる柱 A，B，C の座屈長さをそれぞれ $l_A$，$l_B$，$l_C$ としたとき，それらの大小関係を小さいほうから示せ．

## 【問題 7】 座屈荷重

### （参考：2018 二級建築士試験）

図のような材の長さ及び材端の支持条件が異なる柱 A，B，C の弾性座屈荷重をそれぞれ $P_A$，$P_B$，$P_C$ としたとき，それらの大小関係を小さいほうから示せ．ただし，すべての柱の材質及び断面形状は同じものとする．

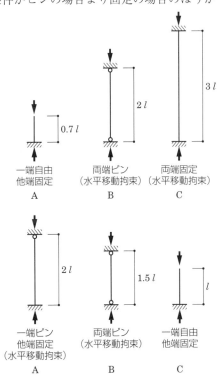

## 【問題 8】 仮想仕事の原理

図の片持ばりのたわみ $\delta_A$ を仮想仕事の原理で求めよ.

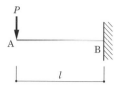

## 【問題 9】 固有周期（参考：2011 一級建築士試験）

図のようなラーメン架構 A, B, C の水平方向の固有周期をそれぞれ $T_A$, $T_B$, $T_C$ としたとき，それらの大小関係を大きいほうから示せ．ただし，すべての柱は等質等断面とし，すべてのはりは剛体とする．

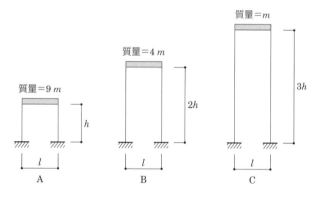

## 【問題 10】 固有周期（参考：2014 一級建築士試験）

図のようなラーメン架構 A, B, C の水平方向の固有周期をそれぞれ $T_A$, $T_B$, $T_C$ としたとき，それらの大小関係を大きいほうから示せ．ただし，柱の曲げ剛性はそれぞれ $EI$, $2EI$, $3EI$ とし，はりは剛体とする．また，柱の質量は考慮しないものとする．

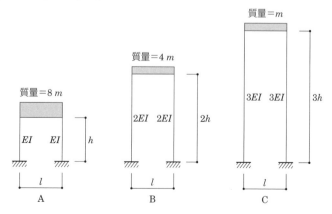

# 9章

# 不静定構造

不静定構造と聞き，不安定など負のイメージを抱いてはいけません．不静定構造はつりあい方程式だけでは解けない難しい骨組ですが，構造的には安定性が高いものがほとんどです．理論的には難解ですが，難しい計算はないので解法をマスターして下さい．

# 不静定構造の**判別式**

**Point!**
構造物には安定構造物と不安定構造物があり，さらに安定構造物には静定構造物と不静定構造物とがある．本節では，安定と不安定，静定と不静定の判別の仕方について学ぶ．

## ❶ 判別式

不静定次数は，次式によって求められる．

不静定次数 $m$ ＝（部材数 $s$）＋（剛節接合数 $r$）＋（反力数 $n$）－（2×節点数 $k$）

$m < 0$ のとき，不安定構造物
$m = 0$ のとき，静定構造物
$m > 0$ のとき，不静定構造物となり，$m$ の値は不静定の次数を表す．

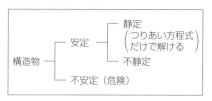

**図1 安定と静定**

## ❷ 式の項目の説明

**部材数** $s$：すべての部材の数

**剛節接合数** $r$：ある部材に剛に接合された他の部材本数を表し，剛節点に集まる部材本数から1を引いた数

**反力数** $n$：移動支点（ローラー）1，回転支点（ピン）2，固定支点（フィックス）3

**節点数** $k$：自由端も1節点と数える

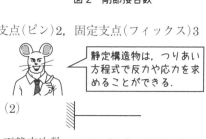

**図2 剛節接合数**

## ❸ 判別式の例

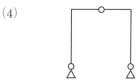

静定構造物は，つりあい方程式で反力や応力を求めることができる．

(1)

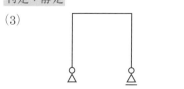

不静定次数 $m = 1 + 0 + 3 - 2 \times 2 = 0$
判定：静定

(2)

不静定次数 $m = 1 + 0 + 3 - 2 \times 2 = 0$
判定：静定

(3)

不静定次数 $m = 3 + 2 + 3 - 2 \times 4 = 0$
判定：静定

(4)

不静定次数 $m = 4 + 2 + 4 - 2 \times 5 = 0$
判定：静定

静定構造物はつりあい方程式だけで，反力や応力を求めることができる．不静定構造物については，これにたわみやたわみ角などの変形の条件式を取り入れて解くことができる．これらは，すべて安定構造物である．不安定構造物は，簡単に形をくずしたり，移動を起こすので構造物としては成立しない．

(5)

不静定次数 $m = 3 + 0 + 4 - 2 \times 4 = -1$

判定：不安定

(6)

不静定次数 $m = 4 + 0 + 3 - 2 \times 4 = -1$

判定：不安定

(7)

不静定次数 $m = 2 + 1 + 4 - 2 \times 3 = 1$

判定：一次不静定　　(注) 剛節接合数 $r = 1$

(8)

不静定次数 $m = 1 + 0 + 4 - 2 \times 2 = 1$

判定：一次不静定

(9)

不静定次数 $m = 3 + 2 + 4 - 2 \times 4 = 1$

判定：一次不静定

(10)

不静定次数 $m = 3 + 2 + 4 - 2 \times 4 = 1$

判定：一次不静定

(11)

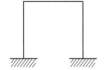

不静定次数 $m = 3 + 2 + 6 - 2 \times 4 = 3$

判定：三次不静定

(12)

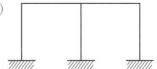

不静定次数 $m = 5 + 4 + 9 - 2 \times 6 = 6$

判定：六次不静定

不静定構造物は，つりあい方程式だけでは解けないが，一般に，構造物としての安定性は高い．

9

不静定構造

# 不静定ばりの反力

point!
不静定ばりの反力は，つりあい方程式に，たわみやたわみ角などの変形の条件
式を加えて求めることができる．したがって，たわみやたわみ角の公式をしっ
かり覚える必要がある．

【例題 1】 図 1 のような等分布荷重を受ける不静定ばりの支点 A の鉛直反力 $V_A$
を求める．ただし，はりの自重は無視するものとする．

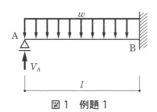

図1 例題1

不静定ばりの反力は，たわみやた
わみ角の式を追加して求めます．

支点 A は上下方向には移動しないこと（$\delta_A = 0$）から，図 2 のように，支点 A
を自由端としたときのたわみ $\delta_{A1}$ と反力 $V_A$ を先端に集中荷重として上向きに作
用させたときのたわみ $\delta_{A2}$ が等しいと考える．

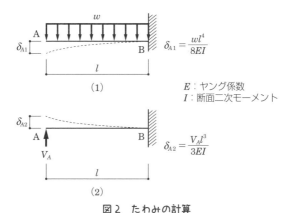

$$\delta_{A1} = \frac{wl^4}{8EI}$$

$E$：ヤング係数
$I$：断面二次モーメント

(1)

$$\delta_{A2} = \frac{V_A l^3}{3EI}$$

(2)

図2 たわみの計算

$\delta_{A1} = \delta_{A2}$ より， $\quad \dfrac{wl^4}{8EI} = \dfrac{V_A l^3}{3EI}$

$$\therefore \quad V_A = \frac{3wl}{8}$$

**【例題 2】** 図のような等分布荷重を受ける不静定ばりの支点の鉛直反力 $V_A$, $V_B$, $V_C$ を求める．ただし，はりの自重は無視するものとする．

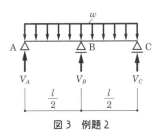

図3 例題2

支点が上下方向に移動しないことを上下のたわみの値が等しいと考えます．

支点 B は上下方向には移動しないこと（$\delta_B = 0$）から，図 4 のように，支点 B をなくしたときのたわみ $\delta_{B1}$ と反力 $V_B$ を中央に集中荷重として上向きに作用させたときのたわみ $\delta_{B2}$ が等しいと考える．

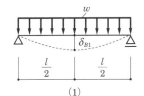

$$\delta_{B1} = \frac{5wl^4}{384EI}$$

(1)

$E$：ヤング係数
$I$：断面二次モーメント

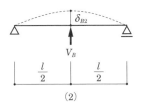

$$\delta_{B2} = \frac{V_B l^3}{48EI}$$

(2)

図4 たわみの計算

$\delta_{B1} = \delta_{B2}$ より，　$\dfrac{5wl^4}{384EI} = \dfrac{V_B l^3}{48EI}$

$$\therefore \quad V_B = \frac{5wl}{8}$$

ここで，鉛直方向のつりあいより，また，$V_A = V_C$ であることから，

$2V_A + \dfrac{5wl}{8} = wl$　　$\therefore \quad V_A = \dfrac{3wl}{16}$　　$\therefore \quad V_C = \dfrac{3wl}{16}$

# 固定ばりの M 図

**【例題 1】** 固定ばりの中央に集中荷重 $P$ が作用したときの M 図が図 1 のようになることを確かめる.

固定ばりは，図 2 のように，二つの単純ばりを重ね合わせたものとして考える．左は，単純ばりの中央に集中荷重 $P$ が作用したときのたわみ角 $\theta$ と応力図について示す．右は，単純ばりの支点に，固定ばりのモーメント反力 $RM$ をモーメント荷重 $M$ として作用させたときのたわみ角 $\theta$ と応力図について示す．なお，$M$ を固定端モーメントという.

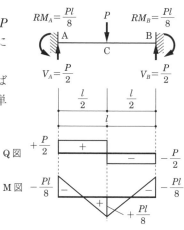

**図 1　固定ばり＋集中荷重の応力図**

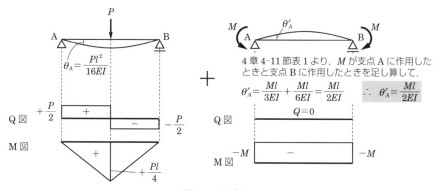

**図 2　重ね合わせ**

▶**固定端モーメント $M$ の値**

固定端 A では，たわみ角は 0 であるから，$\theta_A = \theta'_A$ が成り立つので，

$$\frac{Pl^2}{16EI} = \frac{Ml}{2EI} \qquad \therefore \ M = +\frac{Pl}{8}$$

したがって，固定ばり＋集中荷重の M 図は，単純ばり＋集中荷重の M 図が，固定端モーメント $M = +\dfrac{Pl}{8}$ の値だけ持ち上げられた形となる.

よって，　$M_A = M_B = -\dfrac{Pl}{8}$　　$M_C = +\dfrac{Pl}{4} - \dfrac{Pl}{8} = +\dfrac{Pl}{8}$

【例題 2】　固定ばりに等分布荷重 $w$ が作用したときの M 図が図 3 のようになることを確かめる.

固定ばりは,図 4 のように,二つの単純ばりを重ね合わせたものとして考える.左は,単純ばりに等分布荷重 $w$ が作用したときのたわみ角 $\theta$ と応力図について示す.右は,単純ばりの支点に,固定ばりのモーメント反力 $RM$ をモーメント荷重 $M$ として作用させたときのたわみ角 $\theta$ と応力図について示す.

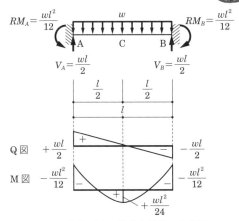

図 3　固定ばり＋等分布荷重の応力図

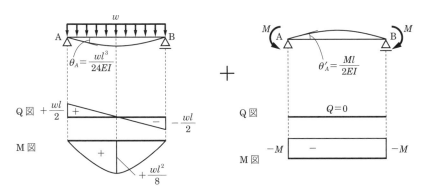

図 4　重ね合わせ

### ▶固定端モーメント M の値

固定端 A では,たわみ角は 0 であるから,$\theta_A = \theta'_A$ が成り立つので,

$$\frac{wl^3}{24EI} = \frac{Ml}{2EI} \qquad \therefore \quad M = +\frac{wl^2}{12}$$

したがって,固定ばり＋等分布荷重の M 図は,単純ばり＋等分布荷重の M 図が,固定端モーメント $M = +\dfrac{wl^2}{12}$ の値だけ持ち上げられた形となる.

よって,　$M_A = M_B = -\dfrac{wl^2}{12}$　　$M_C = +\dfrac{wl^2}{8} - \dfrac{wl^2}{12} = +\dfrac{wl^2}{24}$

9

不静定構造

185

# 不静定ラーメン

> **point!**
> 不静定ラーメンはつりあい方程式に, 変形の条件式を加えたたわみ角法, 固定
> モーメント法などの方法によって解かれる. 静定ラーメンと比較して複雑な計
> 算を必要とするが, 本節では基本的な考え方について学ぶ.

## ❶ 門型ラーメンのM図

図1に, (a) 単純ばりラーメン (静定), (b) 柱脚ピンの門型ラーメン (一次
不静定), (c) 柱脚固定の門型ラーメン (三次不静定) のM図を示す.

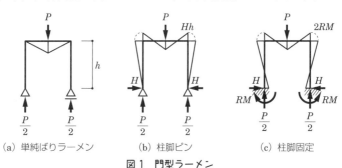

(a) 単純ばりラーメン　　(b) 柱脚ピン　　(c) 柱脚固定
**図1　門型ラーメン**

### (a)　単純ばりラーメン

はり部分のM図は, 単純ばりのM図と同じである. ピン支点, ローラー支点
ともに水平反力がないため, 柱部分に曲げモーメントは生じない.

### (b)　柱脚ピンの門型ラーメン

両方の支点ともピンであることから, 柱の水平移動が拘束される. 支点の水平
反力を $H$ とすると, 柱頭に生じるモーメントは $H \times h$ となり, これがはりの材
端モーメントとなる.

### (c)　柱脚固定の門型ラーメン

両方の支点とも固定端であることから, モーメント反力 $RM$ が生じている.
柱に対するはり部材の強さの比 (剛比) によって, M図が変化する. 例えば,
はりの剛比が大きくなると, はりの中央のモーメントが大きくなるとともに, は
りの材端モーメントは小さくなり, 柱頭のモーメントも小さくなる.

ここからは, 不静定ラーメンのM図を描くための必要事項を学んでいく.

## ❷ 剛度と剛比

**剛度**は, 柱やはりなどの部材の曲がりにくさを示す指標で, 次式で表される.

剛度 $K = \dfrac{I(\text{断面二次モーメント})}{l(\text{部材の長さ})}$

また，ある部材の剛度を標準剛度としたときの，各部材の標準剛度に対する比を**剛比**といい，次式で表される.

剛比 $k = \dfrac{K(\text{その部材の剛度})}{K_0(\text{標準剛度})}$

不静定ラーメンに鉛直荷重が作用した場合，はりに生じる曲げモーメントは柱に配分され，水平荷重については，柱の曲げモーメントがはりに分配される. 固定モーメント法ではこの分配を剛比 $k$ を使って計算していく.

【**例題**】 図2のようなラーメンにおいて，柱を基準としたときのはりの剛比を求める. ただし，はりの断面二次モーメントは，柱の3倍とする.

柱の剛度 $K_0 = \dfrac{I}{3}$,　　はりの剛度 $K = \dfrac{3I}{5}$,

剛比 $k = \dfrac{K}{K_0} = \dfrac{3I/5}{I/3} = 1.8$

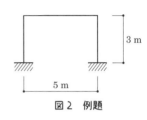

図2　例題

## ❸ 材端モーメント

材端モーメントは，はりや柱などの部材の端部に生じている一対の曲げモーメントのうち，外側のモーメントのことをいう. 符号は，右回りを（+），左回りを（−）とする.

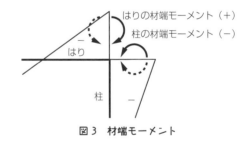

はりの材端モーメント（+）
柱の材端モーメント（−）

図3　材端モーメント

## ❹ 材端モーメントからせん断力を求める

柱・はりのせん断力は，材端モーメントから求めることができる.

柱：$Q = \dfrac{M(\text{柱頭}) + M(\text{柱脚})}{h(\text{階高})}$

はり：

$Q = \dfrac{M(\text{左端}) + M(\text{右端})}{l(\text{スパン})}$

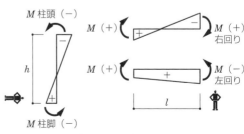

図4　柱・はりの材端モーメント

## 9-5 …………………… ［分配モーメント，到達モーメント，有効剛比］

# 分配モーメント

**point!**
節点にモーメントが加わ | 節点では部材の剛比に応じてモーメントが分配される.

ると，各部材の剛比に応じて，モーメントが分配されて伝わる．これを分配モーメントという．分配モーメントは次式で表される．

$$分配モーメント＝節点のモーメント × \frac{部材の剛比 k}{節点に集まる剛比の総和 \sum k}$$

また，分配モーメントは，他端を固定端とした場合，その 1/2 が他端に伝達される．これを到達モーメントという．なお，M 図での＋，－の符号は省略する．

**【例題 1】** 図 1 のようなラーメンの節点 A にモーメント荷重 $M = 60$ kN·m が作用したときの各部材の分配モーメントを計算して M 図を描く．

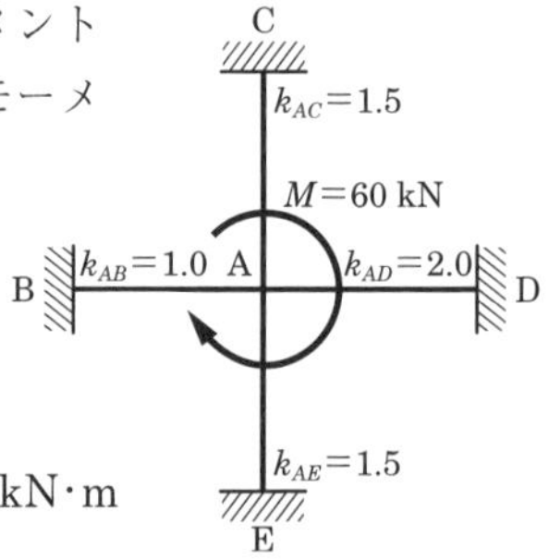

**STEP-①　剛比の総和**
$$\sum k = 1.0 + 1.5 + 2.0 + 1.5 = 6.0$$

**STEP-②　分配モーメント**

$$M_{AB} = 60 \times \frac{1.0}{6.0} = 10 \text{ kN·m} \qquad M_{AC} = 60 \times \frac{1.5}{6.0} = 15 \text{ kN·m}$$

$$M_{AD} = 60 \times \frac{2.0}{6} = 20 \text{ kN·m} \qquad M_{AE} = 30 \times \frac{1.5}{6} = 15 \text{ kN·m}$$

図 1　例題 1

**STEP-③　到達モーメント**
固定端には 1/2 が伝達される.

| 節点に作用するモーメントと分配モーメントの合計は一致する.

$$M_{BA} = 10 \times \frac{1}{2} = 5 \text{ kN·m} \qquad M_{CA} = 15 \times \frac{1}{2} = 7.5 \text{ kN·m}$$

$$M_{DA} = 20 \times \frac{1}{2} = 10 \text{ kN·m} \qquad M_{EA} = 15 \times \frac{1}{2} = 7.5 \text{ kN·m}$$

以上より，図 2 のような M 図となる．

**▶M 図の描き方**

例えば，AB 部材について考えると，AB 部材をゴムひもとして，分配モーメント $M_{AB} = 10$ kN·m の板と到達モーメント $M_{BA} = 5$ kN·m の板を張り付け，それぞれ中心を点 A, B として，モーメント荷重 $M$ の方向に 90° ひねった形が M 図（図 3）となる．

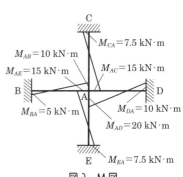

図 2　M 図

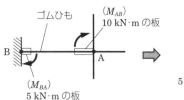
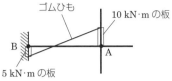

図3 M図の描き方

【例題2】 図4のようなラーメンの節点Aに曲げモーメント $M = 35$ kN·m が作用したときの各部材の分配モーメントを計算してM図を描く.

まず,剛比の総和を計算するが,他端の支持条件によって有効剛比 $k_e$ が表1のように定められている.

表1 有効剛比

| | 一端 | 他端 | 有効剛比 $k_e$ | 到達モーメント |
|---|---|---|---|---|
| 1 | | 固定 | 1.0 $k$ | 1/2 |
| 2 | | ピン | 0.75 $k$ | 0 |
| 3 | | 自由 | 0 | 0 |

他端の支持条件により,有効剛比が定められています.

**STEP-①** **剛比の総和** 有効剛比に直して計算する.
$$\sum k = k_{eAB} + k_{AC} + k_{eAD} = 2 \times 0.75 + 1 + 2 \times 0 = 1.5 + 1 + 0 = 2.5$$

**STEP-②** **分配モーメント** 自由端には分配されない.

$$M_{AB} = 35 \times \frac{1.5}{2.5} = 21 \text{ kN·m}$$

$$M_{AC} = 35 \times \frac{1}{2.5} = 14 \text{ kN·m}$$

$$M_{AD} = 35 \times \frac{0}{2.5} = 0$$

**STEP-③** **到達モーメント**

ピンと自由端では0となる.

$$M_{BA} = 0$$

$$M_{CA} = 14 \times \frac{1}{2} = 7 \text{ kN·m}$$

$$M_{DA} = 0$$

以上より,図6のような曲げモーメント図となる.

図4 例題2

図5 有効剛比

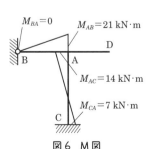

図6 M図

**189**

## 9-6 ……………………………… ［固定モーメント，解放モーメント］

# 固定モーメント法（その1）

**point!**
固定モーメント

> 節点を固定したときのM図と，解放したときのM図を合成する.

法は，節点を固定端に置き換えてモーメントを求め，その置き換えた固定モーメントによるM図と，固定モーメントを逆向きにした解放モーメントによるM図を合成して求める方法である.

**【例題1】** 図1のような集中荷重を受けるラーメンのM図を描く.

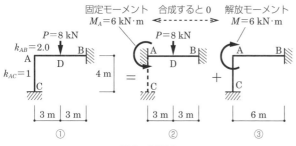

図1 例題1

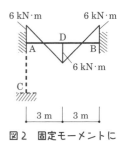

図2 固定モーメントによるM図

**STEP-①** **節点Aを固定端としたときのM図**

固定ばりのモーメントは9-3節で求めている.

$$M_A = M_B = M_D = \frac{Pl}{8} = \frac{8 \times 6}{8} = 6 \, \text{kN·m（図2）}$$

**STEP-②** **解放モーメントを節点Aに考えた場合のM図**

節点Aを固定端として考えたが，実際には，固定モーメント $M_A$ は生じていない（図1②）.この固定モーメント $M_A$ と大きさが同じで向きが逆のモーメントを，解放

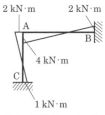

図3 解放モーメントによるM図

モーメントとして，節点Aに作用させてM図を描く（同③）.最後に，足し合わせると（②+③），お互いに打ち消しあい，最初のラーメンの荷重状態（同①）と同じになる.

▶**分配モーメント**

$$M_{AB} = 6 \times \frac{2.0}{2.0 + 1.0} = 4 \, \text{kN·m} \qquad M_{AC} = 6 \times \frac{1.0}{2.0 + 1.0} = 2 \, \text{kN·m}$$

▶**到達モーメント**

$$M_{BA} = \frac{1}{2} \cdot M_{AB} = \frac{1}{2} \times 4 = 2 \, \text{kN·m} \qquad M_{CA} = \frac{1}{2} \cdot M_{AC} = \frac{1}{2} \times 2 = 1 \, \text{kN·m}$$

STEP-③ 図4のようにM図を合成して結果が求められる.

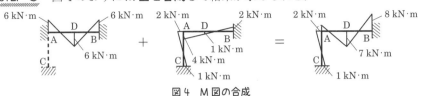

図4 M図の合成

【例題2】 図のような等分布荷重を受けるラーメンのM図を描く.

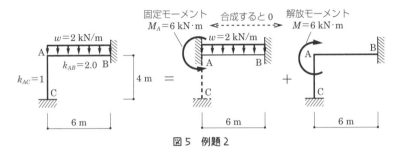

図5 例題2

STEP-① 節点Aを固定端としたときのM図 （9-3節参照）

$$M_A = M_B = \frac{wl^2}{12} = \frac{2 \times 6^2}{12} = 6 \text{ kN·m}$$

$$M_D = \frac{wl^2}{24} = \frac{2 \times 6^2}{24} = 3 \text{ kN·m}$$

STEP-② 解放モーメントを節点Aに考えた場合のM図

▶分配モーメント

$$M_{AB} = 6 \times \frac{2.0}{2.0 + 1.0} = 4 \text{ kN·m}, \qquad M_{AC} = 6 \times \frac{1.0}{2.0 + 1.0} = 2 \text{ kN·m}$$

▶到達モーメント

$$M_{BA} = \frac{1}{2} \times M_{AB} = \frac{1}{2} \times 4 = 2 \text{ kN·m}, \qquad M_{CA} = \frac{1}{2} \times M_{AC} = \frac{1}{2} \times 2 = 1 \text{ kN·m}$$

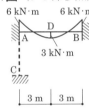

図6 固定モーメントによるM図

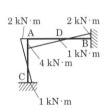

図7 解放モーメントによるM図

STEP-③ M図の合成

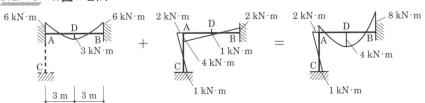

図8 M図の合成

# 固定モーメント法 (その2)

【例題1】 図1のような集中荷重を受けるラーメンのM図を描く.

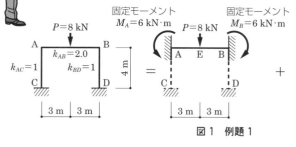
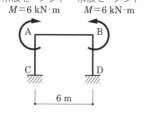

図1 例題1

## STEP-① 節点A及び節点Bを固定端としたときのM図 (図2)

$$M_A = M_B = \frac{Pl}{8} = \frac{8 \times 6}{8} = 6 \text{ kN·m}$$

$$M_D = \frac{Pl}{8} = \frac{8 \times 6}{8} = 6 \text{ kN·m}$$

図2 固定モーメントによるM図

## STEP-② 解放モーメントによるM図 (図3)

表1より有効剛比を求めると，$k_{eAB} = 0.5 \times 2.0 = 1.0$

▶分配モーメント

$$M_{AB} = M_{AC} = 6 \times \frac{1.0}{1.0 + 1.0} = 3 \text{ kN·m}$$

$$M_{BA} = M_{BD} = 6 \times \frac{1.0}{1.0 + 1.0} = 3 \text{ kN·m}$$

▶到達モーメント

$$M_{CA} = M_{DB} = 3 \times \frac{1}{2} = 1.5 \text{ kN·m}$$

表1 有効剛比 (対称変形・非対称変形)

| | 一端 | 他端 | 有効剛比 $k_e$ | 到達モーメント |
|---|---|---|---|---|
| 1 | | | $1.5k$ | 0 |
| 2 | | | $0.5k$ | 0 |

## STEP-② M図の合成 (図3)

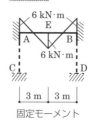

固定モーメント

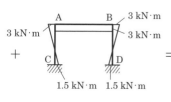

解放モーメント

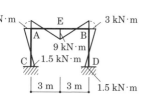

合成

図3 M図の合成

**【例題2】** 図4のような等分布荷重を受けるラーメンのM図を描く.

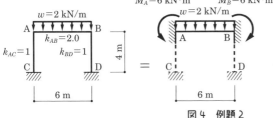
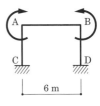

固定モーメント $M_A = 6\ \text{kN·m}$　固定モーメント $M_B = 6\ \text{kN·m}$　解放モーメント $M = 6\ \text{kN·m}$　解放モーメント $M = 6\ \text{kN·m}$

図4　例題2

## STEP-① 節点A, Bを固定端としたときのM図（図5）

$$M_A = M_B = \frac{wl^2}{12} = \frac{2 \times 6^2}{12} = 6\ \text{kN·m}$$

$$M_D = \frac{wl^2}{24} = \frac{2 \times 6^2}{24} = 3\ \text{kN·m}$$

## STEP-② 解放モーメントによるM図（図6）

表1より有効剛比を求めると,

$$k_{eAB} = 0.5 \times 2.0 = 1.0$$

▶**分配モーメント**

$$M_{AB} = M_{AC} = 6 \times \frac{1.0}{1.0 + 1.0} = 3\ \text{kN·m}$$

$$M_{BA} = M_{BD} = 6 \times \frac{1.0}{1.0 + 1.0} = 3\ \text{kN·m}$$

▶**到達モーメント**

$$M_{CA} = M_{DB} = 3 \times \frac{1}{2} = 1.5\ \text{kN·m}$$

## STEP-② M図の合成（図6）

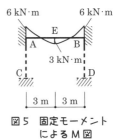

6 kN·m　　　6 kN·m
3 kN·m

図5　固定モーメント
　　　によるM図

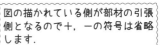

図の描かれている側が部材の引張
側となるので＋，－の符号は省略
します.

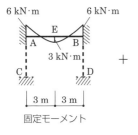

固定モーメント

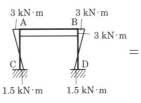

解放モーメント

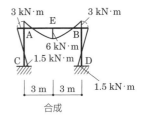

合成

図6　M図の合成

# せん断力と材端モーメント

**point!**

水平荷重を受ける門型ラーメンの柱のせん断力とはりのせん断力は，それぞれの材端モーメントを M としたとき，次式から求める.

$$柱のせん断力 = \frac{M(柱頭)+M(柱脚)}{h(階高)} \qquad はりのせん断力 = \frac{M(左端)+M(右端)}{l(スパン)}$$

【**例題 1**】 図 1 のような水平荷重を受けるラーメンの曲げモーメント図から，柱のせん断力，はりのせん断力，柱の軸方向力を求める.

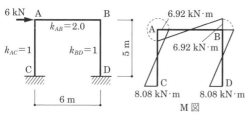

図1 例題1

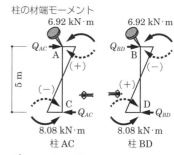

図2 柱のせん断力

**（1） 柱のせん断力**（図 2）

**柱 AC のせん断力 モーメントのつりあい（中心 A）**

$$Q_{AC} \times 5 = +6.92+8.08 \qquad \therefore \quad Q_{AC} = + \frac{6.92+8.08}{5} = +3.0 \text{ kN}$$

**柱 BD のせん断力 モーメントのつりあい（中心 B）**

$$Q_{BD} \times 5 = +6.92+8.08$$

$$\therefore \quad Q_{BD} = + \frac{6.92+8.08}{5} = +3.0 \text{ kN}$$

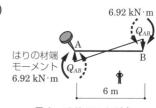

図3 はりのせん断力

**（2） はりのせん断力**（図 3）

**モーメントのつりあい（中心 A）**

$$Q_{AB} \times 6 + 6.92 + 6.92 = 0$$

$$\therefore \quad Q_{AB} = \frac{-6.92-6.92}{6} = -2.31 \text{ kN}$$

**（3） 柱の軸方向力**（図 4）

柱の軸方向力＝はりのせん断力より，

**柱 AC の軸方向力**

$$\therefore \quad N_{AC} = +2.31 \text{ kN （引張）}$$

**柱 BD の軸方向力**

$$\therefore \quad N_{BD} = -2.31 \text{ kN （圧縮）}$$

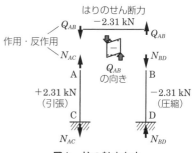

図4 柱の軸方向力

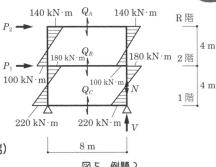

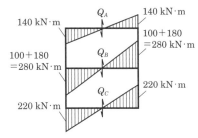

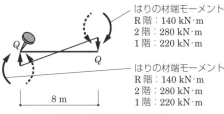

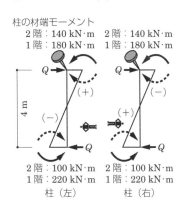

【例題2】 図5のような二層のラーメンにおいて，2階に水平荷重$P_1$，R階に水平荷重$P_2$が作用したときの柱の曲げモーメントを示したものである．次の（1）〜（4）の値を求めよ．

図5 例題2

**（1） はりのせん断力$Q_A$, $Q_B$, $Q_C$**

図6のようにはりのM図を求める．

**モーメントのつりあい（中心：はり左端）**

$$Q_A \times 8 + 140 + 140 = 0$$

$$\therefore \quad Q_A = \frac{-140-140}{8} = -35 \text{ kN}$$

$$Q_B \times 8 + 280 + 280 = 0$$

$$\therefore \quad Q_B = \frac{-280-280}{8} = -70 \text{ kN}$$

$$Q_C \times 8 + 220 + 220 = 0$$

$$\therefore \quad Q_C = \frac{-220-220}{8} = -55 \text{ kN}$$

図6 はりのM図

**（2） 1階右側の柱の軸方向力$N$**

図4の右側の柱BDと同様に

$$N = Q_A + Q_B = -35 - 70$$
$$= -105 \text{ kN （圧縮）}$$

**（3） 右側の支点の反力$V$**

反力と軸方向力は，作用・反作用の関係から，

$$V = -(Q_A + Q_B + Q_C) = -(-35-70-55)$$
$$= +160 \text{ kN}$$

図7 はりのせん断力$Q$

**（4） 水平荷重$P_1$, $P_2$**

**2階柱のせん断力$Q_2$** $\quad Q_2 \times 4 = +100 + 140$

$$\therefore \quad Q_2 = +\frac{100+140}{4} = +60 \text{ kN}$$

$$P_2 = 2Q_2 = +120 \text{ kN} \qquad \therefore \quad P_2 = +120 \text{ kN}$$

**1階柱のせん断力$Q_1$** $\quad Q_1 \times 4 = +180 + 220$

$$\therefore \quad Q_1 = +\frac{180+220}{4} = +100 \text{ kN}$$

$$P_1 + P_2 = 2Q_1 = 200 \text{ kN}$$

$$P_2 = +120 \text{ kN より，} \qquad \therefore \quad P_1 = +80 \text{ kN}$$

図8 柱のせん断力（1階及び2階）

9

不静定構造

195

# 層間変位・水平剛性と柱の負担せん断力

## ❶ 層間変位

図1のような三層ラーメンに水平力が作用したとき，骨組は変形して，それぞれの層間に変位が生じる．このときの層間変位 $\delta$ は次式から求める．

層間変位 $\delta = \dfrac{\text{層せん断力 } Q}{\text{水平剛性 } K}$

1層の層せん断力 $Q_1 = P_1 + P_2 + P_3$

2層の層せん断力 $Q_2 = P_2 + P_3$

3層の層せん断力 $Q_3 = P_3$

したがって，

1層の層間変位 $\delta_1 = \dfrac{Q_1}{K_1} = \dfrac{P_1 + P_2 + P_3}{K_1}$

2層の層間変位 $\delta_2 = \dfrac{Q_2}{K_2} = \dfrac{P_2 + P_3}{K_2}$

3層の層間変位 $\delta_3 = \dfrac{Q_3}{K_3} = \dfrac{P_3}{K_3}$

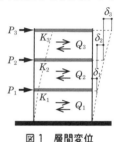

図1 層間変位

水平剛性が大きくなると，層間変位は小さくなる．

【例題1】 図2のような水平力が作用する二層構造物（1層の水平剛性 $2K$，2層の水平剛性 $K$）において，1層の層間変位 $\delta_1$ と2層の層間変位 $\delta_2$ との比を求める．ただし，はりは剛とし，柱の伸縮はないものとする．

1層の層せん断力 $Q_1 = 2P + P = 3P$

2層の層せん断力 $Q_2 = 2P$

1層の層間変位 $\delta_1 = \dfrac{Q_1}{K_1} = \dfrac{3P}{2K}$

2層の層間変位 $\delta_2 = \dfrac{Q_2}{K_2} = \dfrac{2P}{K}$

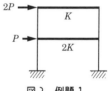

図2 例題1

$\delta_1 : \delta_2 = \dfrac{3P}{2K} : \dfrac{2P}{K} = 3 : 4 \qquad \therefore \quad \delta_1 : \delta_2 = 3 : 4$

## ❷ 水平剛性

水平剛性 $K$ は，曲げ剛性 $EI$ に比例し，柱の長さ $h$ の3乗に反比例する．柱の両端の支持条件により，図3に示す式により求められる．

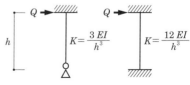

(a) 一端固定 他端ピン　　(b) 両端固定

図3 水平剛性

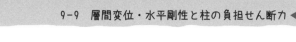

【例題2】 図4のような水平力が作用する三層構造物において，各層の層間変位が等しくなるときの各層の水平剛性 $K_1$，$K_2$，$K_3$ の比を求める．ただし，はりは剛とし，柱の伸縮はないものとする．

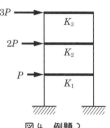

図4 例題2

1層の層間変位 $\delta_1 = \dfrac{3P + 2P + P}{K_1} = \dfrac{6P}{K_1}$

2層の層間変位 $\delta_2 = \dfrac{3P + 2P}{K_2} = \dfrac{5P}{K_2}$

3層の層間変位 $\delta_3 = \dfrac{3P}{K_3}$

$\delta_1 = \delta_2 = \delta_3$ となるためには，$K_1 : K_2 : K_3 = 6 : 5 : 3$

## ❸ 柱の負担せん断力

骨組に水平力が加わったとき，各柱の負担せん断力は，各柱の水平剛性に比例する．

【例題3】 図5のような水平力が作用する骨組において，柱 A，B，C の水平力の分担比 $Q_A : Q_B : Q_C$ を求める．ただし，3本の柱はすべて等質等断面で，はりは剛体とし，柱及びはりの応力は弾性範囲内にあるものとする．

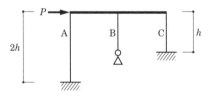

図5 例題3

柱頭は剛体のはりでつながっていて，それぞれの水平変位 $\delta$ は等しいので，各柱の負担せん断力 $Q$ は，各柱の水平剛性 $K$ に比例する．したがって，各柱の水平力の分担比は，それぞれの水平剛性の比となる．

$$Q_A : Q_B : Q_C = \frac{12EI}{(2h)^3} : \frac{3EI}{h^3} : \frac{12EI}{h^3} = \frac{12EI}{8h^3} : \frac{12EI}{4h^3} : \frac{12EI}{h^3} = \frac{1}{8} : \frac{1}{4} : 1$$

$$= 1 : 2 : 8$$

$$\therefore \quad Q_A : Q_B : Q_C = 1 : 2 : 8$$

9

不静定構造

# 全塑性モーメント

**point!**

図1のような長方形断面に曲げモーメントが作用するとき，曲げ応力度 $\sigma_b$ を求める式は既に学んだ．

$$\text{曲げ応力度 } \sigma_b = \frac{M}{Z}, \quad \text{断面係数 } Z = \frac{bh^2}{6} \text{（長方形断面の場合）}$$

曲げ応力度 $\sigma_b$ が，降伏応力度 $\sigma_y$ に達すると，それ以上に曲げモーメント $M$ が増大しても，応力度は $\sigma_y$ を超えることなく，断面の縁から中立軸に向かって降伏の現象は進行していく．すべての断面が降伏して塑性状態になったとき，塑性ヒンジが生じたといい，このときの曲げモーメントを全塑性モーメントまたは終局曲げモーメントという．

## ① 全塑性モーメント（長方形断面）

圧縮応力度の合力 $C$，引張応力度の合力 $T$ とすると，

$$C = T = \sigma_y \times \frac{bh}{2} = \frac{bh}{2} \sigma_y$$

全塑性モーメント $M_P$ は次式で計算される．

$$M_P = C \times j = T \times j$$

$j$：合力 $C$ 及び $T$ の中心間距離

$$\therefore \quad M_P = \frac{bh}{2} \sigma_y \times \frac{h}{2} = \frac{bh^2}{4} \sigma_y$$

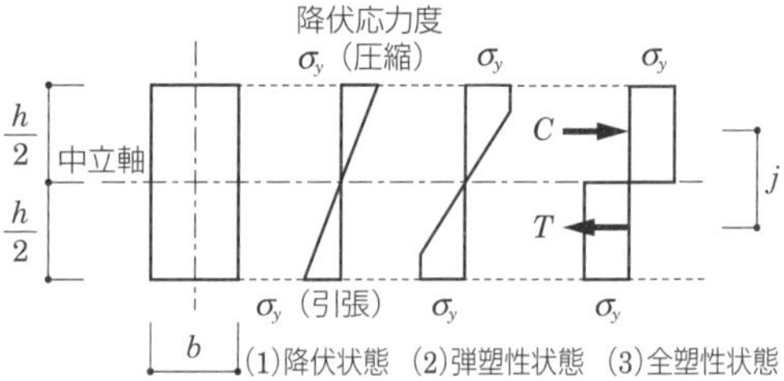

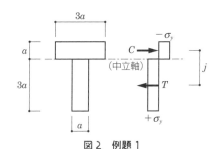

**図1 曲げ応力度の状態**

(1)降伏状態 (2)弾塑性状態 (3)全塑性状態

これより，全塑性断面係数 $Z_P$ は，$Z_P = bh^2/4$ で表される．

**【例題1】** 図のような T 型断面の全塑性モーメント $M_P$ を求める．圧縮応力度の合力を $C$，引張応力度の合力を $T$ とする．

$$C = T = a \times 3a \times \sigma_y = 3a^2 \sigma_y$$

$$j = \frac{a}{2} + \frac{3a}{2} = 2a$$

> 全塑性モーメントは，圧縮応力度の合力 $C$ と引張応力度の合力 $T$ の偶力のモーメント

**全塑性モーメント**

$$M_P = C \times j = T \times j = 3a^2 \sigma_y \times 2a = 6a^3 \sigma_y$$

なお，中立軸は，断面のすべてが降伏応力度 $\sigma_y$ となることから，圧縮側の面積と引張側の面積が等しくなる軸となる．

**図2 例題1**

## ❷ 崩壊機構

塑性ヒンジは，部材のある断面が全塑性モーメントに達して回転自由なピンの状態になった部分．

次のようなラーメンが水平力を受けたとき，水平力を増大させていくと弾性の領域を超え，柱・はりに降伏が始まる．やがて，断面全体が塑性化して，全塑性状態となり，塑性ヒンジが生じる．さらに，変形を増していくと，部材の各部に塑性ヒンジができるとともに，水平力は増えずに，変形のみが増大していく．この状態を**崩壊機構が形成された**という．また，このときの最大の水平抵抗力を**保有水平耐力**という．

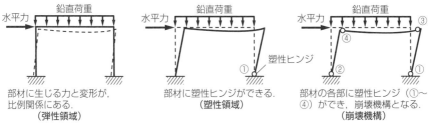

部材に生じる力と変形が，比例関係にある．
（弾性領域）

部材に塑性ヒンジができる．
（塑性領域）

部材の各部に塑性ヒンジ（①〜④）ができ，崩壊機構となる．
（崩壊機構）

**図3　崩壊機構**

【**例題2**】　図4（a）のようなラーメンに作用する荷重 $P$ を増大させたとき，同図（b）のような崩壊機構を示した．このときのラーメンの崩壊荷重 $P_u$ を計算する．ただし，AB 材，BC 材，CD 材の全塑性モーメントの値をそれぞれ $3M_P$，$2M_P$，$M_P$ とする．

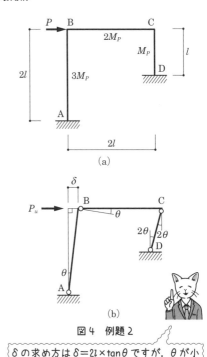

（a）

（b）

**図4　例題2**

**仮想仕事の原理**（8章8-8節）より，

**外力による仮想仕事の和**

$$\sum P \cdot \delta = P_u \times 2l \times \theta = 2P_u l \theta$$

**内力による仮想仕事の和**

$$\sum M_P \cdot \theta = 3M_P \times \theta + 2M_P \times \theta + M_P \times 2\theta$$
$$+ M_P \times 2\theta = 9M_P\theta$$

$\sum P \cdot \delta = \sum M_P \cdot \theta$ より，

$$2P_u l \theta = 9M_P\theta$$

$$\therefore \quad 崩壊荷重\ P_u = \frac{9M_P\theta}{2l\theta} = \frac{9M_P}{2l}$$

$\delta$ の求め方は $\delta = 2l \times \tan\theta$ ですが，$\theta$ が小さいときは $\delta = 2l \times \theta$ としてもよいです．

9

不静定構造

**199**

【問題1】 不静定次数（参考：2019　一級建築士試験）

次の架構のうち，静定構造はどれか.

1　　　　　　　2　　　　　　　3　　　　　　　4

【問題2】 最大曲げモーメントの比較

（参考：一級建築士試験）

図のような等分布荷重 $w$ を受けるはりイ～ハに生じる最大曲げモーメント（絶対値）をそれぞれ $M_イ$，$M_ロ$，$M_ハ$ としたとき，それらの比 $M_イ : M_ロ : M_ハ$ を求めよ. ただし，すべてのはりは等質等断面で，スパンは $l$ で等しく，応力は弾性範囲内にあるものとする.

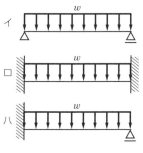

【問題3】 不静定ばりの反力

図のような等分布荷重を受ける不静定ばりの支点 A の鉛直反力 $V_A$ を求めよ.

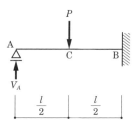

【問題4】 不静定ラーメンの M 図

（参考：一級建築士試験）

図のような集中荷重 $P$ を受けるラーメンの曲げモーメント図を描け. ただし，柱とはりの剛比は等しいものとし，曲げモーメントは材の引張側に描くものとする.

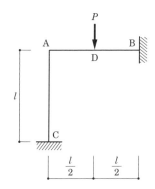

【問題5】 不静定ラーメンのM図

（参考：一級建築士試験）

図のようなラーメンにおいて，点 A に 72 kN·m のモーメントが作用したときの点 D の曲げモーメントの値を求めよ.

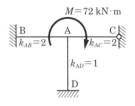

【問題6】 多層ラーメンの反力・応力計算（参考：2002　一級建築士試験）

図は，ある二層構造物の各階に水平荷重が作用したときのラーメンの応力のうち，柱の曲げモーメントを示したものである. このとき，図中の①〜⑤の値を求めよ.

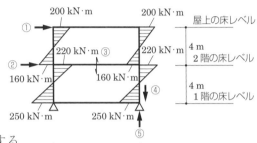

(1) 屋上の床レベルに作用する
　　水平荷重は，〔　①　〕kN

(2) 2 階の床レベルに作用する水平荷重は，〔　②　〕kN

(3) 2 階の床ばりのせん断力の大きさは，〔　③　〕kN

(4) 1 階の柱の軸方向力の大きさは，〔　④　〕kN

(5) 支点の反力は，〔　⑤　〕kN

【問題7】 水平剛性・層間変位

（参考：2009　一級建築士試験）

図のような水平力が作用する三層構造物において，各層の層間変位が等しくなるときの各層の水平剛性 $K_1$, $K_2$, $K_3$ の比を求めよ. ただし，はりは剛体とし，柱の伸縮はないものとする.

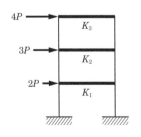

【問題8】 柱の負担せん断力（参考：2011　一級建築士試験）

図のようなラーメンに水平力 $P$ が作用する場合，柱 A，B，C に生じるせん断力をそれぞれ $Q_A$, $Q_B$, $Q_C$ としたとき，せん断力 $Q_A$, $Q_B$, $Q_C$ の比を求めよ. ただし，それぞれの柱は等質等断面の弾性部材で曲げ剛性は $EI$ または $2EI$ であり，はりは剛体とする.

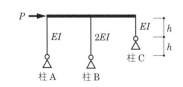

## 【問題9】 崩壊荷重（参考：2015 一級建築士試験）

　図1のような水平荷重 $P$ を受けるラーメンにおいて，水平荷重 $P$ を増大させたとき，そのラーメンは，図2のような崩壊機構を示した．ラーメンの崩壊荷重 $P_u$ の値を求めよ．ただし，柱，はりの全塑性モーメントの値は，それぞれ 400 kN·m，200 kN·m とする．

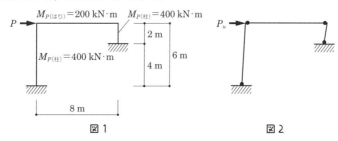

図1　　　　　　　　図2

## 【問題10】 崩壊荷重（参考：2016 一級建築士試験）

　図1のような鉛直荷重 100 kN，水平荷重 $P$ を受けるラーメンにおいて，水平荷重 $P$ を増大させたとき，荷重 $P_u$ で塑性崩壊に至り，図2のような崩壊機構を示した．ラーメンの崩壊荷重 $P_u$ の値を求めよ．ただし，柱，はりの全塑性モーメント $M_P$ の値をそれぞれ 300 kN·m，200 kN·m とする．

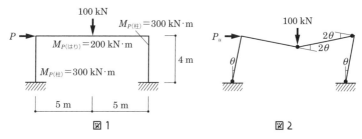

図1　　　　　　　　図2

## 【問題11】 全塑性モーメント（参考：2019 一級建築士試験）

　等質で，図1のような断面形状の部材に，図2のように断面力として曲げモーメント $M$ のみが作用している．この断面の降伏開始曲げモーメントを $M_y$，全塑性モーメントを $M_P$ とするとき，$M \leqq M_y$ の場合と，$M = M_P$ の場合の中立軸の位置 $y$ を求めよ．ただし，中立軸の位置は断面下縁から測るものとする．

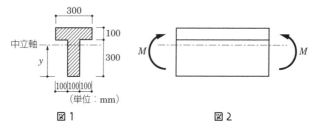

図1　　　　　　　　図2

【問題1】

① $80 - 30 \div 5 = 80 - 6 = 74$　　② $13 - (-5) = 13 + 5 = 18$

③ $-4 + (-2) = -6$　　④ $-3 \times (-4) = 12$　　⑤ $15 \div (-5) = -3$

【問題2】

マイナス×マイナスは
プラス
$-(-\bigcirc) = +(+\bigcirc)$

① $1.2 + 0.32 = 1.52$　　② $12 - 0.03 = 11.97$

③ $2.5 \times 3 = 7.5$　　④ $0.081 \times 100 = 8.1$

⑤ $0.465 \times 8 = 3.72$

【問題3】

分数の足し算，
引き算は，必ず
通分すること．

① $\dfrac{4}{5} - 2 = \dfrac{4}{5} - \dfrac{10}{5} = -\dfrac{6}{5}$　　② $\dfrac{2}{3} - \dfrac{1}{2} = \dfrac{4}{6} - \dfrac{3}{6} = \dfrac{1}{6}$

③ $\dfrac{2}{3} \div \dfrac{1}{2} = \dfrac{2}{3} \times \dfrac{2}{1} = \dfrac{4}{3}$　　④ $\dfrac{2}{3} \times \left(-\dfrac{1}{2}\right) = -\dfrac{2}{6} = -\dfrac{1}{3}$

⑤ $\dfrac{\frac{2}{3}}{\frac{3}{5}} = \dfrac{2}{3} \div \dfrac{3}{5} = \dfrac{2}{3} \times \dfrac{5}{3} = \dfrac{10}{9}$

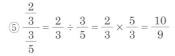

分数の割算は，
ひっくりかえして掛けます．

【問題4】

① $0.1 = 10\%$　　② $0.01 = 1\%$　　③ $1.05 = 105\%$　　④ $\dfrac{28}{100} = 28\%$

⑤ $\dfrac{35}{1\,000} = \dfrac{3.5}{100} = 3.5\%$

$1\% = \dfrac{1}{100} = 0.01$

【問題5】

① $5^2 = 25$　　② $(-2)^3 = -8$　　③ $(0.1)^2 = 0.01$　　④ $10^3 = 1\,000$

⑤ $2.05 \times 10^5 = 2.05 \times 100\,000 = 205\,000$

【問題6】

① $\sqrt{(-4)^2} = \sqrt{16} = 4$　　② $\sqrt{32} - \sqrt{2} = 4\sqrt{2} - \sqrt{2} = 3\sqrt{2}$

③ $\sqrt{3} + \dfrac{6}{\sqrt{3}} = \sqrt{3} + \dfrac{6 \times \sqrt{3}}{\sqrt{3} \times \sqrt{3}} = \sqrt{3} + \dfrac{6 \times \sqrt{3}}{3} = \sqrt{3} + 2\sqrt{3} = 3\sqrt{3}$

④ $\sqrt{2} \times \sqrt{3} = \sqrt{6}$

⑤ $\dfrac{6\sqrt{3}}{\sqrt{2}} = \dfrac{6\sqrt{3} \times \sqrt{2}}{\sqrt{2} \times \sqrt{2}} = \dfrac{6 \times \sqrt{6}}{2} = 3\sqrt{6}$

（有理化）分母，分子に，
分母の $\sqrt{\phantom{x}}$ を掛けると分
母の $\sqrt{\phantom{x}}$ が消える．

右に基本三角形を描いて既知の辺の比を求める.

$x = ($対応する辺$) \times ($既知の辺の比$)$

① 

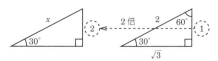

2倍になっているので, $x = 2 \times 2 = 4$

② 

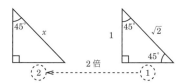

2倍になっているので, $x = \sqrt{2} \times 2 = 2\sqrt{2}$

③ 

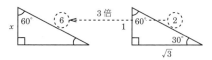

3倍になっているので, $x = 1 \times 3 = 3$

④ 3:4:5の直角三角形

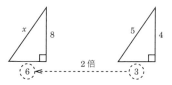

2倍になっているので, $x = 5 \times 2 = 10$

⑤ 

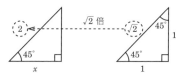

$\sqrt{2}$ 倍になっているので, $x = 1 \times \sqrt{2} = \sqrt{2}$

【問題8】

① $2x = 6$ $\qquad \therefore \quad x = 3$

② $3 - x = 0$ $\qquad 3 = x$ $\qquad \therefore \quad x = 3$

③ $2x - 2 = 3x - 4$ $\qquad 2x - 3x = -4 + 2$ $\qquad -x = -2$ $\qquad \therefore \quad x = 2$

④ $8 - 2x = -4$ $\qquad -2x = -4 - 8$ $\qquad -2x = -12$ $\qquad \therefore \quad x = 6$

⑤ $6(x - 5) = 2x - (x - 20)$ $\qquad 6x - 30 = 2x - x + 20$ $\qquad 6x - 2x + x = 20 + 30$

$\quad 5x = 50$ $\qquad \therefore \quad x = 10$

> 方程式は両辺に，同じ数を足したり引いたり，掛けたり割ったりして，最終的に $x = \bigcirc$ の形にする.

【問題9】

$\dfrac{1}{3}, \dfrac{5}{8}, \dfrac{5}{12}$

分母が 24 となるように通分する.

$\dfrac{8}{24}, \dfrac{15}{24}, \dfrac{10}{24}$

よって，大小関係は，$\dfrac{5}{8} > \dfrac{5}{12} > \dfrac{1}{3}$

【問題10】

① $A = 2B$

$\dfrac{A}{B} = \dfrac{2}{1}$ よって，$A : B = 2 : 1$

② $A = \dfrac{5}{3}B$

$\dfrac{A}{B} = \dfrac{5}{3}$ よって，$A : B = 5 : 3$

> 比の問題
> $\dfrac{A}{B} = \dfrac{2}{1}$
> 順番に $A : B = 2 : 1$

【問題11】

① $\dfrac{Pl}{4} - \dfrac{Pl}{8} = \dfrac{2Pl}{8} - \dfrac{Pl}{8} = \dfrac{Pl}{8}$

② $\pi \times \dfrac{(2d)^2}{4} = \pi \times \dfrac{4d^2}{4} = \pi d^2$

③ $3l \times (2l)^3 = 3l \times 8l^3 = 24l^4$

④ $\dfrac{bh^3}{12} \div \dfrac{h}{2} = \dfrac{bh^3}{12} \times \dfrac{2}{h} = \dfrac{bh^2}{6}$

⑤ $\dfrac{\dfrac{Pl}{4}}{\dfrac{bh^2}{6}} = \dfrac{Pl}{4} \div \dfrac{bh^2}{6} = \dfrac{Pl}{4} \times \dfrac{6}{bh^2} = \dfrac{3Pl}{2bh^2}$

# 演習問題解答

## ❶章 徹底的に学ぶ［計算の基礎］

【問題1】 正・負の数，小数，分数，平方根，累乗，指数

① $-5-(-3)=-5+3=-2$　　② $5-0.01=4.99$

③ $30-10\div2=30-5=25$　　④ $(-5)^3=(-5)\times(-5)\times(-5)=-125$

⑤ $0.686\times10^5=0.686\times100\,000=68\,600$

⑥ $-3\div(-2)+\left(-\dfrac{1}{2}\right)=\dfrac{3}{2}-\dfrac{1}{2}=\dfrac{2}{2}=1$

⑦ $\dfrac{6}{\sqrt{2}}-\sqrt{2}=\dfrac{6\times\sqrt{2}}{\sqrt{2}\times\sqrt{2}}-\sqrt{2}=\dfrac{6\sqrt{2}}{2}-\sqrt{2}=3\sqrt{2}-\sqrt{2}=2\sqrt{2}$

⑧ $\dfrac{120\times200^2}{6}=20\times200\times200=800\,000$　　⑨ $\dfrac{2}{5}\div\dfrac{1}{3}=\dfrac{2}{5}\times\dfrac{3}{1}=\dfrac{6}{5}$

⑩ $\dfrac{\dfrac{2}{5}}{\dfrac{3}{4}}=\dfrac{2}{5}\div\dfrac{3}{4}=\dfrac{2}{5}\times\dfrac{4}{3}=\dfrac{8}{15}$

【問題2】 式の計算

① $\dfrac{Pl}{2}+Pl=\dfrac{Pl}{2}+\dfrac{2Pl}{2}=\dfrac{3Pl}{2}$

② $\dfrac{l\times(2l)^3}{12}=\dfrac{l\times8l^3}{12}=\dfrac{2l^4}{3}$

③ $\dfrac{\dfrac{bh^3}{12}}{\dfrac{h}{2}}=\dfrac{bh^3}{12}\div\dfrac{h}{2}=\dfrac{bh^3}{12}\times\dfrac{2}{h}=\dfrac{bh^2}{6}$

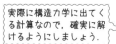

実際に構造力学に出てくる計算なので，確実に解けるようにしましょう。

【問題3】 方程式

① $x\times5-10\times3=0$　　$5x=30$　　$\therefore\ x=6$

② $2x+4=2$　　$2x=-2$　　$\therefore\ x=-1$

③ $3(-x+5)=2x-(-x+15)$　　$-3x+15=2x+x-15$

　　$-3x-3x=-15-15$　　$-6x=-30$　　$\therefore\ x=5$

【問題4】 比

① $3B=2A$　　$B=\dfrac{2A}{3}$　　$\dfrac{B}{A}=\dfrac{2}{3}$　　$\therefore\ A:B=3:2$

② $\dfrac{5}{3}A=B$　　$\dfrac{5}{3}=\dfrac{B}{A}$　　$\therefore\ A:B=3:5$

比の問題
$\left(\dfrac{B}{A}=\dfrac{2}{3}\right)$
$A:B=3:2$

【問題5】 単位

① 力 〔N〕〔kN〕

② 力のモーメント 〔N·mm〕〔N·cm〕〔kN·cm〕〔kN·m〕など

③ 断面一次モーメント 〔mm³〕〔cm³〕

> となりに基本三角を描き，何倍の関係か見つければ，他の辺の倍率も同じ．

## 【問題6】 力の分解

①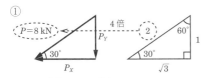

$$P_X = \sqrt{3} \times 4 = 4\sqrt{3} \text{ kN}$$
$$P_Y = 1 \times 4 = 4 \text{ kN}$$

②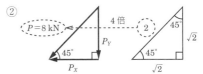

$$P_X = \sqrt{2} \times 4 = 4\sqrt{2} \text{ kN}$$
$$P_Y = \sqrt{2} \times 4 = 4\sqrt{2} \text{ kN}$$

## 【問題7】 力の分解

①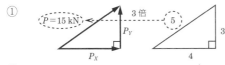

$$P_X = 4 \times 3 = 12 \text{ kN}$$
$$P_Y = 3 \times 3 = \phantom{0}9 \text{ kN}$$

②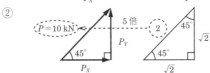

$$P_X = \sqrt{2} \times 5 = 5\sqrt{2} \text{ kN}$$
$$P_Y = \sqrt{2} \times 5 = 5\sqrt{2} \text{ kN}$$

③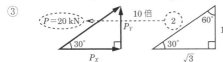

$$P_X = \sqrt{3} \times 10 = 10\sqrt{3} \text{ kN}$$
$$P_Y = 1 \times 10 = 10 \text{ kN}$$

## 【問題8】 力のつりあい

　求める必要のない $P_1$ と $P_3$ の交点をモーメントの中心とする（画鋲で留める）．

（右回りのモーメント）
　＝（左回りのモーメント）より，

$$4 \times 1 = P_4 \times 2$$
$$2P_4 = 4 \qquad \therefore \ P_4 = 2 \text{ kN}$$

図中：
$P_1$（モーメントの中心を画鋲で留める）
$P_2$までの距離＝1 m
$P_2$の作用線
$P_2 = 4 \text{ kN（移動）}$
$P_4$までの距離＝2 m
1 m
2 m
1 m
2 m
$P_4$
$P_3$

## 【問題9】 モーメントの計算

① $-4 \times 2 - 3 \times 3 = -8 - 9 = -17 \text{ kN·m}$

② $-5 \times 3 = -15 \text{ kN·m}$

③ $+5 \times 3 - 4 \times 4 = +15 - 16 = -1 \text{ kN·m}$

## 【問題10】 偶力のモーメント

　偶力のモーメントは，どの位置においても，$M = P \times l$ で求めることができる．左回りなので符号は $(-)$ とする．

$$M_A = M_B = M_C = -4 \text{ kN} \times 6 \text{ m} = -24 \text{ kN·m}$$

[**参考**] それぞれの点でモーメントを計算する．

点 A：$M_A = -4\ \text{kN} \times 6\ \text{m}$
$= -24\ \text{kN·m}$

点 B：$M_B = -4\ \text{kN} \times 2\ \text{m}$
$-4\ \text{kN} \times 4\ \text{m}$
$= -24\ \text{kN·m}$

点 C：$M_C = +4\ \text{kN} \times 3\ \text{m}$
$-4\ \text{kN} \times 9\ \text{m}$
$= -24\ \text{kN·m}$

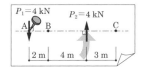 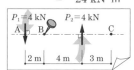 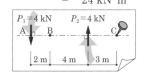

【問題 11】 断面一次モーメント

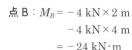

左右対称形なので，
図心 G は中心線上に
ある．

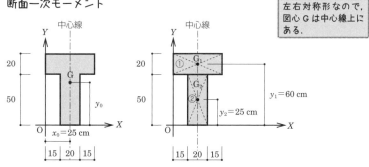

　左右対称形なので，図心 G は中心線上にあり，$x_0 = 25\ \text{cm}$ であることがわかる．

　T 形断面を断面①，断面②に分割し，それぞれの図心 $G_1$，$G_2$ までの距離 $y_1 = 60\ \text{cm}$，$y_2 = 25\ \text{cm}$ が求められる．

　（全体の面積）×（全体の図心 G までの距離）

　　＝（①の面積）×（①の図心までの距離）＋（②の面積）×（②の図心までの距離）

より，数値を入れて，

　$(20 \times 50 + 50 \times 20) \times y_0 = (20 \times 50) \times 60 + (50 \times 20) \times 25$

　$2\,000\,y_0 = 60\,000 + 25\,000$

　$2\,000\,y_0 = 85\,000$ 　　∴ 　$y_0 = 42.5\ \text{cm}$

　∴ 図心の座標 （25，42.5）（単位：cm）

【問題 12】 断面一次モーメント

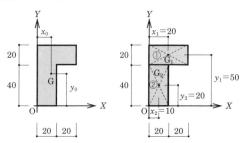

断面①と断面②に分割して考える．

（全体の面積）×（全体の図心 G までの距離）

＝（①の面積）×（①の図心までの距離）＋（②の面積）×（②の図心までの距離）

より,

STEP-① **$x_0$ を求める計算**

$(20 \times 40 + 40 \times 20) \times x_0 = (20 \times 40) \times 20 + (40 \times 20) \times 10$

$1\,600\,x_0 = 16\,000 + 8\,000$　　$1\,600\,x_0 = 24\,000$　　∴　$x_0 = 15$ mm

STEP-② **$y_0$ を求める計算**

$(20 \times 40 + 40 \times 20) \times y_0 = (20 \times 40) \times 50 + (40 \times 20) \times 20$

$1\,600\,y_0 = 40\,000 + 16\,000$　　$1\,600\,y_0 = 56\,000$

∴　$y_0 = 35$ mm　　∴　図心の座標（15, 35）（単位：mm）

## 【問題13】 合力の作用線までの距離

(1)

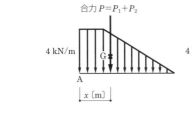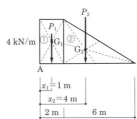

①と②に分割して考える.

①の合力 $P_1 = 4$ kN/m $\times 2$ m $= 8$ kN

②の合力 $P_2 = 4$ kN/m $\times 6$ m $\times \dfrac{1}{2} = 12$ kN

∴　合力 $P =$ ① $+$ ② $= 8 + 12 = 20$ kN

$P \times x = P_1 \times x_1 + P_2 \times x_2$ より,

$20 \times x = 8 \times 1 + 12 \times 4$

$20x = 56$　　∴　$x = 2.8$ m

(2)

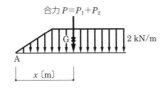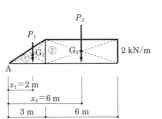

①と②に分割して考える.

①の合力 $P_1 = 2$ kN/m $\times 3$ m $\times \dfrac{1}{2} = 3$ kN

②の合力 $P_2 = 2$ kN/m $\times 6$ m $= 12$ kN

∴　合力 $P =$ ① $+$ ② $= 3 + 12 = 15$ kN

$P \times x = P_1 \times x_1 + P_2 \times x_2$ より,

$15 \times x = 3 \times 2 + 12 \times 6$　　$15x = 78$　　∴　$x = 5.2$ m

## ③章　はりから学ぶ［構造力学の基礎］

【問題1】　はりの反力の計算

　　原則として，水平反力 $H$ は右向きに，鉛直反力 $V$ は上向きに，モーメント反力 $RM$ は右回りに仮定する．

(a)

<u>STEP-①</u>　水平方向のつりあい　　∴　$H_A = 0$

<u>STEP-②</u>　鉛直方向のつりあい　　$V_A + V_B = 6 + 3$

　　∴　$V_A + V_B = 9$　…①

<u>STEP-③</u>　モーメントのつりあい

支点Bを中心に考える．

　　$V_A \times 6 = 6 \times 4 + 3 \times 2$　　　$6V_A = 30$

　　∴　$V_A = 5\ \text{kN}$　　式①より，　∴　$V_B = 4\ \text{kN}$

　　（答）$H_A = 0$, $V_A = 5\ \text{kN}$, $V_B = 4\ \text{kN}$

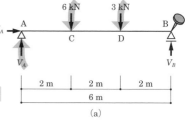

(a)

**(b)** 等分布荷重 $w$ の合計を集中荷重 $P$ とし，分布範囲の中央に作用させる．

集中荷重 $P = 2\,\text{kN/m} \times 2\,\text{m} = 4\,\text{kN}$

<u>STEP-①</u> 水平方向のつりあい

∴ $H_A = 0$

<u>STEP-②</u> 鉛直方向のつりあい

∴ $V_A + V_B = 4$ ⋯①

<u>STEP-③</u> モーメントのつりあい

支点 B を中心に考える．

$V_A \times 4 = 4 \times 1$　　$4V_A = 4$,　　∴ $V_A = 1\,\text{kN}$

式①より，　∴ $V_B = 3\,\text{kN}$

（答）$H_A = 0$, $V_A = 1\,\text{kN}$, $V_B = 3\,\text{kN}$

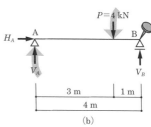

(b)

**(c)**

<u>STEP-①</u> 水平方向のつりあい

$0 = H_B$　　∴ $H_B = 0$

<u>STEP-②</u> 鉛直方向のつりあい

$V_B = 2 + 4$　　∴ $V_B = 6\,\text{kN}$

<u>STEP-③</u> モーメントのつりあい

支点 B を中心に考える．

$RM_B = 2 \times 4 + 4 \times 2$　　∴ $RM_B = 16\,\text{kN·m}$

（答）$H_B = 0$, $V_B = 6\,\text{kN}$, $RM_B = 16\,\text{kN·m}$

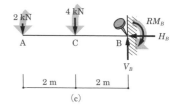

(c)

**(d)** 等分布荷重 $w$ の合計を集中荷重 $P$ とし，分布範囲の中央に作用させる．

集中荷重 $P = 2\,\text{kN/m} \times 2\,\text{m} = 4\,\text{kN}$

<u>STEP-①</u> 水平方向のつりあい

$0 = H_B$　　∴ $H_B = 0$

<u>STEP-②</u> 鉛直方向のつりあい

∴ $V_B = 4\,\text{kN}$

<u>STEP-③</u> モーメントのつりあい

支点 B を中心に考える．

$RM_B = 4 \times 3$　　∴ $RM_B = 12\,\text{kN·m}$

（答）$H_B = 0$, $V_B = 4\,\text{kN}$, $RM_B = 12\,\text{kN·m}$

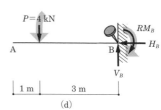

(d)

**(e)** 斜めの力 4 kN を水平方向の力 $P_X$ と鉛直方向の力 $P_Y$ に分解する．

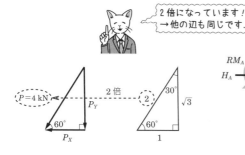

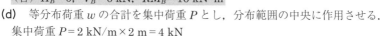

(e)

$P_X = 1 \times 2 = 2 \text{ kN}$

$P_Y = \sqrt{3} \times 2 = 2\sqrt{3} \text{ kN}$

STEP-① 水平方向のつりあい

∴ $H_A = 2 \text{ kN}$

STEP-② 鉛直方向のつりあい

∴ $V_A = 2\sqrt{3} \text{ kN}$

STEP-③ モーメントのつりあい

支点 A を中心に考える.

$2\sqrt{3} \times 3 = RM_A$ ∴ $RM_A = 6\sqrt{3} \text{ kN·m}$

（答）$H_A = 2\text{kN}$, $V_A = 2\sqrt{3} \text{ kN}$, $RM_A = 6\sqrt{3} \text{ kN·m}$

**(f)** 斜めの力 $3\sqrt{3} \text{ kN}$ を水平方向の力 $P_X$ と鉛直方向の力 $P_Y$ に分解する.

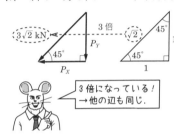 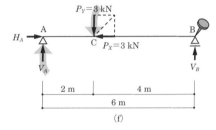

(f)

$P_X = P_Y = 1 \times 3 = 3 \text{ kN}$

STEP-① 水平方向のつりあい

∴ $H_A = 3 \text{ kN}$

STEP-② 鉛直方向のつりあい

∴ $V_A + V_B = 3$ …①

STEP-③ モーメントのつりあい

支点 B を中心に考える.

$V_A \times 6 = 3 \times 4$ $6V_A = 12$ ∴ $V_A = 2 \text{ kN}$

式①より, ∴ $V_B = 1 \text{ kN}$

（答）$H_A = 3 \text{ kN}$, $V_A = 2 \text{ kN}$, $V_B = 1 \text{ kN}$

**(g)** モーメント荷重は, 水平方向のつりあい, 鉛直方向のつりあいの計算には算入しない. また, モーメントのつりあいの計算では, 中心として考えている支点 A に移動して考える.

STEP-① 水平方向のつりあい

∴ $H_A = 0$

STEP-② 鉛直方向のつりあい

∴ $V_A = 0$

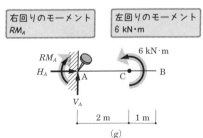

STEP-③ モーメントのつりあい

支点 A を中心に考える.

∴ $RM_A = 6 \text{ kN·m}$

（答）$H_A = 0$, $V_A = 0$, $RM_A = 6 \text{ kN·m}$

212

(h) モーメント荷重は，水平方向のつりあい，鉛直方向のつりあいの計算には算入しない．また，モーメントのつりあいの計算では，中心として考えている支点 B に移動して考える．

STEP-① 水平方向のつりあい
$\therefore H_A = 0$

STEP-② 鉛直方向のつりあい
$\therefore V_A + V_B = 0$ …①

STEP-③ モーメントのつりあい
支点 B を中心に考える．

$V_A \times 5 = 15 \qquad 5V_A = 15 \qquad \therefore V_A = 3 \text{ kN}$

式①より，$\quad \therefore V_B = -3 \text{ kN}$

（答）$H_A = 0$，$V_A = 3 \text{ kN}$，$V_B = -3 \text{ kN}$

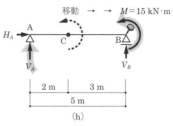
(h)

(i)

STEP-① 水平方向のつりあい
$\therefore H_A = 0$

STEP-② 鉛直方向のつりあい
$V_A + 6 + V_B = 6$
$\therefore V_A + V_B = 0$ …①

STEP-③ モーメントのつりあい
支点 B を中心に考える．

$V_A \times 6 + 6 \times 2 = 6 \times 4 \qquad 6V_A = 12 \qquad \therefore V_A = +2 \text{ kN}$

式①より，$\quad \therefore V_B = -2 \text{ kN}$

（答）$H_A = 0$，$V_A = +2 \text{ kN}$，$V_B = -2 \text{ kN}$

(i)

【問題2】 等変分布荷重を受けるはりの反力の計算

(a) 等変分布荷重を，①（長方形部分）と②（三角形部分）に分けて考える．

それぞれの荷重を合計して集中荷重に置き換える．

①の合計 $P_1 = 4 \text{ kN/m} \times 6 \text{ m} = 24 \text{ kN}$

②の合計 $P_2 = 2 \text{ kN/m} \times 6 \text{ m} \times \dfrac{1}{2} = 6 \text{ kN}$

▶反力の計算

STEP-① 水平方向のつりあい
$\therefore H_A = 0$

STEP-② 鉛直方向のつりあい
$V_A + V_B = 24 + 6$
$\therefore V_A + V_B = 30$ …①

STEP-③ モーメントのつりあい
支点 B を中心に考える（画鋲）．

$V_A \times 6 = 24 \times 3 + 6 \times 2 \qquad 6V_A = 84 \qquad \therefore V_A = 14 \text{ kN}$

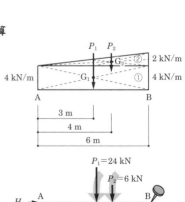
(a)

式①より, $\therefore$ $V_B = 16$ kN

(答) $H_A = 0$, $V_A = 14$ kN, $V_B = 16$ kN

(b) 等変分布荷重を①と②と③に分けて考える.

それぞれの荷重を合計して集中荷重に置き換える.

①の合計 $P_1 = 1$ kN/m $\times 6$ m $= 6$ kN

②の合計 $P_2 = 2$ kN/m $\times 3$ m $\times \dfrac{1}{2} = 3$ kN

③の合計 $P_3 = 2$ kN/m $\times 3$ m $= 6$ kN

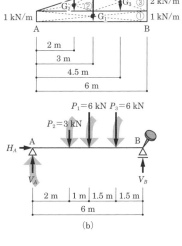

▶反力の計算

STEP-① 水平方向のつりあい

$\therefore$ $H_A = 0$

STEP-② 鉛直方向のつりあい

$V_A + V_B = 3 + 6 + 6$

$\therefore$ $V_A + V_B = 15$ $\cdots$①

STEP-③ モーメントのつりあい

支点 B を中心に考える.

$V_A \times 6 = 3 \times 4 + 6 \times 3 + 6 \times 1.5$

$6V_A = 39$ $\therefore$ $V_A = 6.5$ kN

式①より, $\therefore$ $V_B = 8.5$ kN

(答) $H_A = 0$, $V_A = 6.5$ kN, $V_B = 8.5$ kN

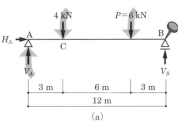

(b)

【問題3】 反力の計算

(a) 等分布荷重 $w$ の合計を集中荷重 $P$ とし, 分布範囲の中央に作用させる.

集中荷重 $P = 1$ kN/m $\times 6$ m $= 6$ kN

STEP-① 水平方向のつりあい

$\therefore$ $H_A = 0$

STEP-② 鉛直方向のつりあい

$V_A + V_B = 4 + 6$

$\therefore$ $V_A + V_B = 10$ $\cdots$①

STEP-③ モーメントのつりあい

支点 B を中心に考える.

$V_A \times 12 = 4 \times 9 + 6 \times 3$ $12V_A = 54$

$\therefore$ $V_A = 4.5$ kN

式①より, $\therefore$ $V_B = 5.5$ kN

(答) $H_A = 0$, $V_A = 4.5$ kN, $V_B = 5.5$ kN

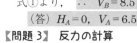

(a)

(b)

STEP-① 水平方向のつりあい

$\therefore$ $H_A = 0$

STEP-② 鉛直方向のつりあい

$V_A + V_B = 2 + 4$

$\therefore$ $V_A + V_B = 6$ $\cdots$①

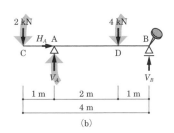

(b)

## STEP-③ モーメントのつりあい

支点 B を中心に考える.

$V_A \times 3 = 2 \times 4 + 4 \times 1$    $3V_A = 12$

∴ $V_A = 4$ kN

式①より, ∴ $V_B = 2$ kN

（答）$H_A = 0$, $V_A = 4$ kN, $V_B = 2$ kN

(c)　斜めの力 8 kN を水平方向の力 $P_X$ と鉛直方向の力 $P_Y$ に分解する.

4倍になっています！
→ 他の辺も同じです

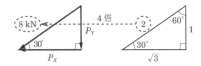

$P_X = \sqrt{3} \times 4 = 4\sqrt{3}$ kN    $P_Y = 1 \times 4 = 4$ kN

## STEP-① 水平方向のつりあい

∴ $H_A = 4\sqrt{3}$ kN

## STEP-② 鉛直方向のつりあい

∴ $V_A + V_B = 4$ …①

## STEP-③ モーメントのつりあい

支点 B を中心に考える.

$V_A \times 4 = 4 \times 5$    ∴ $V_A = 5$ kN

式①より, ∴ $V_B = -1$ kN

（答）$H_A = 4\sqrt{3}$ kN, $V_A = 5$ kN, $V_B = -1$ kN

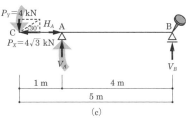

(c)

(d)

## STEP-① 水平方向のつりあい

$H_A + 40 = 0$

∴ $H_A = -40$ kN

## STEP-② 鉛直方向のつりあい

∴ $V_A + V_B = 0$ …①

## STEP-③ モーメントのつりあい

支点 A を中心に考える.

$40 \times 6 = V_B \times 8$    $8V_B = 240$

∴ $V_B = 30$ kN

式①より, ∴ $V_A = -30$ kN

（答）$H_A = -40$ kN, $V_A = -30$ kN,
　　　$V_B = 30$ kN

(e)

## STEP-① 水平方向のつりあい

∴ $H_A + H_B = 0$ …①

## STEP-② 鉛直方向のつりあい

$V_B = 6 + 6$    ∴ $V_B = 12$ kN

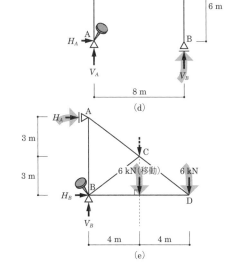

(d)

(e)

STEP-③　モーメントのつりあい

支点 B を中心に考える．

$H_A \times 6 + 6 \times 4 + 6 \times 8 = 0$　　　$6H_A = -72$

$\therefore \; H_A = -12 \text{ kN}$　　式①より，　　$\therefore \; H_B = 12 \text{ kN}$

（答）$H_A = -12 \text{ kN}, \; H_B = 12 \text{ kN}, \; V_B = 12 \text{ kN}$

（f）

STEP-①　水平方向のつりあい

$\therefore \; H_A = 1 \text{ kN}$

STEP-②　鉛直方向のつりあい

$\therefore \; V_A = 3 \text{ kN}$

STEP-③　モーメントのつりあい

支点 A を中心に考える．

$RM_A + 3 \times 2 = 1 \times 1$　　$RM_A + 6 = 1$

$\therefore \; RM_A = -5 \text{ kN·m}$

（答）$H_A = 1 \text{ kN}, \; V_A = 3 \text{ kN}, \; RM_A = -5 \text{ kN·m}$

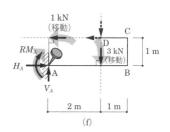

（f）

【問題 4】　単純ばりラーメンの反力の計算

（a）

STEP-①　水平方向のつりあい

$H_A + 3 = 0$

$\therefore \; H_A = -3 \text{ kN}$

STEP-②　鉛直方向のつりあい

$\therefore \; V_A + V_B = 3 \quad \cdots ①$

STEP-③　モーメントのつりあい

支点 B を中心に考える．

$V_A \times 6 + 3 \times 2 = 3 \times 2$　　$6V_A = 0$

$\therefore \; V_A = 0$

式①より，　　$\therefore \; V_B = 3 \text{ kN}$

（答）$H_A = -3 \text{ kN}, \; V_A = 0, \; V_B = 3 \text{ kN}$

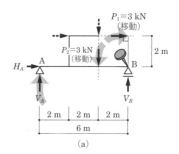

（a）

（b）

STEP-①　水平方向のつりあい

$\therefore \; H_A = 2 \text{ kN}$

STEP-②　鉛直方向のつりあい

$\therefore \; V_A + V_B = 5 \quad \cdots ①$

STEP-③　モーメントのつりあい

支点 B を中心に考える．

$V_A \times 8 = 5 \times 4 + 2 \times 2$

$8V_A = 24$　　　$\therefore \; V_A = 3 \text{ kN}$

式①より，　　$\therefore \; V_B = 2 \text{ kN}$

（答）$H_A = 2 \text{ kN}, \; V_A = 3 \text{ kN}, \; V_B = 2 \text{ kN}$

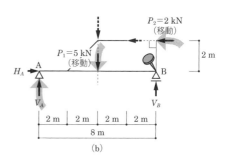

（b）

【問題 5】 反力の計算

原則として，水平反力 $H$ は右向きに，鉛直反力 $V$ は上向きに，モーメント反力 $RM$ は右回りに仮定する．

(a) 等分布荷重 $w$ の合計を集中荷重 $P$ とし，分布範囲の中央に作用させる．

集中荷重 $P = 3 \text{ kN/m} \times 4 \text{ m} = 12 \text{ kN}$

STEP-① 水平方向のつりあい

$\therefore\ H_A = 0$

STEP-② 鉛直方向のつりあい

$V_A + V_B = 2 + 12$

$\therefore\ V_A + V_B = 14$ …①

STEP-③ モーメントのつりあい

支点 B を中心に考える．

$V_A \times 8 = 2 \times 10 + 12 \times 2 \qquad 8V_A = 44$

$\therefore\ V_A = 5.5 \text{ kN}$

式①より， $\therefore\ V_B = 8.5 \text{ kN}$

（答）$H_A = 0,\ V_A = 5.5 \text{ kN},\ V_B = 8.5 \text{ kN}$

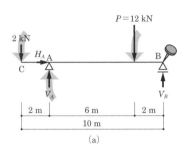

(a)

(b)

STEP-① 水平方向のつりあい

$\therefore\ H_A = 0$

STEP-② 鉛直方向のつりあい

$V_A + 2 + V_B = 4$

$\therefore\ V_A + V_B = 2$ …①

STEP-③ モーメントのつりあい

支点 B を中心に考える．

$V_A \times 8 + 2 \times 2 = 4 \times 6$

$8V_A = 20 \qquad \therefore\ V_A = 2.5 \text{ kN}$

式①より， $\therefore\ V_B = -0.5 \text{ kN}$

（答）$H_A = 0,\ V_A = 2.5 \text{ kN},\ V_B = -0.5 \text{ kN}$

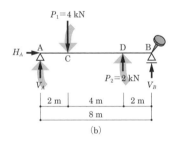

(b)

(c) 等分布荷重 $w$ の合計を集中荷重 $P$ とし，分布範囲の中央に作用させる．

集中荷重 $P = 2 \text{ kN/m} \times 4 \text{ m} = 8 \text{ kN}$

STEP-① 水平方向のつりあい

$H_A + 8 = 0 \qquad \therefore\ H_B = -8 \text{ kN}$

STEP-② 鉛直方向のつりあい

$\therefore\ V_A + V_B = 0$ …①

STEP-③ モーメントのつりあい

支点 A を中心に考える．

$8 \times 2 = V_B \times 4 \qquad 4V_B = 16$

$\therefore\ V_B = 4 \text{ kN}$

式①より， $\therefore\ V_A = -4 \text{ kN}$

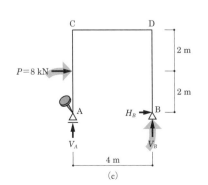

(c)

（答）$V_A = -4$ kN, $H_B = -8$ kN, $V_B = 4$ kN

## (d)

<u>STEP-①　水平方向のつりあい</u>

$H_A + 2 = 0$　∴　$H_A = -2$ kN

<u>STEP-②　鉛直方向のつりあい</u>

∴　$V_A + V_B = 4$　…①

<u>STEP-③　モーメントのつりあい</u>

支点 B を中心に考える.

$V_A \times 4 + 2 \times 4 = 4 \times 2$

$4V_A = 0$　∴　$V_A = 0$

式①より,　∴　$V_B = 4$ kN

（答）$H_A = -2$ kN, $V_A = 0$, $V_B = 4$ kN

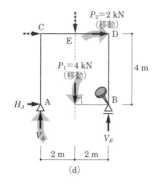

(d)

## (e)

<u>STEP-①　水平方向のつりあい</u>

∴　$H_A = 3$ kN

<u>STEP-②　鉛直方向のつりあい</u>

∴　$V_A + V_B = 6$　…①

<u>STEP-③　モーメントのつりあい</u>

計算が簡単となる支点 A を中心に考える.

$6 \times 3 = V_B \times 6 + 3 \times 8$　　$6V_B = -6$

∴　$V_B = -1$ kN

式①より,　∴　$V_A = 7$ kN

（答）$H_A = 3$ kN, $V_A = 7$ kN, $V_B = -1$ kN

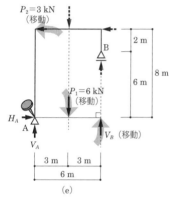

(e)

## (f)

<u>STEP-①　水平方向のつりあい</u>

∴　$H_A = 2$ kN

<u>STEP-②　鉛直方向のつりあい</u>

$V_A + 1 = 4$

∴　$V_A = 3$ kN

<u>STEP-③　モーメントのつりあい</u>

支点 A を中心に考える.

$RM_A + 4 \times 2 + 1 \times 1 = 2 \times 4$

∴　$RM_A = -1$ kN·m

（答）$H_A = 2$ kN, $V_A = 3$ kN, $RM_A = -1$ kN·m

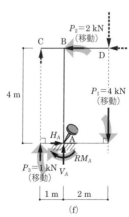

(f)

## ❹章 はりの応力

### 〖問題 1〗 はりの任意の点の応力

　いずれも点 D で切断して，左右のうち簡単なほうを選択する．点 D に求める応力 $N_D$，$Q_D$，$M_D$ を記入してつりあい方程式で求める．

**(a)**

STEP-① 水平方向のつりあい
　∴ $N_D = 0$

STEP-② 鉛直方向のつりあい
　$3 = Q_D$　∴ $Q_D = +3\ \text{kN}$

STEP-③ モーメントのつりあい
点 D を中心に考える（画鋲）．
　$3 \times 1 = M_D$　∴ $M_D = +3\ \text{kN·m}$
　（答）$N_D = 0$，$Q_D = +3\ \text{kN}$，$M_D = +3\ \text{kN·m}$

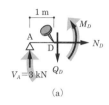
(a)

**(b)**

STEP-① 水平方向のつりあい
　$N_D + 2 = 0$　∴ $N_D = -2\ \text{kN}$

STEP-② 鉛直方向のつりあい
　$2 = Q_D$　∴ $Q_D = +2\ \text{kN}$

STEP-③ モーメントのつりあい
点 D を中心に考える（画鋲）．
　$2 \times 1 = M_D$　∴ $M_D = +2\ \text{kN·m}$
　（答）$N_D = -2\ \text{kN}$，$Q_D = +2\ \text{kN}$，$M_D = +2\ \text{kN·m}$

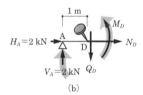
(b)

**(c)**

STEP-① 水平方向のつりあい
　∴ $N_D = 0$

STEP-② 鉛直方向のつりあい
　$0 = Q_D + 1$　∴ $Q_D = -1\ \text{kN}$

STEP-③ モーメントのつりあい
点 D を中心に考える（画鋲）．
　$0 = M_D + 1 \times 1$　∴ $M_D = -1\ \text{kN·m}$
　（答）$N_D = 0$，$Q_D = -1\ \text{kN}$，$M_D = -1\ \text{kN·m}$

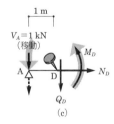
(c)

**(d)**　切断後，等分布荷重 $w$ の合計を集中荷重 $P$ とし，分布範囲の中央に作用させる．
　　集中荷重 $P = 3\ \text{kN/m} \times 1\ \text{m} = 3\ \text{kN}$

STEP-① 水平方向のつりあい
　∴ $N_D = 0$

STEP-② 鉛直方向のつりあい
　$6 = Q_D + 3$　∴ $Q_D = +3\ \text{kN}$

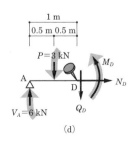
(d)

## STEP-③ モーメントのつりあい

点Dを中心に考える（画鋲）.

$6 \times 1 = M_D + 3 \times 0.5 \qquad \therefore \quad M_D = +4.5 \text{ kN·m}$

（答）$N_D = 0, \quad Q_D = +3 \text{ kN}, \quad M_D = +4.5 \text{ kN·m}$

### (e)

## STEP-① 水平方向のつりあい

$\therefore \quad N_D = 0$

## STEP-② 鉛直方向のつりあい

$0 = Q_D + 4 \qquad \therefore \quad Q_D = -4 \text{ kN}$

## STEP-③ モーメントのつりあい

点Dを中心に考える（画鋲）.

$0 = M_D + 4 \times 1 \qquad \therefore \quad M_D = -4 \text{ kN·m}$

（答）$N_D = 0, \quad Q_D = -4 \text{ kN}, \quad M_D = -4 \text{ kN·m}$

### (f) 切断して右側を選択する.

## STEP-① 水平方向のつりあい

$0 = N_D + 2 \qquad \therefore \quad N_D = -2 \text{ kN}$

## STEP-② 鉛直方向のつりあい

$\therefore \quad Q_D = +3 \text{ kN}$

## STEP-③ モーメントのつりあい

点Dを中心に考える（画鋲）.

$M_D + 3 \times 2 = 0 \qquad \therefore \quad M_D = -6 \text{ kN·m}$

（答）$N_D = -2 \text{ kN}, \quad Q_D = +3 \text{ kN}, \quad M_D = -6 \text{ kN·m}$

【問題2】 はりの応力図

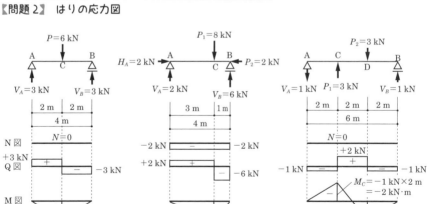

(a)   (b)   (c)

任意の点のモーメント値はその点までのQ図の面積

220

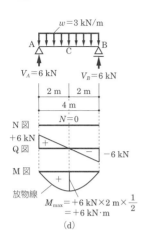

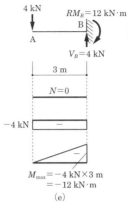

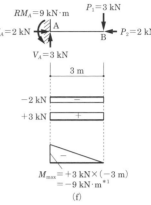

$M_{\max} = +6 \text{ kN} \times 2 \text{ m} \times \dfrac{1}{2}$
$= +6 \text{ kN} \cdot \text{m}$

(d)

$M_{\max} = -4 \text{ kN} \times 3 \text{ m}$
$= -12 \text{ kN} \cdot \text{m}$

(e)

$M_{\max} = +3 \text{ kN} \times (-3 \text{ m})$
$= -9 \text{ kN} \cdot \text{m}^{*1}$

(f)

*1 先端から左に進んだ場合は距離に（−）を付ける.

【問題3】 Q図とM図の関係

**(1) 反力**

STEP-① 水平方向のつりあい
∴ $H_A = 0$

STEP-② 鉛直方向のつりあい
∴ $V_A + V_B = P$ …①

STEP-③ モーメントのつりあい
支点 B を中心に考える.

$V_A \times 6 = P \times 4$　∴ $V_A = \dfrac{2}{3} P$

式①より，　∴ $V_B = \dfrac{1}{3} P$

**(2) 応力**

応力図より，$M_{\max} = $ A–C 間の Q 図の面積

$\dfrac{2}{3} P \times 2 = 12$　∴ $P = 9 \text{ kN}$

Q 図より，

$Q_{AC} = +\dfrac{2}{3} P = +\dfrac{2}{3} \times 9 = +6 \text{ kN}$

∴ $Q_{AC} = +6 \text{ kN}$

【問題4】 Q図とM図の関係

**(1) 反力**

STEP-① 水平方向のつりあい
∴ $H_A = 0$

STEP-② 鉛直方向のつりあい
∴ $V_A + V_B = 3P$

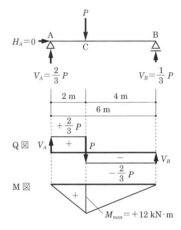

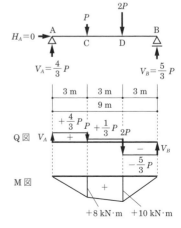

支点 B を中心に考える.

$$V_A \times 9 = P \times 6 + 2P \times 3$$

$$\therefore \quad V_A = \frac{4}{3}P \qquad \therefore \quad V_B = \frac{5}{3}P$$

**(2)　応力**

応力図より，$M_C$＝A–C 間の Q 図の面積

$$\frac{4}{3}P \times 3 = 8 \qquad \therefore \quad P = 2 \text{ kN}$$

【問題5】　はりの応力図

(a)

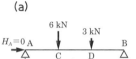

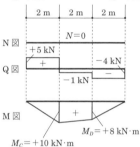

$M_C = +10 \text{ kN·m}$　$M_D = +8 \text{ kN·m}$

(b)

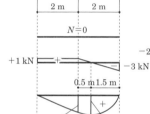

$M_C = +2 \text{ kN·m}$　$M_{max} = +2.25 \text{ kN·m}$

直線　放物線

(c)

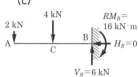

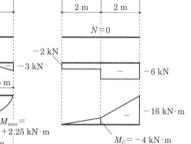

$M_C = -4 \text{ kN·m}$

Q＝0 の地点で $M_{max}$ となる．値は Q 図の面積．

(d)

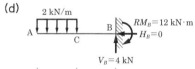

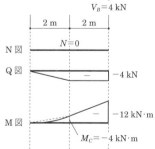

$M_C = -4 \text{ kN·m}$

放物線　直線

(e)

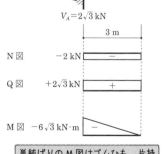

単純ばりの M 図はゴムひも．片持ばりの M 図は棚の補強ワイヤー

(f)

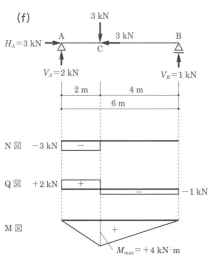

(g)

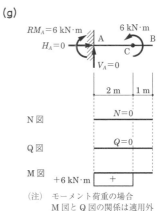

（注）　モーメント荷重の場合
　　　　M 図と Q 図の関係は適用外

(h)

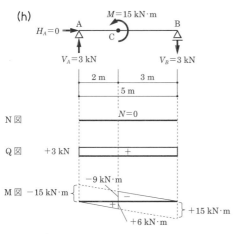

(i)

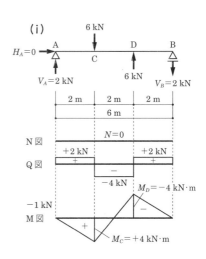

## 【問題 6】　せん断力の大小関係

それぞれのせん断力図を描いて比較する.

(A)

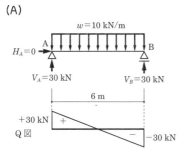

(B)

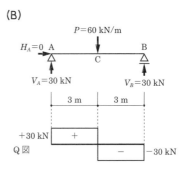

(C)

$H_A=0$ A ... $M=210$ kN·m ... B

$V_A=35$ kN ... $V_B=35$ kN

6 m

Q図 ... $-35$ kN

(D)

$M=300$ kN·m ... $M=300$ kN·m

$H_A=0$ A ... B

$V_A=0$ ... $V_B=0$

6 m

Q図 ... $Q=0$

最大せん断力（絶対値）を比較して，（答）C＞A＝B＞D

## 【問題7】 はりの任意の点の応力

### (1) 反力の計算

斜めの力 $P=30$ kN を水平方向の力 $P_X$ と鉛直方向の力 $P_Y$ に分解する．

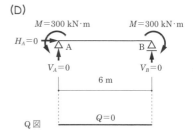

$P_X=\sqrt{3}\times15=15\sqrt{3}$ kN

$P_Y=1\times15=15$ kN

### STEP-① 水平方向のつりあい

∴ $H_A=15\sqrt{3}$ kN

### STEP-② 鉛直方向のつりあい

∴ $V_A+V_B=15$ …①

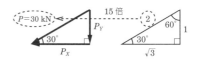

### STEP-③ モーメントのつりあい

支点 B を中心に考える．

$V_A\times6=15\times2$ ∴ $V_A=5$ kN

式①より，∴ $V_B=10$ kN

### (2) $M_C$ の計算

図のように点 C で切断して，右側について考える．

切断面には，$N_C$，$Q_C$ および求める $M_C$ を記入する．

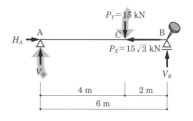

### STEP-③ モーメントのつりあい

点 C を中心に考える．

$M_C=10\times2$ ∴ $M_C=+20$ kN·m

### (3) せん断力 $Q_{CB}$ の計算

図のように C-B 間で切断して，右側について考える．

切断面には，$N_{CB}$，$Q_{CB}$，$M_{CB}$ を記入する．

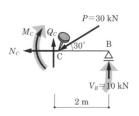

### STEP-② 鉛直方向のつりあい

$Q_{CB}+10=0$

∴ $Q_{CB}=-10$ kN

## 【問題8】 はりの任意の点の応力

### (1) 反力の計算

等分布荷重 $w$ の合計を集中荷重 $P_2$ とし，分布範囲の中央に作用させる．

集中荷重 $P=2$ kN/m×4 m＝8 kN

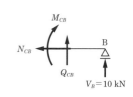

STEP-① 水平方向のつりあい
∴ $H_A = 0$

STEP-② 鉛直方向のつりあい
$V_A + V_B = 8 + 2$
∴ $V_A + V_B = 10$ …①

STEP-③ モーメントのつりあい
支点 B を中心に考える.
$V_A \times 8 = 8 \times 6 + 2 \times 2$    $8V_A = 52$
∴ $V_A = 6.5$ kN
式①より, ∴ $V_B = 3.5$ kN

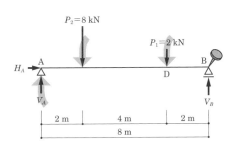

(2) 曲げモーメント $M_C$ の計算
図のように点 C で切断して, 右側について
考える. 切断面には, $N_C$, $Q_C$ 及び求める $M_C$
を記入する.

STEP-③ モーメントのつりあい
C 点を中心に考える.
$M_C + 2 \times 2 = 3.5 \times 4$    ∴ $M_C = +10$ kN·m

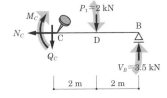

(3) $Q_{CD}$ の計算
図のように C-D 間で切断して, 右側につい
て考える.
切断面には, $N_{CD}$, $Q_{CD}$, $M_{CD}$ を記入する.

STEP-② 鉛直方向のつりあい
$Q_{CD} + 3.5 = 2$    ∴ $Q_{CD} = -1.5$ kN

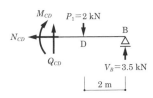

## 5章 はりの断面算定

### 【問題 1】 断面の諸定数

(a)

$$I_{X1} = \frac{bh^3}{12} = \frac{120 \times 200^3}{12} = 80\,000\,000 \text{ mm}^4$$

$$I_{X2} = I_{X1} + bhy^2 = 80\,000\,000 + 120 \times 200 \times 100^2 = 320\,000\,000 \text{ mm}^4$$

$$Z_X = \frac{bh^2}{6} = \frac{120 \times 200^2}{6} = 800\,000 \text{ mm}^3$$

(b)

$$I_{X1} = \frac{bh^3}{12} = \frac{200 \times 300^3}{12} = 450\,000\,000 \text{ mm}^4$$

$$I_{X2} = I_{X1} + bhy^2 = 450\,000\,000 + 200 \times 300 \times 150^2 = 1\,800\,000\,000 \text{ mm}^4$$

$$Z_X = \frac{bh^2}{6} = \frac{200 \times 300^2}{6} = 3\,000\,000 \text{ mm}^3$$

【問題 2】 断面二次モーメント

$$I_{X1} = \frac{bh^3}{12} - \frac{l \times (2l)^3}{12} = \frac{8l^4}{12}$$

$$I_{X2} = I_{X1} + bhy^3 = \frac{8l^4}{12} + l \times 2l \times l^2 = \frac{8l^4}{12} + 2l^4 = \frac{8l^4}{12} + \frac{24l^4}{12} = \frac{32l^4}{12}$$

$$I_{X1} : I_{X2} = 8 : 32 \qquad \therefore \boxed{I_{X1} : I_{X2} = 1 : 4}$$

【問題 3】 断面二次モーメント

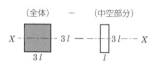

$$I_X = \frac{3l \times (3l)^3}{12} - \frac{l \times (3l)^3}{12} = \frac{81l^4}{12} - \frac{27l^4}{12} = \frac{54l^4}{12}$$

$$I_Y = \frac{3l \times (3l)^3}{12} - \frac{3l \times l^3}{12} = \frac{81l^4}{12} - \frac{3l^4}{12} = \frac{78l^4}{12}$$

$$I_Y - I_X = \frac{78l^4}{12} - \frac{54l^4}{12} = \frac{24l^4}{12} = 2l^4$$

【問題 4】 断面二次モーメント

(1) $X$ 軸回りの断面二次モーメントの比較

$$I_{XA} = \frac{6a \times (8a)^3}{12} - \frac{4a \times (4a)^3}{12} = \frac{2\,816a^4}{12}$$

$$I_{XB} = \frac{6a \times (8a)^3}{12} - 2 \times \frac{2a \times (4a)^3}{12} = \frac{2\,816a^4}{12}$$

$$I_{XC} = \frac{4a \times (8a)^3}{12} = \frac{2\,048a^4}{12}$$

$$\therefore \boxed{I_{XA} = I_{XB} > I_{XC}}$$

(2) $Y$ 軸回りの断面二次モーメントの比較

$$I_{YA} = \frac{8a \times (6a)^3}{12} - \frac{4a \times (4a)^3}{12} = \frac{1\,472a^4}{12}$$

$$I_{YB} = 2 \times \frac{2a \times (6a)^3}{12} + \frac{4a \times (2a)^3}{12} = \frac{896a^4}{12}$$

$$I_{YC} = \frac{8a \times (4a)^3}{12} = \frac{512a^4}{12}$$

$$\therefore \boxed{I_{YA} > I_{YB} > I_{YC}}$$

【問題 5】 断面係数

曲げ強さは断面係数に比例するので，断面係数の大小関係を比較する．

(A) $a \times 3a$ の断面が一つなので，$Z_A = \dfrac{a \times (3a)^2}{6} = \dfrac{9a^3}{6}$

(B) $0.5a \times 3a$ の断面が二つなので，$Z_B = 2 \times \dfrac{0.5a \times (3a)^2}{6} = \dfrac{9a^3}{6}$

(C) $a \times a$ の断面が三つなので，$Z_C = 3 \times \dfrac{a \times a^2}{6} = \dfrac{3a^3}{6}$

$Z_A = Z_B > Z_C$ より，$\quad \therefore \boxed{A = B > C}$

【問題 6】 最大曲げ応力度

(1) 反力

STEP-① 水平方向のつりあい
$$\therefore\ H_A = 0$$

STEP-② 鉛直方向のつりあい
$$\therefore\ V_A + V_B = 15\,000\quad \cdots ①$$

STEP-③ モーメントのつりあい
支点 B を中心に考える.
$$V_A \times 6\,000 = 15\,000 \times 2\,000$$
$$\therefore\ V_A = 5\,000\ \mathrm{N}$$
式①より, $\therefore\ V_B = 10\,000\ \mathrm{N}$

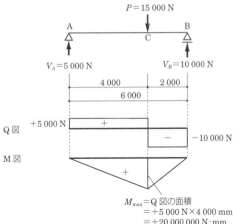

(2) 応力

応力図より,

最大せん断力 $Q_{\max} = 10\,000\ \mathrm{N}$(絶対値)

最大曲げモーメント $M_{\max} = 20\,000\,000\ \mathrm{N\cdot mm}$

(3) 断面

断面積 $A = bh = 100 \times 200 = 20\,000\ \mathrm{mm}^2$

断面係数 $Z = \dfrac{bh^2}{6} = \dfrac{100 \times 200^2}{6} = \dfrac{2\,000\,000}{3}\ \mathrm{mm}^3$

部材断面
(単位：mm)

(4) 応力度

最大せん断応力度 $\tau_{\max} = 1.5 \times \dfrac{Q_{\max}}{A} = 1.5 \times \dfrac{10\,000}{20\,000} = 0.75\ \mathrm{N/mm}^2$

最大曲げ応力度 $\sigma_b = \dfrac{M_{\max}}{Z} = M_{\max} \times \dfrac{1}{Z} = 20\,000\,000 \times \dfrac{3}{2\,000\,000} = 30\ \mathrm{N/mm}^2$

【問題 7】 最大応力度

(1) 反力

等分布荷重 $w$ の合計を集中荷重 $P$ とし,分布範囲中央の点 C に作用させる.

集中荷重 $P = 6\ \mathrm{N/mm} \times 4\,000\ \mathrm{mm} = 24\,000\ \mathrm{N}$

STEP-① 水平方向のつりあい
$$\therefore\ H_A = 0$$

STEP-② 鉛直方向のつりあい
$$\therefore\ V_A + V_B = 24\,000\quad \cdots ①$$

STEP-③ モーメントのつりあい
支点 B を中心に考える.
$$V_A \times 4\,000 = 24\,000 \times 2\,000$$
$$\therefore\ V_A = 12\,000\ \mathrm{N}$$
式①より, $\therefore\ V_B = 12\,000\ \mathrm{N}$

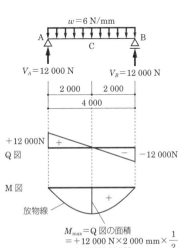

(2) 応力

応力図より,最大せん断力 $Q_{\max} = 12\,000\ \mathrm{N}$

演習問題解答

最大曲げモーメント $M_{\max} = 12\,000\,000$ N·mm

**(3) 断面**

部材断面
(単位：mm)

断面積 $A = bh = 100 \times 200 = 20\,000$ mm$^2$

断面係数 $Z = \dfrac{bh^2}{6} = \dfrac{100 \times 200^2}{6} = \dfrac{2\,000\,000}{3}$ mm$^3$

**(4) 応力度**

最大せん断応力度 $\tau_{\max} = 1.5 \times \dfrac{Q_{\max}}{A} = 1.5 \times \dfrac{12\,000}{20\,000} = 0.9$ N/mm$^2$

最大曲げ応力度 $\sigma_b = \dfrac{M_{\max}}{Z} = M_{\max} \times \dfrac{1}{Z} = 12\,000\,000 \times \dfrac{3}{2\,000\,000} = 18$ N/mm$^2$

【問題8】 **許容曲げモーメント**

最大曲げ応力度 $\sigma_b = \dfrac{M_{\max}}{Z}$ の式において，最大曲げ応力度 $\sigma_b$ が許容曲げ応力度 18 N/mm$^2$ に達したときの最大曲げモーメント $M_{\max}$ が，求める許容曲げモーメント $M_a$ となる．

ここで，断面係数 $Z = \dfrac{bh^2}{6} = \dfrac{120 \times 200^2}{6} = 800\,000$ mm$^3$

よって，最大曲げ応力度の式より，

$18 = \dfrac{M_{\max}}{800\,000}$　　$M_{\max} = 18 \times 800\,000$

∴　許容曲げモーメント $M_a = 14\,400\,000$ N·mm

【問題9】 **はりのたわみ**

ともに中央で最大たわみとなる．

**(A)** 集中荷重 $P$ のとき，最大たわみ $\delta_{\max} = \dfrac{Pl^3}{48EI}$

**(B)** 等分布荷重 $w$ のとき，最大たわみ $\delta_{\max} = \dfrac{5wl^4}{384EI}$

（A）と（B）が等しいことから，$\dfrac{Pl^3}{48EI} = \dfrac{5wl^4}{384EI}$

両辺に $\dfrac{EI}{l^3}$ を掛けて，$\dfrac{P}{48} = \dfrac{5wl}{384}$　　∴ $\dfrac{wl}{P} = 1.6$

## 【問題10】 縁応力度

### (1) 反力

**STEP-①　水平方向のつりあい**

$\therefore\quad H_A = +36\,000\text{N}$

**STEP-②　鉛直方向のつりあい**

$\therefore\quad V_A + V_B = 9\,000\quad \cdots①$

**STEP-③　モーメントのつりあい**

支点 B を中心に考える.

$V_A \times 4\,000 = 9\,000 \times 2\,000$

$\therefore\quad V_A = 4\,500\text{N}$

式①より,　$\therefore\quad V_B = 4\,500$ N

### (2) 応力

応力図より,軸方向力 $N_C = +36\,000$ N

最大曲げモーメント $M_C = +9\,000\,000$ N·mm

### (3) 断面

断面積 $A = bh = 90 \times 200 = 18\,000$ mm$^2$

断面係数 $Z = \dfrac{bh^2}{6} = \dfrac{90 \times 200^2}{6} = 600\,000$ mm$^3$

### (4) 応力度

点 C の断面下端は曲げ引張側であるので $\dfrac{M}{Z}$ の符号は「＋」.

$\sigma = \dfrac{N}{A} + \dfrac{M}{Z} = \dfrac{36\,000}{18\,000} + \dfrac{9\,000\,000}{600\,000} = 2 + 15 = 17$ N/mm$^2$

$\therefore\quad \sigma = 17$ N/mm$^2$

右上図:

$H_A = 36\,000$ N　A

$P_1 = 9\,000$ N

$P_2 = 36\,000$ N　B

C

$V_A = 4\,500$ N

$V_B = 4\,500$ N

2 000　2 000

4 000

N図　$+36\,000$ N　＋　$+36\,000$ N

Q図　$+4\,500$ N　＋　$-4\,500$ N

M図　＋

$M_{max} = $ Q 図の面積

$= +4\,500$ N $\times 2\,000$ mm

$= +9\,000\,000$ N·mm

部材断面（単位：mm）

200

90

---

## ⑥章　ラーメン

### 【問題1】　単純ばりラーメンの任意の点の応力と M 図

#### (1) 点 F に生じる応力

いずれも点 F で切断して右側を選択する. 切断面に求める応力 $N_F$, $Q_F$, $M_F$ を記入してつりあい方程式で求める.

#### (a)

**STEP-①　水平方向のつりあい**

$\therefore\quad N_F = 0$

**STEP-②　鉛直方向のつりあい**

$Q_F + 2 = 0\quad \therefore\quad Q_F = -2$ kN

**STEP-③　モーメントのつりあい**

点 F をモーメントの中心に考える.

$M_F = 2 \times 1\quad \therefore\quad M_F = +2$ kN·m

（答）$N_F = 0$, $Q_F = -2$ kN, $M_F = +2$ kN·m

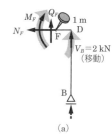

$M_F$　$Q_F$　1 m

$N_F$　F　D

$V_B = 2$ kN

（移動）

B

(a)

(b)

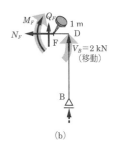

STEP-① 水平方向のつりあい

∴ $N_F = 0$

STEP-② 鉛直方向のつりあい

$Q_F + 2 = 0$ ∴ $Q_F = -2$ kN

STEP-③ モーメントのつりあい

点 F をモーメントの中心に考える.

$M_F = 2 \times 1$ ∴ $M_F = +2$ kN·m

(答) $N_F = 0$, $Q_F = -2$ kN, $M_F = +2$ kN·m

(c)

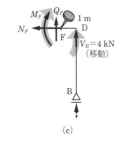

STEP-① 水平方向のつりあい

∴ $N_F = 0$

STEP-② 鉛直方向のつりあい

$Q_F + 4 = 0$ ∴ $Q_F = -4$ kN

STEP-③ モーメントのつりあい

点 F をモーメントの中心に考える.

$M_F = 4 \times 1$ ∴ $M_F = +4$ kN·m

(答) $N_F = 0$, $Q_F = -4$ kN, $M_F = +4$ kN·m

(2) 曲げモーメント図を求める

ラーメンを柱とはりに分解して，単純ばりの M 図
の描き方（ゴムひも），片持ばりの M 図の描き方（補
強ワイヤー）を利用する．

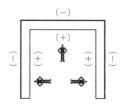

(a)

解説【柱（左）】

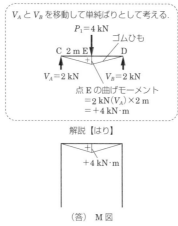

(答) M 図

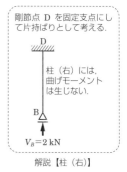

解説【柱（右）】

(b)

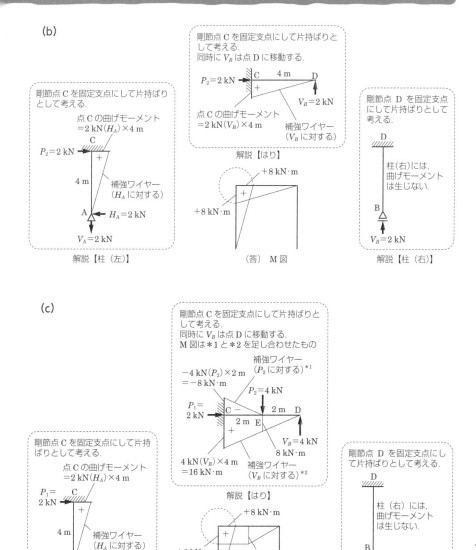

剛節点 C を固定支点にして片持ばりと
して考える.
同時に $V_B$ は点 D に移動する.

$P_2=2$ kN  C  4 m  D
$V_B=2$ kN

点 C の曲げモーメント
$=2$ kN($V_B$)×4 m

補強ワイヤー
（$V_B$ に対する）

解説【はり】

剛節点 C を固定支点にして片持ばり
として考える.

点 C の曲げモーメント
$=2$ kN($H_A$)×4 m

$P_2=2$ kN  C

4 m

補強ワイヤー
（$H_A$ に対する）

A    $H_A=2$ kN

$V_A=2$ kN

解説【柱（左）】

剛節点 D を固定支点
にして片持ばりとして
考える.

D

柱（右）には，
曲げモーメント
は生じない.

B

$V_B=2$ kN

解説【柱（右）】

$+8$ kN·m

$+8$ kN·m

（答） M 図

(c)

剛節点 C を固定支点にして片持ばりと
して考える.
同時に $V_B$ は点 D に移動する.
M 図は *1 と *2 を足し合わせたもの

補強ワイヤー
（$P_2$ に対する）*1

$-4$ kN($P_2$)×2 m
$=-8$ kN·m

$P_2=4$ kN

$P_1=$
2 kN  C    2 m  D
2 m  E
$V_B=4$ kN
8 kN·m

4 kN($V_B$)×4 m
$=16$ kN·m

補強ワイヤー
（$V_B$ に対する）*2

解説【はり】

剛節点 C を固定支点にして片持
ばりとして考える.

点 C の曲げモーメント
$=2$ kN($H_A$)×4 m

$P_1=$
2 kN  C

4 m

補強ワイヤー
（$H_A$ に対する）

A    $H_A=2$ kN
$V_A=0$

解説【柱（左）】

剛節点 D を固定支点にし
て片持ばりとして考える.

D

柱（右）には，
曲げモーメント
は生じない.

B

$V_B=4$ kN

解説【柱（右）】

$+8$ kN·m

$+8$ kN·m    $+8$ kN·m

（答） M 図

【問題2】 片持ばりラーメンの M 図

　ラーメンを柱とはりに分解して，片持ばりの M 図の描き方（補強ワイヤー）を利
用する.

(a)

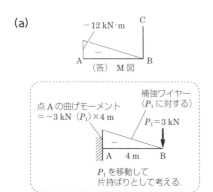

解説【部材 AB】

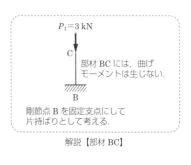

解説【部材 BC】

(b)

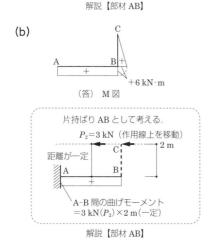

解説【部材 AB】

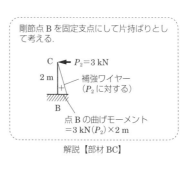

解説【部材 BC】

(c) （a）の M 図と（b）の M 図を重ね合わせたものが M 図となる.

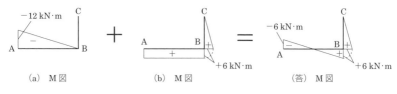

| (a) M図 | (b) M図 | (答) M図 |

## 【問題 3】 片持ばりラーメンの応力

等分布荷重の合計を集中荷重 $P$ とし，分布範囲の中央に作用させる.

$P = 2 \text{ kN/m} \times 4 \text{ m} = 8 \text{ kN}$

点 A で切断して上側について考える.

## STEP-① 水平方向のつりあい

∴ $N_A = 0$

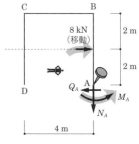

232

---

**STEP-②　鉛直方向のつりあい**

$8 = Q_A$　　∴　$Q_A = +8\ \text{kN}$

**STEP-③　モーメントのつりあい**

支点 A を中心に考える.

$8 \times 2 = M_A$　　∴　$M_A = +16\ \text{kN·m}$

## 【問題 4】 ラーメンの応力図

### (1) 反力

水平反力 $H$ は右向きに, 鉛直反力 $V$ は上向きに, モーメント反力 $RM$ は右回りに仮定する. 計算の結果を図示する. ただし, 結果が負の場合は, 向きを反対にして正で図示する. 結果が 0 の場合は表示しない.

### (2) M 図

ラーメンを柱とはりに分解して, 単純ばりの M 図の描き方（ゴムひも）, 片持ばりの M 図の描き方（補強ワイヤー）を利用する.

### (a)

### (1) 反力

**STEP-①　水平方向のつりあい**

∴　$H_A = 0$

**STEP-②　鉛直方向のつりあい**

∴　$V_A + V_B = 8$　…①

**STEP-③　モーメントのつりあい**

支点 B をモーメントの中心に考える.

$V_A \times 4 = 8 \times 2$　　$4V_A = 16$　　∴　$V_A = 4\ \text{kN}$

式①より,　∴　$V_B = 4\ \text{kN}$

（答）$H_A = 0$（図示しない）, $V_A = 4\ \text{kN}$, $V_B = 4\ \text{kN}$

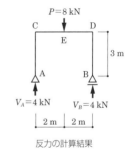

反力の計算結果

### (2) M 図

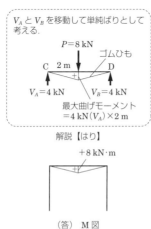

$V_A$ と $V_B$ を移動して単純ばりとして考える.

$P = 8\ \text{kN}$

ゴムひも

C　2 m　D

$V_A = 4\ \text{kN}$　　$V_B = 4\ \text{kN}$

最大曲げモーメント $= 4\ \text{kN}(V_A) \times 2\ \text{m}$

解説【はり】

$+8\ \text{kN·m}$

（答）M 図

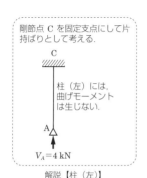

剛節点 C を固定支点にして片持ばりとして考える.

柱（左）には, 曲げモーメントは生じない.

$V_A = 4\ \text{kN}$

解説【柱（左）】

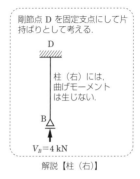

剛節点 D を固定支点にして片持ばりとして考える.

柱（右）には, 曲げモーメントは生じない.

$V_B = 4\ \text{kN}$

解説【柱（右）】

(b)

(1) 反力

STEP-① 水平方向のつりあい
$H_A + 8 = 0$　　　∴　$H_A = -8 \text{ kN}$

STEP-② 鉛直方向のつりあい
∴　$V_A + V_B = 0$　…①

STEP-③ モーメントのつりあい
支点Bをモーメントの中心に考える.
$V_A \times 4 + 8 \times 3 = 0$　　　$4V_A = -24$
∴　$V_A = -6 \text{ kN}$
式①より,　∴　$V_B = 6 \text{ kN}$
(答) $H_A = -8 \text{ kN},\ V_A = -6 \text{ kN},\ V_B = 6 \text{ kN}$
$H_A$ と $V_A$ については向きを変えて正の符号で図示する.

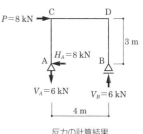

反力の計算結果

(2) M図

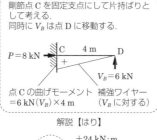

剛節点Cを固定支点にして片持ばりとして考える.
同時に $V_B$ は点Dに移動する.

点Cの曲げモーメント
$= 6 \text{ kN}(V_B) \times 4 \text{ m}$　補強ワイヤー
（$V_B$ に対する）

解説【はり】

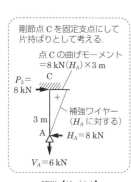

剛節点Cを固定支点にして片持ばりとして考える.
点Cの曲げモーメント
$= 8 \text{ kN}(H_A) \times 3 \text{ m}$

$P_2 = 8 \text{ kN}$

補強ワイヤー
（$H_A$ に対する）

解説【柱（左）】

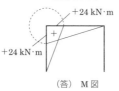

(答) M図

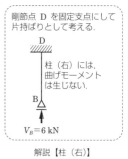

剛節点Dを固定支点にして片持ばりとして考える.

柱（右）には,
曲げモーメント
は生じない.

解説【柱（右）】

(c)

(1) 反力

STEP-① 水平方向のつりあい
$H_A + 8 = 0$　　　∴　$H_A = -8 \text{ kN}$

STEP-② 鉛直方向のつりあい
∴　$V_A + V_B = 0$　…①

STEP-③ モーメントのつりあい
支点Bをモーメントの中心に考える.
$V_A \times 4 + 8 \times 2 = 0$　　　$4V_A = -16$　　　∴　$V_A = -4 \text{ kN}$
式①より,　∴　$V_B = 4 \text{ kN}$
(答) $H_A = -8 \text{ kN},\ V_A = -4 \text{ kN},\ V_B = 4 \text{ kN}$
$H_A$ と $V_A$ については向きを変えて正の符号で図示する.

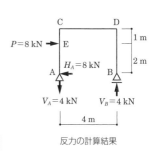

反力の計算結果

## (2) M 図

剛節点 C を固定支点にして片持ばりと
して考える.
M 図は＊1 と＊2 を足し合わせたもの

$-8\,\text{kN}(P) \times 1\,\text{m}$
$= -8\,\text{kN·m}$

$8\,\text{kN}(H_A) \times 3\,\text{m}$
$= 24\,\text{kN·m}$

補強ワイヤー
（$P$ に対する）*1

$P = 8\,\text{kN}$

補強ワイヤー
（$H_A$ に対する）*2

$8\,\text{kN} \times 2\,\text{m}$
$= 16\,\text{kN·m}$

$H_A = 8\,\text{kN}$

$V_A = 4\,\text{kN}$

解説【柱（左）】

剛節点 C を固定支点にして片持ばり
として考える.
同時に $V_B$ は点 D に移動する.

C　4 m　D

$V_B = 4\,\text{kN}$

点 C の曲げモーメント
$= 4\,\text{kN}(V_B) \times 4\,\text{m}$

補強ワイヤー
（$V_B$ に対する）

解説【はり】

$+16\,\text{kN·m}$

$+16\,\text{kN·m}$

（答）M 図

剛節点 D を固定支点
にして片持ばりとして
考える.

D

柱（右）には,
曲げモーメント
は生じない.

B

$V_B = 4\,\text{kN}$

解説【柱（右）】

## (d)

### (1) 反力

**STEP-①　水平方向のつりあい**

$\therefore\ H_A = 8\,\text{kN}$

**STEP-②　鉛直方向のつりあい**

$\therefore\ V_A + V_B = 0 \quad \cdots ①$

**STEP-③　モーメントのつりあい**

支点 B をモーメントの中心に考える.

$V_A \times 4 = 8 \times 3 \qquad 4V_A = 24 \qquad \therefore\ V_A = 6\,\text{kN}$

式①より，$\therefore\ V_B = -6\,\text{kN}$

（答）$H_A = 8\,\text{kN},\ V_A = 6\,\text{kN},\ V_B = -6\,\text{kN}$

$V_B$ については向きを変えて正の符号で図示する.

C　　　　　D　$P = 8\,\text{kN}$

3 m

$H_A = 8\,\text{kN}$　A　　B

$V_A = 6\,\text{kN}$　　$V_B = 6\,\text{kN}$

4 m

反力の計算結果

### (2) M 図

点 C の曲げモーメント
$= -6\,\text{kN}(V_B) \times 4\,\text{m}$

補強ワイヤー
（$V_B$ に対する）

$V_B = 6\,\text{kN}$

C　4 m　D　$P = 8\,\text{kN}$

剛節点 C を固定支点にして片持ばりと
して考える.
同時に $V_B$ は点 D に移動する.

解説【はり】

$-24\,\text{kN·m}$

（答）M 図

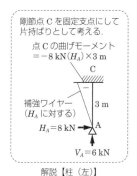

剛節点 C を固定支点にして
片持ばりとして考える.

点 C の曲げモーメント
$= -8\,\text{kN}(H_A) \times 3\,\text{m}$

C

3 m

補強ワイヤー
（$H_A$ に対する）

$H_A = 8\,\text{kN}$　A

$V_A = 6\,\text{kN}$

解説【柱（左）】

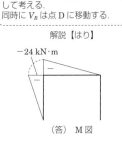

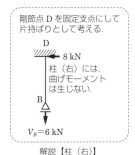

剛節点 D を固定支点にして
片持ばりとして考える.

D

8 kN

柱（右）には,
曲げモーメント
は生じない.

B

$V_B = 6\,\text{kN}$

解説【柱（右）】

## (e)

### (1) 反力

等分布荷重 $2\,\mathrm{kN/m}$ の合計を集中荷重 $P$ とし，分布範囲の中央に作用させる．

集中荷重 $P = 2\,\mathrm{kN/m} \times 4\,\mathrm{m} = 8\,\mathrm{kN}$

**STEP-①　水平方向のつりあい**

$\therefore\ H_A = 0$

**STEP-②　鉛直方向のつりあい**

$\therefore\ V_A + V_B = 8\ \cdots①$

**STEP-③　モーメントのつりあい**

支点 B をモーメントの中心に考える．

$V_A \times 4 = 8 \times 2 \qquad 4V_A = 16 \qquad \therefore\ V_A = 4\ \mathrm{kN}$

式①より　　$\therefore\ V_B = 4\ \mathrm{kN}$

（答）$H_A = 0$（図示しない），$V_A = 4\ \mathrm{kN}$，$V_B = 4\ \mathrm{kN}$

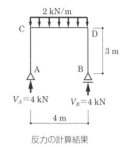

反力の計算結果

### (2) M図

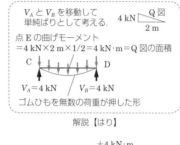

$V_A$ と $V_B$ を移動して
単純ばりとして考える． $4\,\mathrm{kN}$ Q図
$2\,\mathrm{m}$

点 E の曲げモーメント
$= 4\,\mathrm{kN} \times 2\,\mathrm{m} \times 1/2 = 4\,\mathrm{kN \cdot m} = Q$ 図の面積

$V_A = 4\,\mathrm{kN}$　　$V_B = 4\,\mathrm{kN}$

ゴムひもを無数の荷重が押した形

解説【はり】

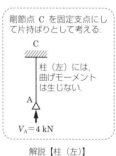

剛節点 C を固定支点にして片持ばりとして考える．

柱（左）には，曲げモーメントは生じない．

$V_A = 4\,\mathrm{kN}$

解説【柱（左）】

$+4\,\mathrm{kN \cdot m}$

（答）　M図

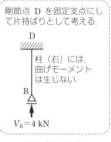

剛節点 D を固定支点にして片持ばりとして考える．

柱（右）には，曲げモーメントは生じない．

$V_B = 4\,\mathrm{kN}$

解説【柱（右）】

## (f)

### (1) 反力

**STEP-①　水平方向のつりあい**

$\therefore\ H_A = 0$

**STEP-②　鉛直方向のつりあい**

$\therefore\ V_A + V_B = 0\ \cdots①$

**STEP-③　モーメントのつりあい**

支点 B をモーメントの中心に考える．

$V_A \times 4 = 16 \qquad 4V_A = 16 \qquad \therefore\ V_A = 4\ \mathrm{kN}$

式①より　　$\therefore\ V_B = -4\ \mathrm{kN}$

（答）$H_A = 0$（図示しない），$V_A = 4\ \mathrm{kN}$，$V_B = -4\ \mathrm{kN}$

$V_B$ については向きを変えて正の符号で図示する．

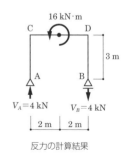

反力の計算結果

(2) M図

剛節点 C を固定支点
にして片持ばりとし
て考える.

柱（左）には,
曲げモーメント
は生じない.

$V_A = 4$ kN

解説【柱（左）】

ゴムひもに貼り付けた板を
モーメント荷重の方向に 90°
ひねった形

$M = 16$ kN·m の板

ひねる中心はスパンに対する
モーメント荷重の位置＝中央

$8$ kN·m $V_B = 4$ kN

C

$V_A = 4$ kN $8$ kN·m D

$V_A$ と $V_B$ を移動して単純ばり
として考える.

解説【はり】

$-8$ kN·m

$+8$ kN·m

（答） M図

剛節点 D を固定支
点にして片持ばりと
して考える.

D

柱（右）には,
曲げモーメント
は生じない.

B

$V_B = 4$ kN

解説【柱（右）】

(g)

(1) 反力

等分布荷重 4 kN/m の合計を集中荷重 $P$ とし，分布範囲の中央に作用させる.

集中荷重 $P = 4$ kN/m × 3 m = 12 kN

STEP-① 水平方向のつりあい

$H_A + 12 = 0$   $\therefore$ $H_A = -12$ kN

STEP-② 鉛直方向のつりあい

$\therefore$ $V_A + V_B = 0$  …①

STEP-③ モーメントのつりあい

支点 B をモーメントの中心に考える.

$V_A \times 4 + 12 \times 1.5 = 0$   $4V_A = -18$   $\therefore$ $V_A = -4.5$ kN

式①より，  $\therefore$ $V_B = 4.5$ kN

（答） $H_A = -12$ kN, $V_A = -4.5$ kN, $V_B = 4.5$ kN

$H_A$ と $V_A$ については向きを変えて正の符号で図示する.

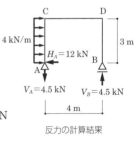

反力の計算結果

(2) M図

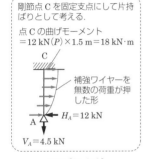

剛節点 C を固定支点にして片持
ばりとして考える.

点 C の曲げモーメント
$= 12$ kN$(P) \times 1.5$ m $= 18$ kN·m

補強ワイヤーを
無数の荷重が押
した形

$H_A = 12$ kN

$V_A = 4.5$ kN

解説【柱（左）】

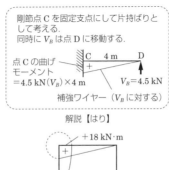

剛節点 C を固定支点にして片持ばりと
して考える.
同時に $V_B$ は点 D に移動する.

点 C の曲げ
モーメント
$= 4.5$ kN$(V_B) \times 4$ m

C    4 m    D

$V_B = 4.5$ kN

補強ワイヤー（$V_B$ に対する）

解説【はり】

$+18$ kN·m

（答） M図

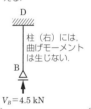

剛節点 D を固定支点に
して片持ばりとして考
える.

D

柱（右）には,
曲げモーメント
は生じない.

B

$V_B = 4.5$ kN

解説【柱（右）】

演習問題解答

(h)

## (1) 反力

### STEP-① 水平方向のつりあい
$\quad \therefore \quad H_A = 0$

### STEP-② 鉛直方向のつりあい
$\quad \therefore \quad V_A + V_B = 0 \quad \cdots ①$

### STEP-③ モーメントのつりあい
支点 B をモーメントの中心に考える.

$\quad V_A \times 4 = 16 \qquad 4V_A = 16 \qquad \therefore \quad V_A = 4 \text{ kN}$

式①より, $\quad \therefore \quad V_B = -4 \text{ kN}$

（答）$H_A = 0$（図示しない）, $V_A = 4 \text{ kN}$, $V_B = -4 \text{ kN}$

$V_B$ については向きを変えて正の符号で図示する.

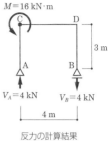

$M = 16 \text{ kN·m}$

3 m

$V_A = 4 \text{ kN}$　　$V_B = 4 \text{ kN}$

4 m

反力の計算結果

## (2) M図

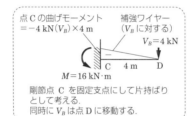

点 C の曲げモーメント
$= -4 \text{ kN}(V_B) \times 4 \text{ m}$

補強ワイヤー
（$V_B$ に対する）

$V_B = 4 \text{ kN}$

C　4 m　D

$M = 16 \text{ kN·m}$

剛節点 C を固定支点にして片持ばりとして考える.
同時に $V_B$ は点 D に移動する.

解説【はり】

剛節点 C を固定支点にして片持ばりとして考える.

C

柱（左）には,
曲げモーメント
は生じない.

A

$V_A = 4 \text{ kN}$

解説【柱（左）】

$-16 \text{ kN·m}$

（答）　M図

\*剛節点 C にモーメント荷重が作用しているので, 曲げモーメントは連続しない.

剛節点 D を固定支点にして片持ばりとして考える.

D

柱（右）には,
曲げモーメント
は生じない.

B

$V_B = 4 \text{ kN}$

解説【柱（右）】

(i)

## (1) 反力

### STEP-① 水平方向のつりあい
$\quad \therefore \quad H_A = 4 \text{ kN}$

### STEP-② 鉛直方向のつりあい
$\quad \therefore \quad V_A + V_B = 8 \quad \cdots ①$

### STEP-③ モーメントのつりあい
支点 B をモーメントの中心に考える.

$\quad V_A \times 4 = 8 \times 2 + 4 \times 3 \qquad 4V_A = 28$

$\quad \therefore \quad V_A = 7 \text{ kN}$

式①より　$\quad \therefore \quad V_B = 1 \text{ kN}$

（答）$H_A = 4 \text{ kN}$, $V_A = 7 \text{ kN}$, $V_B = 1 \text{ kN}$

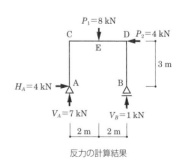

$P_1 = 8 \text{ kN}$

C　　　　D $P_2 = 4 \text{ kN}$

E

3 m

$H_A = 4 \text{ kN}$　A　　　B

$V_A = 7 \text{ kN}$　　$V_B = 1 \text{ kN}$

2 m　　2 m

反力の計算結果

(2) M 図

剛節点 C を固定支点にして片持ばりとして考える.
同時に $V_B$ は点 D に移動する.
M 図は*1 と*2 を足し合わせたもの

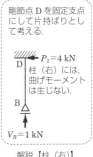

$-8\,\mathrm{kN}(P_1)\times 2\,\mathrm{m}$
$= -16\,\mathrm{kN\cdot m}$

補強ワイヤー
($P_1$ に対する)*1

$P_1 = 8\,\mathrm{kN}$

2 m  2 m  D  $P_2 = 4\,\mathrm{kN}$

C

E  $V_B = 1\,\mathrm{kN}$

$1\,\mathrm{kN}(V_B)\times 4\,\mathrm{m}$
$= 4\,\mathrm{kN\cdot m}$

補強ワイヤー
($V_B$ に対する)*2

2 kN·m

解説【はり】

剛節点 C を固定支点にして片持ばりとして考える.

点 C の曲げモーメント
$= -4\,\mathrm{kN}(H_A)\times 3\,\mathrm{m}$

補強ワイヤー
($H_A$ に対する)

C

3 m

$H_A = 4\,\mathrm{kN}$  A

$V_A = 7\,\mathrm{kN}$

解説【柱（左）】

$-12\,\mathrm{kN\cdot m}$

$+2\,\mathrm{kN\cdot m}$

（答） M 図

剛節点 D を固定支点にして片持ばりとして考える.

$P_2 = 4\,\mathrm{kN}$

D  柱（右）には，曲げモーメントは生じない.

B

$V_B = 1\,\mathrm{kN}$

解説【柱（右）】

【問題 5】 ラーメンの応力

(1) 反力

水平反力 $H$ は右向きに，鉛直反力 $V$ は上向きに仮定する.

等分布荷重 2 kN/m の合計を集中荷重 $P$ とし，分布範囲の中央に作用させる.

集中荷重 $P = 2\,\mathrm{kN/m}\times 4\,\mathrm{m} = 8\,\mathrm{kN}$

STEP-① 水平方向のつりあい

$H_A + 8 = 0$

∴ $H_A = -8\,\mathrm{kN}$

STEP-② 鉛直方向のつりあい

∴ $V_A + V_B = 0$ …①

STEP-③ モーメントのつりあい

支点 B をモーメントの中心に考える.

$V_A\times 4 + 8\times 2 = 0$  $4V_A = -16$  ∴ $V_A = -4\,\mathrm{kN}$

式①より  ∴ $V_B = 4\,\mathrm{kN}$

（答） $H_A = -8\,\mathrm{kN}$, $V_A = -4\,\mathrm{kN}$, $V_B = 4\,\mathrm{kN}$

$H_A$ と $V_A$ については向きを変えて正の符号で図示する.

(2) 応力

点 E で切断して，右側を選択する. 切断面に求める応力 $N_E$, $Q_E$, $M_E$ を記入してつりあい方程式で求める.

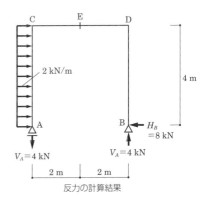

C  E  D

2 kN/m

A  B  $H_B = 8\,\mathrm{kN}$

$V_A = 4\,\mathrm{kN}$  $V_A = 4\,\mathrm{kN}$

4 m

2 m  2 m

反力の計算結果

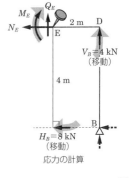

$M_E$  $Q_E$

$N_E$  E  2 m  D

$V_B = 4\,\mathrm{kN}$
（移動）

4 m

$H_B = 8\,\mathrm{kN}$  B
（移動）

応力の計算

STEP-① 水平方向のつりあい

$0 = N_E + 8$

∴ $N_E = -8 \text{ kN}$

STEP-② 鉛直方向のつりあい

$Q_E + 4 = 0$    ∴ $Q_E = -4 \text{ kN}$

STEP-③ モーメントのつりあい

点 E をモーメントの中心に考える.

$M_E + 8 \times 4 = 4 \times 2$    ∴ $M_E = -24 \text{ kN·m}$

（答）$N_E = -8 \text{ kN}$, $Q_E = -4 \text{ kN}$, $M_E = -24 \text{ kN·m}$

【問題6】 片持ばりラーメンの曲げモーメント

点 A で切断して，上側を選択する．切断面に求める
応力 $N_A$, $Q_A$, $M_A$ を記入してつりあい方程式で求める.

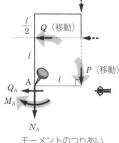

STEP-③ モーメントのつりあい

点 A をモーメントの中心に考える.

$M_A + P \times l = Q \times l$

ここで，$M_A = 0$ より    $P = Q$

∴ $P : Q = 1 : 1$

モーメントのつりあい

【問題7】 3ピンラーメン

点 C のピンをはずして左側を考える.

このとき，右側が支える力を $H_C$, $V_C$ として，モーメ
ントのつりあいを考える.

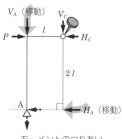

STEP-③ モーメントのつりあい

点 C をモーメントの中心に考える.

$H_A \times 2l = V_A \times l$    $\dfrac{H_A}{V_A} = \dfrac{1}{2}$

∴ $H_A : V_A = 1 : 2$

モーメントのつりあい

【問題8】 3ピンラーメン

STEP-① 水平方向のつりあい

$4 = H_A + H_B$

∴ $H_A + H_B = 4$    …①

STEP-② 鉛直方向のつりあい

∴ $V_A + V_B = 0$    …②

STEP-③ モーメントのつりあい

支点 A をモーメントの中心に考える.

$4 \times 4 = H_B \times 2 + V_B \times 4$

∴ $2H_B + 4V_B = 16$    …③

次に，点 D のピンをはずして右側（下側）
を考える.

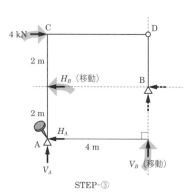

STEP-③

240

このとき，左側が支える力を $H_D$，$V_D$ として，モーメントのつりあいを考える．

### STEP-④　モーメントのつりあい

点 D をモーメントの中心に考える．

$H_B \times 2 = 0 \qquad \therefore \quad H_B = 0$

式③より $\qquad \therefore \quad V_B = 4 \text{ kN}$

式②より $\qquad \therefore \quad V_A = -4 \text{ kN}$

式①より $\qquad \therefore \quad H_A = 4 \text{ kN}$

（答）$H_A = 4 \text{ kN}$，$H_B = 0$，$V_A = -4 \text{ kN}$，$V_B = 4 \text{ kN}$

STEP-④

## 【問題 9】　3 ピンラーメン

### STEP-①　水平方向のつりあい

$\therefore \quad H_A = H_B \quad \cdots ①$

### STEP-②　鉛直方向のつりあい

$\therefore \quad V_A + V_B = 3P \quad \cdots ②$

### STEP-③　モーメントのつりあい

支点 B をモーメントの中心に考える．

$V_A \times 3l = 3P \times l \qquad \therefore \quad V_A = P$

式②より $\qquad \therefore \quad V_B = 2P$

次に，点 C のピンをはずして左側を考える．

このとき，右側が支える力を $H_C$，$V_C$ として，モーメントのつりあいを考える．

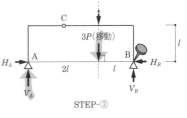

STEP-③

### STEP-④　モーメントのつりあい

点 C をモーメントの中心に考える．

$V_A \times l = H_A \times l \qquad \therefore \quad H_A = V_A$

$\therefore \quad H_A = P$

式①より $\qquad \therefore \quad H_B = P$

（答）$H_A = P$，$H_B = P$，$V_A = P$，$V_B = 2P$

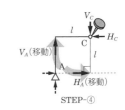

STEP-④

## ⑦章　トラス

### 【問題 1】　ラーメンとトラス

トラスに生じる応力は，軸方向力だけである． （答）3

### 【問題 2】　静定トラスの応力

#### (1)　反力の計算

水平荷重がないので，$H_A = 0$

左右対称形なので，$V_A = V_B = \dfrac{P + P + 2P + P + P}{2} = 3P$

#### (2)　応力の計算

支点 A について示力図を描く．

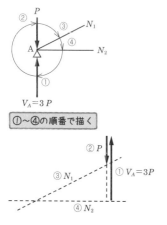

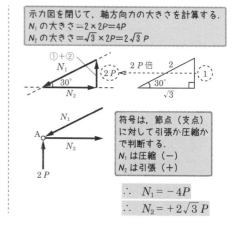

【問題 3】 静定トラスの応力

軸方向力が生じない部材(ゼロ部材)は，T 形や L 形の節点において，反対側につりあう力(荷重，反力，軸方向力)がない部材が該当する．したがって，支点に反力を表示してから考える．

**(a)** ゼロ部材の本数：
3 本（点線で表示）

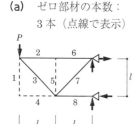

**(b)** ゼロ部材の本数：
1 本（点線で表示）

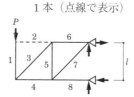

**(c)** ゼロ部材の本数：
2 本（点線で表示）

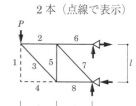

【問題 4】 静定トラスの応力

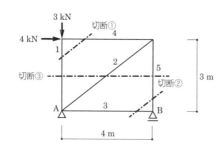

(1) 応力の計算

切断 ①

STEP-② 鉛直方向のつりあい

$$0 = N_1 + 3 \quad \therefore \quad N_1 = -3 \, \text{kN}$$

242

切断 ②

STEP-① 水平方向のつりあい

$0 = N_3$　∴ $N_3 = 0$

切断 ③

STEP-① 水平方向のつりあい

$4 = \dfrac{4}{5} N_2$　∴ $N_2 = +5 \text{ kN}$

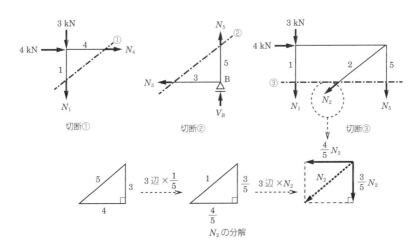

切断①　　　　　　切断②　　　　　　切断③

$N_2$ の分解

（答）$N_1 = -3 \text{ kN}$, $N_2 = +5 \text{ kN}$, $N_3 = 0$

## 【問題5】 静定トラスの応力

### (1) 反力の計算

水平荷重がないので，$H_A = 0$

左右対称形なので，$V_A = V_B = \dfrac{P+P+P}{2} = 1.5P$

### (2) 応力の計算

図のように応力を求めたい部材 1～3 を通るように点線の位置で切断して，各部材に軸方向力 $N_1 \sim N_3$ を引張方向に仮定する．

STEP-① 水平方向のつりあい

$N_2$ は分解して考える．

∴ $N_1 + \dfrac{N_2}{\sqrt{2}} + N_3 = 0$　…①

STEP-② 鉛直方向のつりあい

$1.5P = \dfrac{N_2}{\sqrt{2}} + P$　　$\dfrac{N_2}{\sqrt{2}} = 0.5P$

∴ $N_2 = +0.5\sqrt{2}\,P$

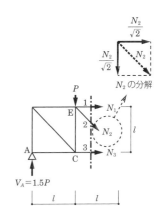

$N_2$ の分解

STEP-③　モーメントのつりあい
点 E をモーメントの中心に考える.

$1.5P \times l = N_3 \times l$　　　$\therefore\ N_3 = +1.5P$

式①より,

$N_1 + \dfrac{0.5\sqrt{2}\,P}{\sqrt{2}} + 1.5P = 0$　　$\therefore\ N_1 = -2P$

（答）$N_1 = -2P$, $N_2 = +0.5\sqrt{2}\,P$, $N_3 = +1.5P$

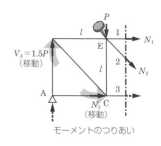

モーメントのつりあい

【問題6】　静定トラスの応力
　図のように部材 1~3 を点線の位置で切断する. 各
部材に軸方向力 $N_1$~$N_3$ を引張方向に仮定する.

STEP-①　水平方向のつりあい
$1 = N_2$　　$\therefore\ N_2 = +1\,\mathrm{kN}$

STEP-②　鉛直方向のつりあい
$0 = N_1 + N_3$　　$\therefore\ N_1 + N_3 = 0$　…①

STEP-③　モーメントのつりあい
点 C を中心に考える.

$N_3 \times 3 + 1 \times 3 = 0$　　$\therefore\ N_3 = -1\,\mathrm{kN}$

式①より　　$\therefore\ N_1 = +1\,\mathrm{kN}$

（答）$N_1 = +1\,\mathrm{kN}$, $N_2 = +1\,\mathrm{kN}$,
　　　$N_3 = -1\,\mathrm{kN}$

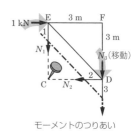

モーメントのつりあい

【問題7】　静定トラスの応力
（1）　反力の計算

STEP-①　水平方向のつりあい
　　$\therefore\ H_A = 0$

STEP-②　鉛直方向のつりあい
$V_A + V_B = 3 + 2$

$\therefore\ V_A + V_B = 5$　…①

STEP-③　モーメントのつりあい
支点 B を中心に考える.

$V_A \times 4 = 2 \times 4 + 3 \times 8$　　$4V_A = 32$

$\therefore\ V_A = 8\,\mathrm{kN}$

式①より,

$\therefore\ V_B = -3\,\mathrm{kN}$（上向きに $-3\,\mathrm{kN}$ = 下向きに $+3\,\mathrm{kN}$）

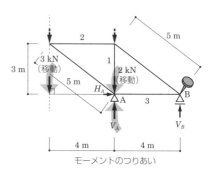

モーメントのつりあい

（2）　応力の計算
　図のように切断して, 各部材に軸方向力を引張方
向に仮定する.

STEP-②　鉛直方向のつりあい
$0 = N_1 + 2 + 3$　　$N_1 + 5 = 0$

$\therefore\ N_1 = -5\,\mathrm{kN}$

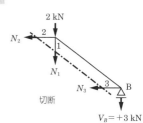

切断

【問題8】 静定トラスの応力

図のように部材 1～3 を点線の位置で切断する．各部材に軸方向力 $N_1$〜$N_3$ を引張方向に仮定する．

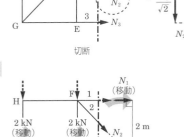

切断

$N_2$ の分解

STEP-① 水平方向のつりあい

$$\therefore \quad N_1 + \frac{N_2}{\sqrt{2}} + N_3 = 0 \quad \cdots ①$$

STEP-② 鉛直方向のつりあい

$$0 = \frac{N_2}{\sqrt{2}} + 2 + 2 \qquad \therefore \quad N_2 = -4\sqrt{2}\ \text{kN}$$

STEP-③ モーメントのつりあい

点 C を中心に考える．

$$N_1 \times 2 = 2 \times 4 + 2 \times 2$$

$$2N_1 = 12 \qquad \therefore \quad N_1 = +6\ \text{kN}$$

式①より

$$6 + \frac{-4\sqrt{2}}{\sqrt{2}} + N_3 = 0$$

$$\therefore \quad N_3 = -2\ \text{kN}$$

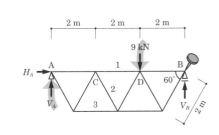

モーメントのつりあい

（答）$N_1 = +6$ kN，$N_2 = -4\sqrt{2}$ kN，$N_3 = -2$ kN

【問題9】

(1) 反力の計算

STEP-① 水平方向のつりあい

$$\therefore \quad H_A = 0$$

STEP-② 鉛直方向のつりあい

$$V_A + V_B = 9 \quad \cdots ①$$

STEP-③ モーメントのつりあい

支点 B を中心に考える（画鋲）．

$$V_A \times 6 = 9 \times 2 \qquad 6V_A = 18 \qquad \therefore \quad V_A = 3\ \text{kN}$$

式①より $\quad \therefore \quad V_B = 6\ \text{kN}$

(2) 応力の計算

図のように部材 1～3 を点線の位置で切断する．各部材に軸方向力 $N_1$〜$N_3$ を引張方向に仮定する．

STEP-① 水平方向のつりあい

$$\therefore \quad N_1 + \frac{1}{2}N_2 + N_3 = 0 \quad \cdots ②$$

STEP-② 鉛直方向のつりあい

$$3 = \frac{\sqrt{3}}{2}N_2 \qquad \frac{\sqrt{3}}{2}N_2 = 3$$

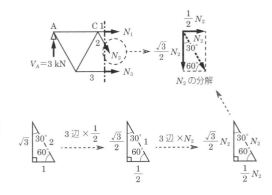

$N_2$ の分解

演習問題解答

両辺に $\sqrt{3}$ を掛けて，$\dfrac{3}{2}N_2 = 3\sqrt{3}$

$\therefore\ N_2 = +2\sqrt{3}\ \mathrm{kN}$

<u>STEP-③</u> モーメントのつりあい

節点 C を中心に考える（画鋲）．

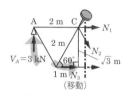

$3 \times 2 = N_3 \times \sqrt{3}$

$N_3 = \dfrac{6}{\sqrt{3}}\qquad N_3 = \dfrac{6 \times \sqrt{3}}{\sqrt{3} \times \sqrt{3}}$

$\therefore\ N_3 = +2\sqrt{3}$

式②より，　$N_1 + \dfrac{1}{2} \times 2\sqrt{3} + 2\sqrt{3} = 0$

$\therefore\ N_1 = -3\sqrt{3}\ \mathrm{kN}$

（答）$N_1 = -3\sqrt{3}\ \mathrm{kN},\ N_2 = +2\sqrt{3}\ \mathrm{kN},\ N_3 = +2\sqrt{3}\ \mathrm{kN}$

【問題10】 静定トラスの応力

（1） 反力の計算

<u>STEP-①</u> 水平方向のつりあい

　$\therefore\ H_A = 0$

<u>STEP-②</u> 鉛直方向のつりあい

　$\therefore\ V_A + V_B = P$　…①

<u>STEP-③</u> モーメントのつりあい

支点 B を中心に考える．

　$V_A \times 2l + P \times l = 0$

　$2V_A + P = 0$　　$\therefore\ V_A = -0.5P$（下向きに $0.5P$）

　式②より　　$\therefore\ V_B = 1.5P$

モーメントのつりあい

（2） 応力の計算

　図のように部材1～3を点線の位置で切断する．
各部材に軸方向力 $N_1$～$N_3$ を引張方向に仮定する．

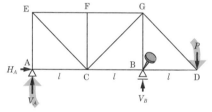

<u>STEP-①</u> 水平方向のつりあい

　$\therefore\ N_1 + \dfrac{N_2}{\sqrt{2}} + N_3 = 0$　…②

$N_2$ の分解

<u>STEP-②</u> 鉛直方向のつりあい

　$0 = \dfrac{N_2}{\sqrt{2}} + 0.5P$　　$\therefore\ N_2 = -0.5\sqrt{2}\ P$

切断

<u>STEP-③</u> モーメントのつりあい

点 C を中心に考える．

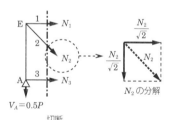

　$N_1 \times l = 0.5P \times l$　　$\therefore\ N_1 = +0.5P$

　式②より，$0.5P + \dfrac{-0.5\sqrt{2}\ P}{\sqrt{2}} + N_3 = 0$

$\therefore\ N_3 = 0$

（答）$N_1 = +0.5P,\ N_2 = -0.5\sqrt{2}\ P,\ N_3 = 0$

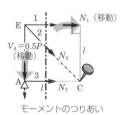

モーメントのつりあい

## ⑧章　いろいろな構造力学

【問題 1】　**鋼材の引張試験**

　　A. 比例限度　　　B. 弾性限度　　　C. 降伏点　　　D. 引張強さ

【問題 2】　**垂直応力度**

　　フックの法則より，$\sigma = E \times \varepsilon$

　ひずみ度 $\varepsilon = \Delta l / l$ であるから，垂直応力度 $\sigma$ は次式で表される．

$$\sigma = E \cdot \frac{\Delta l}{l}$$

　　ここで，同一の伸びであることから $\Delta l$ は等しく，垂直応力度の大小は $E/l$ を比較することでわかる．

　　A：$\dfrac{200}{200} = 1.0$　　　B：$\dfrac{200}{100} = 2.0$　　　C：$\dfrac{100}{100} = 1.0$　　　D：$\dfrac{100}{200} = 0.5$

　　∴　B＞A＝C＞D

【問題 3】　**応力度とひずみ度の関係**

　1. 伸縮量については，$\Delta l = \alpha \cdot l \cdot \Delta t$ の式で計算する．
　　線膨張係数 $\alpha = 1.0 \times 10^{-5}$〔1/℃〕として，

$$伸び \ \Delta l = 1.0 \times \frac{1}{100\,000} \times 10\,000 \times 10 = 1 \ \mathrm{mm}$$

　　（答）1

　2. フックの法則より，$\sigma = E \cdot \varepsilon$

$$\varepsilon = \frac{\Delta l}{l} \ であるから，\sigma = E \cdot \frac{\Delta l}{l}$$

　　よって，伸び $\Delta l = \sigma \cdot \dfrac{l}{E}$

　　ヤング係数 $E = 2.05 \times 10^5 \ \mathrm{N/mm^2}$ より，

$$伸び \ \Delta l = 20 \times \frac{10\,000}{205\,000} = 0.9 \ \mathrm{mm} \fallingdotseq 1 \ \mathrm{mm}$$

　　（答）1

【問題 4】　**接合部の耐力計算**

　　高力ボルトの短期許容せん断応力度は，鋼材と同じく，長期の 1.5 倍である．したがって，

　　引張力 $P = 47 \ \mathrm{kN} \times 4 \ 本 \times 1.5 = 282 \ \mathrm{kN}$

【問題 5】　**座屈荷重**

　　弾性座屈荷重は，オイラーの公式 $P_k = \dfrac{\pi^2 EI}{l_k^2}$ により求めることから，

　1. 弾性座屈荷重 $P_k$ は，材料のヤング係数 $E$ に比例する．
　2. 弾性座屈荷重 $P_k$ は，柱の断面二次モーメント $I$ に比例する．
　3. 弾性座屈荷重 $P_k$ は，柱の曲げ剛性 $EI$ に比例する．
　4. 弾性座屈荷重 $P_k$ は，柱の座屈長さ $l_k$ の 2 乗に反比例する．

**247**

5. 弾性座屈荷重 $P_k$ は，柱の両端支持条件がピンの場合$(l_k=1.0l)$より，固定の場合$(l_k=0.5l)$のほうが大きい．

（答）3

【問題6】 座屈長さ

座屈長さ $l_k$ ＝換算係数×見掛けの長さ $l$

$l_A = 2.0 \times 0.7l = 1.4l$

$l_B = 1.0 \times 2l = 2.0l$

$l_C = 0.5 \times 3l = 1.5l$

∴ $l_A < l_C < l_B$

【問題7】 座屈荷重

座屈長さ $l_k$ ＝換算係数×見掛けの長さ $l$

$l_A = 0.7 \times 2l = 1.4l$

$l_B = 1.0 \times 1.5l = 1.5l$

$l_C = 2.0 \times l = 2.0l$

∴ $l_A < l_B < l_C$

弾性座屈荷重は，座屈長さの2乗に反比例するので，

∴ $P_C < P_B < P_A$

【問題8】 仮想仕事の原理

仮想仕事の原理より，

$$\delta_A = \overbrace{\frac{1}{3} \times Pl^2 \times l}^{\text{M}\overline{\text{M}}\text{図の面積}} \times \frac{1}{EI} = \frac{Pl^3}{3EI}$$

∴ $\delta_A = \dfrac{Pl^3}{3EI}$

【問題9】 固有周期

それぞれの固有周期を，$T = 2\pi\sqrt{\dfrac{ML^3}{24EI}}$ の式により求めて比較する．

$T_A = 2\pi\sqrt{\dfrac{ML^3}{24EI}} = 2\pi\sqrt{\dfrac{9mh^3}{24EI}}$

$T_B = 2\pi\sqrt{\dfrac{ML^3}{24EI}} = 2\pi\sqrt{\dfrac{4m(2h)^3}{24EI}} = 2\pi\sqrt{\dfrac{32mh^3}{24EI}}$

$T_C = 2\pi\sqrt{\dfrac{ML^3}{24EI}} = 2\pi\sqrt{\dfrac{m(3h)^3}{24EI}} = 2\pi\sqrt{\dfrac{27mh^3}{24EI}}$

∴ $T_B > T_C > T_A$

【問題10】 固有周期

それぞれの固有周期を，$T = 2\pi\sqrt{\dfrac{ML^3}{24EI}}$ の式により求めて比較する．

$T_A = 2\pi\sqrt{\dfrac{ML^3}{24EI}} = 2\pi\sqrt{\dfrac{8mh^3}{24EI}}$

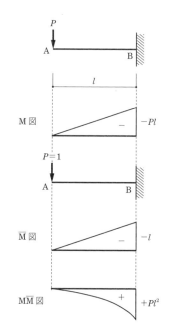

$$T_B = 2\pi\sqrt{\frac{ML^3}{24EI}} = 2\pi\sqrt{\frac{4m(2h)^3}{24(2EI)}} = 2\pi\sqrt{\frac{16mh^3}{24EI}}$$

$$T_C = 2\pi\sqrt{\frac{ML^3}{24EI}} = 2\pi\sqrt{\frac{m(3h)^3}{24(3EI)}} = 2\pi\sqrt{\frac{9mh^3}{24EI}}$$

$$\therefore \quad T_B > T_C > T_A$$

## ⑨章　不静定構造

### 【問題1】　不静定次数

不静定次数 $m$ = 部材数 $s$ + 剛節接合数 $r$ + 反力数 $n$ − 2 × 節点数 $k$

静定構造は，不静定次数 $m = 0$ となるものを選ぶ.

1. $m = 4 + 0 + 3 - 2 \times 4 = -1$ 　　$\therefore \quad m = -1$
2. $m = 4 + 0 + 5 - 2 \times 4 = +1$ 　　$\therefore \quad m = +1$
3. $m = 4 + 0 + 4 - 2 \times 4 = 0$ 　　$\therefore \quad m = 0$
4. $m = 4 + 1 + 6 - 2 \times 5 = +1$ 　　$\therefore \quad m = +1$

（答）3

### 【問題2】　最大曲げモーメントの比較

イ：単純ばりの最大曲げモーメント 　$M_イ = \dfrac{wl^2}{8}$ （4 章 4-6 節参照）

ロ：固定ばりの最大曲げモーメント 　$M_ロ = \dfrac{wl^2}{12}$ （9 章 9-3 節参照）

ハ：一端固定，他端ローラーのはりの最大曲げモーメント $M_ハ$ を求める.

図のように支点 A を取り除いたときのたわみを $\delta_{B1}$ とし，反力 $V_B$ によるたわみを $\delta_{B2}$ とすると，

$$\delta_{B1} = \frac{wl^4}{8EI} \quad \text{（8 章 8-7 節参照）}$$

$$\delta_{B2} = \frac{V_B l^3}{3EI} \quad \text{（8 章 8-7 節参照）}$$

$\delta_{B1} = \delta_{B2}$ より，

$$\frac{wl^4}{8EI} = \frac{V_B l^3}{3EI} \quad \therefore \quad V_B = \frac{3wl}{8}$$

$V_A + V_B = wl$ より，　$\therefore \quad V_A = \dfrac{5wl}{8}$

応力図より，最大曲げモーメントは $M_A$ または $M_C$ のいずれかである.

$M_C$ は，点 B から点 C までの Q 図の面積を計算して，

$$M_C = -\frac{3wl}{8} \times \left(-\frac{3l}{8}\right) \times \frac{1}{2} = +\frac{9wl^2}{128}$$

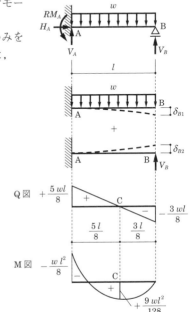

ここで，距離は右側からとっているので(−)としている.

$M_A$ は，点 B から点 A までの Q 図の面積を計算して，

$$M_A = \frac{9wl^2}{128} + \frac{5wl}{8} \times \left( -\frac{5l}{8} \right) \times \frac{1}{2}$$

$$= \frac{9wl^2}{128} - \frac{25wl^2}{128} = -\frac{16wl^2}{128}$$

$$= -\frac{wl^2}{8}$$

よって，最大曲げモーメント $\quad M_\wedge = \dfrac{wl^2}{8}\quad$ （絶対値）

$$M_\chi : M_\wp : M_\wedge = \frac{wl^2}{8} : \frac{wl^2}{12} : \frac{wl^2}{8}$$

$$\therefore\quad M_\chi : M_\wp : M_\wedge = 3 : 2 : 3$$

## 【問題3】 不静定ばりの反力

<u>STEP-①</u>　片持ばりとして，$P$ が作用したときの
点 A のたわみ $\delta_①$ を仮想仕事の原理より求める.

$$\delta_① = \left( \overbrace{\frac{1}{2} \times \frac{Pl^2}{4} \times \frac{l}{2}}^{①×②の面積} + \overbrace{\frac{1}{3} \times \frac{Pl^2}{4} \times \frac{l}{2}}^{①×③の面積} \right)$$

$$\times \frac{1}{EI} = \frac{Pl^3}{16EI} + \frac{Pl^3}{24EI} = \frac{5Pl^3}{48EI}$$

$$\delta_① = \frac{5Pl^3}{48EI}$$

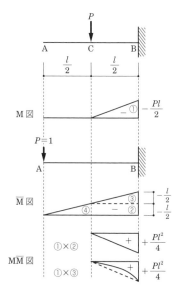

<u>STEP-②</u>　支点反力 $V_A$ を荷重として，片持ばりの先端に
作用したときのたわみ $\delta_②$ を求める.

$$\therefore\quad \delta_② = \frac{V_A l^3}{3EI}$$

<u>STEP-③</u>　$\delta_① = \delta_②$ より，支点反力 $V_A$ が求められる.

$$\frac{5Pl^3}{48EI} = \frac{V_A l^3}{3EI} \qquad \frac{V_A}{3} = \frac{5P}{48} \qquad \therefore\quad V_A = \frac{5P}{16}$$

【問題 4】 不静定ラーメンの M 図

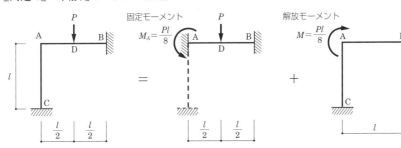

STEP-① 節点 A を固定端としたときの M 図

$$M_A = M_B = M_D = \frac{Pl}{8}$$

STEP-② 解放モーメントを節点 A に考えた場合の M 図

分配モーメント

はりと柱の剛比が等しいので，それぞれ 1/2 ずつ分配する.

$$M_{AB} = \frac{Pl}{8} \times \frac{1}{2} = \frac{Pl}{16} \qquad M_{AC} = \frac{Pl}{8} \times \frac{1}{2} = \frac{Pl}{16}$$

到達モーメント

$$M_{BA} = \frac{Pl}{16} \times \frac{1}{2} = \frac{Pl}{32} \qquad M_{CA} = \frac{Pl}{16} \times \frac{1}{2} = \frac{Pl}{32}$$

STEP-③ 曲げモーメント図の合成

図のように M 図を合成して結果が求められる.

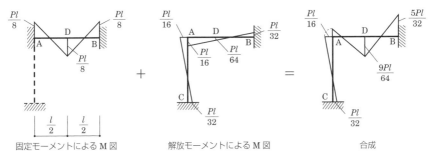

固定モーメントによる M 図　　解放モーメントによる M 図　　合成

【問題 5】 不静定ラーメンの M 図

点 C は，ピンであるので，有効剛比を計算する.

有効剛比 $k_{eAC} = 0.75 k_{AC} = 0.75 \times 2 = 1.5$

STEP-① 剛比の総和

$$\sum k = k_{AB} + k_{eAC} + k_{AD} = 2 + 1.5 + 1 = 4.5$$

STEP-② 分配モーメント

$$M_{AD} = 72 \times \frac{1}{4.5} = 16 \text{ kN·m}$$

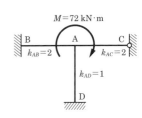

$$M_{DA} = 16 \times \frac{1}{2} = 8 \text{ kN·m} \qquad \therefore \quad M_{DA} = 8 \text{ kN·m}$$

（答）点 D の曲げモーメント＝ 8 kN·m

## 【問題 6】 多層ラーメンの反力・応力計算

柱の曲げモーメント図とはりの曲げモーメント図を別々に示す．また，せん断力は，次式により求める．

$$\text{柱のせん断力} = \frac{M(\text{柱頭}) + M(\text{柱脚})}{h(\text{階高})} \qquad \text{はりのせん断力} = \frac{M(\text{左端}) + M(\text{右端})}{l(\text{スパン})}$$

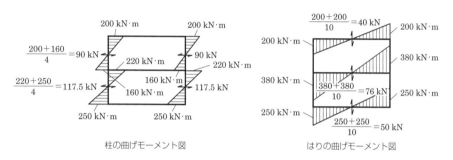

柱の曲げモーメント図　　　　　　　　　はりの曲げモーメント図

(1) 屋上の床レベルに作用する水平荷重① ＝ 90 + 90 = 180 kN
(2) 2 階の床レベルに作用する水平荷重② ＝ 117.5 + 117.5 − 180 = 55 kN
(3) 2 階の床ばりのせん断力③ ＝ 76 kN
(4) 1 階の柱の軸方向力④ ＝ 40 + 76 = 116 kN
(5) 支点の反力⑤ ＝ 40 + 76 + 50 = 166 kN

## 【問題 7】 水平剛性・層間変位

層間変位 $\delta = \dfrac{\text{層せん断力 } Q}{\text{水平剛性 } K}$ より，

1 層の層間変位 $\delta_1 = \dfrac{4P + 3P + 2P}{K_1} = \dfrac{9P}{K_1}$

2 層の層間変位 $\delta_2 = \dfrac{4P + 3P}{K_2} = \dfrac{7P}{K_2}$

3 層の層間変位 $\delta_3 = \dfrac{4P}{K_3}$

$\delta_1 = \delta_2 = \delta_3$ となるためには，$K_1 : K_2 : K_3 = 9 : 7 : 4$

## 【問題 8】 柱の負担せん断力

剛体のはりでつながっているので，各柱頭の水平変位 $\delta$ は等しく，各柱の負担せん断力 $Q$ は，各柱の水平剛性 $K$ に比例する．したがって，各柱の負担せん断力の比は，それぞれの水平剛性の比となる．

一端固定・他端ピンの場合の柱の水平剛性は $K = \dfrac{3EI}{h^3}$ であるから，

$$Q_A : Q_B : Q_C = \frac{3EI}{(2h)^3} : \frac{3 \times 2EI}{(2h)^3} : \frac{3EI}{h^3} = \frac{3EI}{8h^3} : \frac{6EI}{8h^3} : \frac{24EI}{8h^3}$$

$$= 3 : 6 : 24 = 1 : 2 : 8$$

$$\therefore \quad Q_A : Q_B : Q_C = 1 : 2 : 8$$

【問題 9】 崩壊荷重

点 A における塑性ヒンジの回転角を $\theta$ とすると，

点 C における水平変位 $\delta_C = 6\theta$

点 B における塑性ヒンジの回転角を $\theta'$ とすると，

点 D における水平変位 $\delta_D = 2\theta'$

$\delta_C = \delta_D$ より， $6\theta = 2\theta'$ $\therefore \quad \theta' = 3\theta$

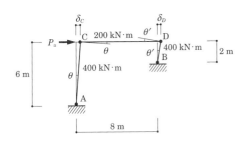

### STEP-① 外力による仮想仕事の和
$$\sum P \cdot \delta = P_u \times 6\theta = 6\,P_u\theta$$

### STEP-② 内力による仮想仕事の和
$$\sum M_P \cdot \theta = 400 \times \theta + 200 \times \theta + 200 \times 3\theta + 400 \times 3\theta = 2\,400\theta$$

### STEP-③ $\sum P \cdot \delta = \sum M_P \cdot \theta$ より，
$$6P_u\theta = 2\,400\theta$$

$\therefore$ 崩壊荷重 $P_u = 400$ kN

【問題 10】 崩壊荷重

点 C における水平変位 $\delta_C = 4\theta$

点 D における鉛直変位 $\delta_D = 5\theta$

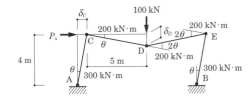

### STEP-① 外力による仮想仕事の和
$$\sum P \cdot \delta = P_u \times 4\theta + 100 \times 5\theta = 4P_u + 500\theta$$

### STEP-② 内力による仮想仕事の和
$$\sum M_P \cdot \theta = 300 \times \theta + 200 \times 2\theta + 200 \times 2\theta + 300 \times \theta = 1\,400\theta$$

演習問題解答

STEP-③　$\sum P \cdot \delta = \sum M_P \cdot \theta$ より，

　$4P_u + 500\theta = 1\,400\theta$　　　$4P_u = 900\theta$

　∴　崩壊荷重 $P_u = 225$ kN

## 〘問題 11〙　全塑性モーメント

### (1)　$M \leqq M_y$ の場合の中立軸の位置

中立軸は断面の図心を通るので，図心 G までの距離 $y$ を求める．

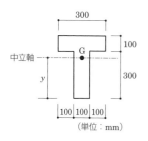
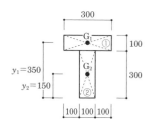

(単位：mm)

断面①と断面②に分割して考える．

（全体の面積）×（全体の図心 G までの距離）

　＝（①の面積）×（①の図心までの距離）＋（②の面積）×（②の図心までの距離）

より，

　$(100 \times 300 + 300 \times 100) \times y = (100 \times 300) \times 350 + (300 \times 100) \times 150$

　$60\,000\,y = 10\,500\,000 + 4\,500\,000$

　$60\,000\,y = 15\,000\,000$

　∴　$y = 250$ mm

### (2)　$M = M_P$ の場合の中立軸の位置

断面の応力度はすべてが降伏応力度 $\sigma_y$ となることから，圧縮側の面積と引張側の面積が等しくなる位置 $y$ を求める．

ウェブとフランジの面積が同一なので，

　∴　$y = 300$ mm

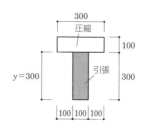

# 索 引

〈著者略歴〉

# 上田 耕作（うえだ こうさく）

1982 年 山梨大学工学部土木工学科 卒業
1992 年 武蔵野美術大学造形学部建築学科 卒業
現 在 日本工学院八王子専門学校
　　　建築学科，建築設計科，土木・造園科 勤務
　　　一級建築士
著 書 「ズバッと解ける！建築構造力学問題集 220」，
　　　「計算の基本から学ぶ 土木構造力学」（以上，オーム社）
共 著 「わかるわかる！建築構造力学」（オーム社）
　　　「1 級建築士学科試験要点チェック」，
　　　「2 級建築士学科試験要点チェック」（以上，秀和システム）



イラスト：中澤茉里（ユニックス）

計算の基本から学ぶ
## 建築構造力学（改訂 2 版）

| 2010 年 4 月 20 日 | 第 1 版第 1 刷発行 |
| 2020 年 11 月 30 日 | 改訂 2 版第 1 刷発行 |
| 2023 年 1 月 30 日 | 改訂 2 版第 3 刷発行 |

著　者　上田耕作
発行者　村上和夫
発行所　株式会社 オーム社
　　　　郵便番号 101-8460
　　　　東京都千代田区神田錦町 3-1
　　　　電話 03(3233)0641（代表）
　　　　URL https://www.ohmsha.co.jp/

© 上田耕作 2020

印刷・製本 中央印刷
ISBN978-4-274-22617-5 Printed in Japan

本書の感想募集 https://www.ohmsha.co.jp/kansou/
本書をお読みになった感想を上記サイトまでお寄せください．
お寄せいただいた方には，抽選でプレゼントを差し上げます．